Die deutsche Spiritusindustrie.

Die
deutsche Spiritusindustrie.

Eine wirtschaftliche Monographie
unter besonderer Berücksichtigung
des Einflusses der Technik.

Von

Dr. Ludwig Wassermann.

Leipzig,
Verlag von Duncker & Humblot.
1909.

Altenburg. S.-A.
Pierersche Hofbuchdruckerei
Stephan Geibel & Co.

Meinem hochverehrten Lehrer

Herrn Geh. Hofrat

Dr. Karl Theodor von Eheberg,

ord. Professor der Staatswissenschaften an der
Universität Erlangen,

mit dem Ausdrucke dankbarer Ergebenheit

zugeeignet.

Vorwort.

Diese Arbeit ist das Resultat theoretischer Studien an den Universitäten und Handelshochschulen zu Berlin, Leipzig, München und Erlangen, sowie langjähriger Tätigkeit in der Spritfabrik meines Vaters und in den Kontoren der Zentrale für Spiritusverwertung in Berlin.

Auf meine wissenschaftliche Ausbildung haben in erster Linie die Herren Professoren Bücher, Eulenburg, Jastrow, Schär und Stern Einfluß gewonnen. Während meiner praktischen Tätigkeit bin ich außer durch meinen Vater besonders durch die Herren Direktoren der Zentrale für Spiritusverwertung, Untucht und Kraußer, gefördert worden.

Zahlreiche Anregungen habe ich von den Herren Professoren Geh. Reg.-Rat Dr. Delbrück und Dr. Bücheler, Dr. Sinzheimer und Geh. Hofrat Dr. von Eheberg, von Herrn Landesökonomierat Botzenhart, von einer Reihe öffentlicher und privater Stellen, sowie von meinem Bruder Dr. phil. et oec. publ. Rudolf Wassermann empfangen.

Ihnen allen sage ich an dieser Stelle meinen herzlichsten Dank.

Möge diese Arbeit, die in einem Augenblick die Presse verläßt, der für die Geschichte der Spiritusindustrie in Deutschland von einschneidender Wichtigkeit sein wird, in bescheidener Weise mit dazu beitragen, schwierige Aufgaben erleichtern zu helfen.

München, im November 1908.

Dr. phil. **Ludwig Wassermann,** D.H.H.B.

Inhaltsverzeichnis.

Einleitung.

Da die vorliegende Arbeit nicht nur eine nationalökonomische Monographie sein will, sondern in erster Linie der Einfluß, den die Technik auf die deutsche Spiritusindustrie genommen hat, untersucht werden soll, ist eine Beobachtung nach verschiedenen Richtungen hin notwendig. Wir müssen feststellen, welche Änderungen die Produktionsprozesse erleiden, wir müssen zusehen, ob Produktionsmittel und Produktionskräfte andere Gestalt annehmen und müssen im Auge behalten, ob das Resultat der Produktionsfaktoren, ob der Erfolg durch die neuen Methoden, die neuen Maschinen, durch besser geschulte Arbeiter, durch veränderte Rohstoffe usw. beeinflußt worden ist. Hat die verbesserte Technik den Erfolg geändert, dann können wir von einem Einfluß auf die Industrie sprechen; dabei muß unter Erfolg stets die Beziehung zwischen dem Resultat und den Produktionsfaktoren verstanden werden. Denn das Betriebsergebnis kann das gleiche bleiben, während die Aufwendungen sich vermehren oder vermindern. Umgekehrt kann bei gleichen Aufwendungen das Ergebnis variieren. Schließlich kann eine technische Verbesserung die Genauigkeit und Sicherheit des gewerblichen Betriebes steigern und so einen günstigen Einfluß auf die Wirtschaft ausüben. Doch bevor wir an einzelnen Stellen unseres Arbeitsgebietes die Sonde ansetzen, wird es gut sein, es zu begrenzen. Das Spiritusgewerbe zerfällt in verschiedene Untergewerbe.

Wir müssen unsere Betrachtungen auf drei Gruppen von Betrieben ausdehnen. In erster Linie auf die Produktionsbetriebe, die den Spiritus oder Branntwein aus Feldfrüchten und aus einer Reihe von sekundären Produkten verschiedener Industrien erzeugen. Dabei wird die landwirtschaftliche Kartoffelbrennerei im Mittelpunkt unserer Beobachtungen stehen müssen, da ungefähr vier Fünftel der Gesamtspirituserzeugung Deutschland in ihr zur Herstellung gelangen. Die Veredlungsbetriebe oder Rektifikationsanstalten, auch Spritfabriken genannt, sind eine Stätte, die den Produktionsprozeß vollenden! Im Gegensatz zur Brennerei, bei der meist agricole Gesichtspunkte maßgebend sind, kommen hier rein industrielle und kommerzielle Prinzipien zum Durchbruch. Zum Schluß werden wir uns den Zirkulations- oder Konsumtionsbetrieben zuwenden, bei welchen uns besonders deutlich vor Augen geführt wird, daß nicht nur die Technik die Industrie beeinflußt, sondern daß vielmehr häufig eine Wechselwirkung stattfindet. Wir werden dabei auch diejenigen Institutionen und Erscheinungen nicht übersehen können, welche teils fördernd, teils hemmend die technischen Veränderungen im Spiritusgewerbe beeinflußt haben. Kartellbildung und Gesetzgebung und schließlich die Antialkoholbewegung, sie alle haben nach dieser oder jener Richtung hin gewirkt.

Damit aber wird diese Arbeit nicht nur den Zusammenhang von Wirtschaft und Technik in der deutschen Spiritusindustrie darzustellen versuchen, sie wird es unternehmen, gleichzeitig der Aufgabe gerecht zu werden, das deutsche Branntweingewerbe monographisch zu schildern.

Erstes Kapitel.

Die Entwicklung der Technik und ihre Folgeerscheinungen.

Literatur.

Justi, Ökonomische Schriften, Bd. I, S. 41 ff. — Krünitz, Ökonomische Enzyklopädie, Teil 6, S. 487 ff. und Teil 9. (Reiche Literaturangaben dortselbst S. 497.) — Buch der Erfindungen, Gewerbe und Industrien, Bd. 4, Leipzig 1897. - Koppe, Mitteilungen über die Geschichte des Ackerbaues in Norddeutschland, besonders in Preußen im 18. und 19. Jahrhundert zur Prüfung der Frage, ob Gründe vorliegen, der neuen Landwirtschaft schuld zu geben, daß sie ein Raubsystem befolge, Berlin, 1860. — Crusius, Die technischen Gewerbe in der Landwirtschaft, Leipziger Dissertation 1885. — Internationaler land- und forstwirtschaftlicher Kongreß zu Wien 1890, Heft 94, Frage 86. — Otto Luegers Lexikon der gesamten Technik, S. 445, Bd. 7; S. 799, Bd. 3, deutsche Verlagsanstalt (Stuttgart, Leipzig, Berlin, Wien 1896). — Enzyklopädie der Naturwissenschaften, herausgegeben von Jäger usw. usw., II. Abt. III. Teil Handwörterbuch der Chemie von Prof. Dr. Ladenburg, Bd. I, Breslau 1882 (Trewendt). — Maercker, Handbuch der Spiritusfabrikation, 6. Aufl. (Berlin) und 7. Aufl. (1898). — Maercker-Delbrück, Spiritusfabrikation, 8., vollständig neubearbeitete Auflage, herausgegeben von Dr. Max Delbrück (Parey, Berlin 1903). — Bersch, Spiritusfabrikation und Preßhefebereitung, Berlin 1881. — Stammer, Die Branntweinbrennerei und deren Nebenzweige in Otto Birnbaums landwirtschaftlichen Gewerben, Braunschweig 1876. — Stammer, Wegweiser in der Branntweinbrennerei, Braunschweig 1876. — Schönberg, Populäres Handbuch der Spiritus- und Preßhefefabrikation, 2. Aufl., Hartlebens Bibliothek. — Körte, Die Branntweinbrennerei nach praktischen Erfahrungen, Breslau 1876. — L. Gumbiner, Praktischer Wegweiser zur Spiritusfabrikation, Leipzig 1874. — Schwarzwälder,

Lehrbuch der Spiritusfabrikation, Leipzig 1874. — Huß, Der gesamte Brennereibetrieb, Berlin 1875. — Die deutsche Spiritusindustrie im Jahre 1877. Stenographischer Bericht der Verhandlungen des Vereins deutscher Spiritusfabrikanten. — Savalle, Appareils et procedés nouveaux de distillation, Paris 1876. — Duplais, Traité de la fabrication des Liqueurs et de la distillation des alcohols, IV edit., Paris 1877. — Hausbrand, Die Wirkungsweise der Rektifizier- und Destillierapparate, Berlin 1893. — Bücheler, Leitfaden für den landwirtschaftlichen Brennereibetrieb, Braunschweig 1898. — Briem, Die Rübenbrennerei, Wien 1888 (Hartlebens Verlag). S. 12 reiche Literaturangaben. — Freisleben, Der Brennereibau, Berlin 1885. — Handbuch der Wirtschaftskunde Deutschlands, Bd. 3, Leipzig 1904, Artikel Spiritusindustrie von Lenholdt. — Danner, Handbuch der chemischen Technologie, Bd. 3, S. 496—617, Stuttgart 1896. — Schönbergs Handbuch der politischen Ökonomie, Bd. 3, 4. Aufl., 1897. — Lassar-Cohn, Die Chemie im täglichen Leben, Hamburg und Leipzig 1897. — Langethal, Geschichte der deutschen Landwirtschaft, 3. Buch, 1. Teil und 4. Buch, 2. Teil (201 ff.), Jena 1854. — Ricca-Salerno, Storia delle dottrine finanziarie in Italia etc., Palermo 1896. — Eckharts, Vollständige Experimentalökonomie usw., S. 554, Hartung, Jena 1754. — Karmarsch, Geschichte der Technologie seit der Mitte des 18. Jahrhunderts, S. 834, 836 ff.). — Becher, Närrische Weisheit und weise Narrheit usw., S. 6 ff., Peter Zubrodts Verlag, Frankfurt 1682. — Jahrbücher des Vereins der Spiritusfabrikanten in Deutschland (seit 1901). — Zeitschrift für Spiritusindustrie, Jahrgang 1879 und spätere, Herausgeber Geh. Reg.-Rat Prof. M. Delbrück, Berlin. — Neue Zeitschrift für deutsche Spiritusfabrikanten, 7. Jahrgang, Nr. 6, 7 und 8 (1873). — Volkswirtschaftliche Chronik für das Jahr 1900, Abdruck aus den Conradschen Jahrbüchern, Jena 1901. — Zängerle, Grundzüge der Chemie und Mineralogie, Lindauer, München 1898. — Kopp, Die Entwicklung der Chemie in der neueren Zeit, München 1871. — Vollhard, Begründung der Chemie durch Lavoisier, Leipzig 1870. — Stammer, Die Branntweinindustrie, 2. Neuauflage herausgegeben von Dr. Max Bücheler (Vieweg & Sohn, Braunschweig 1895). — Meitzen, Der Boden und die landwirtschaftlichen Verhältnisse des Preußischen Staates, Bd. 4 nebst Atlas, Parey, 1906 und 1869. — Von der Goltz, Geschichte der deutschen Landwirtschaft, Stuttgart 1903. — Nobile, Memoria sui vini e aqua vite l'ave toscane, Pisa 1808. — Mußpratts theoretische, praktische und analytische Chemie usw., 4. Aufl., bes. Bd. I, S. 294—702, Vieweg, Braunschweig 1888. — Von der Goltz, Handbuch der gesamten Landwirtschaft, Bd. III, XXV. Kap. — Wittelshöfer, Die Herstellung gegorener Flüssigkeiten, Tübingen 1890. — Stenographischer Bericht der

Reichstagsverhandlungen 1886/87. — Ulbricht und Wagner, Handbuch der Spiritusfabrikation, Friedrich Voigt, Weimar 1888. — Bersch, Gährungschemie für Praktiker, Paul Parey, Berlin. — Jahresberichte über die Leistungen der chemischen Technologie von Rudolf von Wagner, fortgesetzt von Ferdinand Fischer. Hierzu Generalregister Bd. I—X von Dr. Friedrich Gottschalk, Leipzig 1866; Bd. XI—XX, 1876 (Gottschalk); Bd. XXI—XXX (Fischer); Bd. XXXI bis XL, 1898 (Fischer). — Handels-Museum, herausgegeben vom k. k. österr. Handelsmuseum, Wien, 20. Sept. 1906, Nr. 38 (Artikel über die Spiritusbrennerei in Frankreich). — Sidersky, Les usages industrielles de l'alcool, Baillière & fils, Paris 1903. — Berliner Jahrbücher für Handel und Industrie, herausgegeben von den Ältesten der Kaufmannschaft, Reimer, Berlin. — Baumstark, Volkswirtschaftliche Erläuterungen, 1838, S. 17 ff. — Grouven, Vorträge über Agrikulturchemie, Bd. I, 1872. — Poggendorff, Handwörterbuch zur Geschichte der exakten Wissenschaften, 1863. — Chimie industrielle v. Payen, 1859, S. 373 ff. — Dingler, Polytechn. Journal 1836 und 1832. — Wochenschrift für Brauerei 1888, Nr. 492 und 551 (Aufsatz von Jodelbauer). — Zeitschrift für angewandte Chemie 1888, Heft 1. — Dubrunfaut, Der Rübensaft im kalten Zustand mit Schwefelsäure behandelt, 1825. — Derselbe, Notice historique sur la distillation des betteraves. — Prof. Siemens im Supplement zu Prechtls Enzyklopädie, Bd. II, S. 19—33. — Derselbe, Über die Gewinnung des Branntweins aus Zuckerrüben. — Lindet, Untersuchungen in Nr. 10 der Zeitschrift für Spiritusindustrie, 1891. — Huber, dessen Arbeiten veröffentlicht in den Berichten der österreichischen Gesellschaft zur Förderung der chemischen Industrie: Beiträge zur Destillation. Rektifikation des Alkohols mit Niederdruck. Prag 1892. — Gaber, Die Likörfabrikation, Wien 1875. — Sell über Kognak, Rum, Arrak, Springer, Berlin 1891. — Robinet, Le fabricant de Alcools, Tignol, Paris 1890. — Schedel, Destillierkunst, 8. Aufl., Weimar 1874. — Zur Fünfzigjahrfeier des Vereins der Spiritusfabrikanten in Deutschland, Berlin 1907. — Tönnies in der Festgabe für Adolf Wagner zur siebenzigsten Wiederkehr seines Geburtstages: „Über die Entwicklung der Technik", Leipzig 1905. — Sombart, Technik und Wirtschaft, Gehestiftung, Dresden. — Derselbe, Die deutsche Volkswirtschaft im 19. Jahrhundert, S. 153 ff., Berlin 1903. — Wiedfeld, Statistische Studien zur Entwicklungsgeschichte der Berliner Industrien 1720—1890 (S. 150 Branntweinbrennerei) in den Staats- und sozialwissenschaftlichen Forschungen von Gustav Schmoller, Leipzig 1899. — Backhaus, Entwicklung der Landwirtschaft auf den gräflich Stolberg-Wernigerodischen Domänen 1888 (Hallenser Seminarsammlung), S. 251.

Den Mittelpunkt unserer Betrachtungen haben naturgemäß die Produktionsgewerbe der Spiritusindustrie einzunehmen. Es sind dies die Brennereien. Sie verwenden heute zur Alkoholgewinnung verschiedene landwirtschaftliche Rohmaterialien, welche stets Zucker oder Stärke enthalten müssen. Zuckerrübe und Melasse, Hefe, Getreide und Kartoffel kommen hauptsächlich in Betracht. Für Deutschland ist die Produktion aus Zuckerrüben kaum erwähnenswert und zwar aus Gründen, die mit der Maischraumsteuergesetzgebung im Zusammenhang stehen.

Im Jahre 1905/06 wurden im Deutschen Reich von

Kartoffelbrennereien	351,8	Millionen	Liter	reiner	Alkohol
Hefe- „	48,0	„	„	„	„
Getreide- „	26,5	„	„	„	„
Melasse- „	8,3	„	„	„	„
Material- „	3,1	„	„	„	„

erzeugt. Wir sehen daraus, daß die Kartoffelbrennerei in Deutschland die Hauptrolle bei der Branntweinerzeugung spielt. Dies war nicht von jeher der Fall.

Der Branntwein und seine Zubereitungsarten sind schon im Altertum bekannt gewesen. Destillationsverfahren sollen bereits im vierten Jahrhundert, sicher aber im achten und zehnten Jahrhundert bei seiner Herstellung angewandt worden sein.

Gärungs- und Destillationsprozeß sind bei der Alkoholerzeugung notwendig. Die Gärung ist eine Naturerscheinung. Wir verstehen darunter die Umwandlung gewisser chemischer Verbindungen durch Mikroorganismen. Die Destillation verwandelt die gegorene Maische in möglichst reinen und konzentrierten, damit handelsfähigen Alkohol. Man kann jedoch auch ohne Destillation berauschende Getränke herstellen[1]).

[1]) Die Indianer bereiten z. B. aus Mais die sogenannte Chica. Die Kirkisen aus Pferdemilch den Kumus, die Mexikaner die Tepache von Tumbiriche, die Abessinier den Murwa, die Krimtartaren den Hirsebranntwein, die Russen den Quass, die Germanen bereiteten den Met. Alle diese alkoholischen Getränke sind ohne Destillationsprozess erzeugt.

Dieselben können aber auf den Namen Branntwein im vulgären Sinne kaum einen Anspruch machen. Zur Branntweinerzeugung diente wohl zuerst der Wein. Auf den Weinbranntwein, der nur in geringem Maße Verwendung findet, folgte die Erzeugung aus Korn und Roggen. Auf sie wieder die aus Kartoffeln. Die letztere verdrängte die Kornbranntweinerzeugung zwar nicht, aber sie machte das ganze Gewerbe von sich abhängig. In der Periode, in welcher in Deutschland die Kartoffel in ausschlaggebender Weise unter die zur Spiritusbereitung dienenden Rohstoffe tritt, beobachten wir hauptsächlich drei Erscheinungen:

1. Veränderung des Produktionsortes, der Produktionsstättenanzahl und der Rohmaterialienverwendung;
2. Veränderung der Produktionstechnik;
3. Veränderung der Produktionsgröße (Erzeugung [absolut] und Ausbeute [relativ]).

Die Veränderung des Produktionsortes und der Produktionsstättenanzahl erläutern wohl am besten folgende Zahlen:

Nach Meitzen gab es in Preußen Brennereien:

im Jahre	in den Städten	auf dem Lande	Summe
1831:	7183	15786	22969
1836:	5001	13329	18330
1841:	3276	11462	14738
1846:	2405	10038	12443
1851:	2032	9311	11343
1855:	1694	8037	9731
1860:	1467	6815	8282
1865:	1348	6363	7711

davon waren im Betriebe:

im Jahre	in den Städten	auf dem Lande	Summe
1831:	4407	9399	13806
1836:	3605	9956	13561
1841:	2459	8677	11136
1846:	1667	6172	7839

im Jahre	in den Städten	auf dem Lande	Summe
1851:	1550	6398	7 948
1855:	1261	4701	5 962
1860:	1164	5164	6 328
1865:	1103	5106	6 209

Da leider verläßliche Zahlen über die damals erzeugten Spiritusquanten nicht vorhanden sind, so müssen wir uns begnügen, den Rohstoffverbrauch dieser Brennereien hier wiederzugeben. Nach Meitzen sind an Materialien verbraucht worden in Preußen:

im Jahre	Scheffel Getreide	Scheffel Kartoffel
1831:	4 341 144	13 215 164
1836:	4 347 436	15 066 034
1841:	3 344 302	21 768 487
1846:	2 660 043	19 074 654
1851:	3 375 763	19 089 050
1855:	3 514 192	17 379 100
1860:	3 463 631	22 331 784
1865:	4 690 300	27 177 893

Aus diesen Zahlen ergibt sich zunächst folgendes:

1. Die Branntweinbrennerei in den Städten nimmt fast doppelt so stark in der Betriebszahl ab, als die auf dem Lande. Das Brennereigewerbe wird also immer überwiegender landwirtschaftliches Gewerbe.

2. Obwohl die Anzahl der Brennereibetriebe sich gewaltig reduziert, steigert sich der Materialverbrauch sehr erheblich, woraus zu schließen ist, daß der einzelne Betrieb zur Betriebsvergrößerung hintendiert.

3. Während sich 1831 der Getreideverbrauch zum Kartoffelverbrauch noch wie zirka 1 : 3 verhalten hat, verhält er sich 1865 fast wie 1 : 6.

Die Branntweinbereitung in den Städten scheint um 1500 besonders in Süddeutschland aufgekommen zu sein. Ihr rasches Überhandnehmen brachte gewisse Kalamitäten mit sich. So mußte der Brotkonsument oft darunter leiden, daß der Schnapserzeuger ihm für sein Gewerbe die notwendige Getreidemenge wegholte. Auch die Trunksucht wurde dadurch sehr gefördert, und deshalb erläßt z. B. Bayern bereits 1553 in seiner Landesordnung entsprechende Verbote und besteuert den Branntwein. Österreich war ihm 1523 in seiner Mautordnung, Schweden 1544, vorausgegangen. England führte 1556, Frankreich 1559, Preußen 1575, Holland 1583, Dänemark 1621 eine Abgabenpflicht für Alkohol ein. In Spanien kam es 1632 zum Monopol, ebenso 1644 in Braunschweig; in Rußland unter der Regierung Peters des Großen. In Italien, so berichtet uns Ricca-Salerno, bildet sich in den Städten (z. B. in Mailand 1637) eine Art von Monopol aus, auch wurden Spiritusregalien verliehen. Mercantilistische Schriftsteller befassen sich mit allen Fragen, welche das Gebiet des Brennereigewerbes streifen. — Daß die Kartoffel zur Branntweinbrennerei verwendbar sei, scheint erst spät bekannt geworden zu sein. Von diesem Zeitpunkt an zeigt sich der Einfluß der Technik auf die Wirtschaft in hervorragendem Maße. In dem Momente, in dem es technisch als möglich gilt, einen andern Rohstoff in größerem Maße zu verwenden, d. h. ohne größere Kosten mit anderen Mitteln mindestens das gleiche Resultat zu erreichen, als vorher, treten Umwälzungen bedeutendster Art ein.

In seiner „Geschichte der Technologie“ hat Karmarsch der Meinung Ausdruck gegeben, daß in Schweden zirka 1775 die ersten Versuche mit Kartoffeln gemacht worden seien. Auch Maercker-Delbrück hat sich dem angeschlossen. Wie jedoch aus einem 1682 bereits erschienenen Buche Bechers hervorgeht, war schon um diese Zeit den Österreichern bekannt, daß die Kartoffel zur Branntweinbereitung verwendbar sei. Gleichviel, erst 1770—90 findet man in Deutschland [1]) Nachrichten über Kartoffelbrennereien.

Es waren die gewaltigen Fortschritte der gesamten landwirtschaftlichen Technik, die auch hier auf die Geister revolutionierend wirkten. Man erkannte, daß die Verarbeitung der Kartoffel auf Spiritus Einfluß auf den Anbau

[1]) Wahrscheinlich ist Monsheim in der Pfalz der Standort der ersten Kartoffelbrennerei.

habe. Während bei direkter Verwertung der Kartoffel zu Viehfutter nur ein Zehntel der Ackerbaufläche rationell mit Kartoffeln bebaut werden, da die Kartoffel den Boden stark in Anspruch nimmt, kann der Anbau andernfalls wohl bis auf ein Fünftel der Ackerfläche gesteigert werden, da dem Boden dann entsprechende Werte wieder zugute kommen. Voraussetzung ist hierbei der Verbrauch in eigener Brennerei. So gestattet denn die zu Spiritus verarbeitete Kartoffel höhere Verwertung als die direkt verfütterte. Es zeigte sich nämlich, daß den stickstoffarmen Kartoffeln bei direkter Verfütterung stickstoffreiche Nährstoffausgleichung beigegeben werden mußte, wenn man die Kartoffel vollständig ausnutzen wollte. Die Verarbeitung der Kartoffel zu Spiritus half diesem Übelstande ab. Dazu kam die Erkenntnis, daß sich die Stärke in den Kartoffeln billiger produzieren ließ, als im Getreide und daß für die Herstellung von gereinigtem (rektifiziertem) Spiritus die Kartoffel ein weit besseres Resultat abgab als das Getreide. Diese Qualitätsunterschiede traten besonders da auf, wo die deutsche „Kartoffelware“ mit ausländischer, meist russischer Weizenware in Konkurrenz trat. Da die südlichen Exportländer, wie besonders Spanien möglichst reine und feine Ware bevorzugten, so errang das technisch hoch entwickelte deutsche Spiritusgewerbe den Sieg, indem es der Hauptlieferant für den spanischen Markt wurde [1]). Spanien vermischte den

---

[1]) Vgl. Prof. Dr. Paasche, M. d. R., Die neueste Reform der Branntweinsteuer in Deutschland in den Jahrbüchern für Nationalökonomie und Statistik (Conrad), 3. Folge, 11. Bd., Jena 1896. Die Branntweineinfuhr Spaniens betrug in Hektolitern:

	1890	1891	1892	1893
aus Cuba	45 052	77 377	106 452	38 752
aus Portorico	1 318	347	790	218
aus Deutschland .	360 010	267 114	51 864	2 *)
aus Frankreich . . .	7 537	25 329	8 052	4
aus Schweden	174 564	65 875	5 779	—
aus anderen Ländern, inkl. Rußland . . .	13 603	25 928	26 925	310

*) Der Zoll auf deutschen Sprit war nach Ablauf des deutsch-

deutschen Sprit mit Wein. Hierbei ergab sich, daß unser Kartoffelsprit dem Korn- und Maisspiritus bei weitem vorzuziehen sei. Diese Tatsachen lassen es uns begreiflich erscheinen, daß die Getreidebrennerei, die Anfang des vorigen Jahrhunderts neben ganz wenigen Kartoffelbetrieben dominierte, 1831 bereits nur noch 25 % aller Brennereien ausmachte, 1865 auf 13 % sank und heute nur 2 % aller Brennereien als Getreidebetriebe zu bezeichnen sind. Dabei wird die Kornbranntweinbrennerei heute teils durch Betriebe, welche gewisse Qualitätsware (Kornbranntwein) herstellen, teils durch solche, welche Hefe erzeugen, repräsentiert. Auf diese Betriebe, wie auch auf die Melasse- und Maisbrennereien usw. wird später zurückzukommen sein.

Stellt man Spiritus aus Kartoffeln dar, so zerfällt dieses Verfahren in 3 Hauptabschnitte. Crusius beschreibt diesen Vorgang wie folgt:

1. Die gereinigten Kartoffeln werden gekocht und in einen dünnen Brei fein verteilt. Dadurch wird das Stärkemehl in den Zellen blossgelegt und der Wirkung des Malzes (Diastase) zugänglich gemacht. Nach Herabdrückung der Temperatur auf 51—52° wird dann Diastase zugesetzt und mit Hilfe derselben das Stärkemehl in Zucker übergeführt (Maischprozeß).

2. Diese zuckerhaltige Maische wird nach weiterer Abkühlung aut 10—12° mit Hefe versetzt und unter deren Einwirkung in grossen Bottichen in Gährung gebracht. Der Gährungsprozeß dauert gewöhnlich 3 Tage. Der Zucker wird durch die Gährung in Alkohol und Kohlensäure zerlegt, welch letztere entweicht (Gährungsprozeß).

3. Der Alkohol wird durch Destillation von den beigemengten Teilen getrennt, welche als Schlämpe zurückbleiben (Destillationsprozeß).

Indem wir nun diesem eben entwickelten Produktions-

---

spanischen Handelsvertrages vom 1. Februar 1892 von 17½ Pesas auf 160 Pesetas = 112 Mk. pro Hektoliter erhöht worden und durch eine Verordnung vom 11. März 1892 war die Verwendung von Industriealkohol als Beimischung zu Wein und geistigen Getränken als gesundheitswidrig mit Strafe bedroht.

prozeß folgen, wollen wir sehen, welche technischen Veränderungen im Laufe der Zeit eingetreten sind, ob und welchen Einfluß sie auf die Industrie hatten.

Das Dämpfen der Kartoffel geschah früher in hölzernen Fässern und zwar solange, bis die Kartoffeln weich geworden waren. Mit Kartoffelwalzen, die von Arbeitern mit Kurbeln gedreht wurden, erfolgte sodann ihre Zerkleinerung. Es ist nun die Aufgabe jeder Dämpfvorrichtung, die stärkemehlhaltigen Stoffe möglichst vollkommen aufzuschließen[1]), da ihnen ja Diastase zuzusetzen ist. Je vollkommener nun ein technisches Verfahren ist, desto größer ist die Prozentzahl der aufgeschlossenen Masse, desto geringer der Verlust, welcher durch Nichtaufschliessung gewisser Reste entsteht. Jedes kleinste Teilchen der stärkemehlhaltigen Stoffe (gleichgültig ob Kartoffel oder Getreide) muß unmittelbar vom Dampf getroffen werden, da die Wärmeleitung der Masse meist unvollkommen und langsam ist. Auf das alte, unvollkommene Dämpfen im hölzernen Faß, ohne Druck, folgte zunächst ein Apparat von Hollefreund aus dem Jahre 1871, der zum ersten Male mit dem Prinzipe des gespannten Dampfdruckes arbeitete. Ein Prinzip, das sich in Deutschland rasch Bahn brach. Bohm verbesserte und verbilligte die Hollefreundsche Erfindung, Da trat auf der Generalversammlung des Vereins der deutschen Spiritusfabrikanten im Jahre 1873 ein Landwirt namens Henze auf, der den versammelten Interessenten einen neuen Apparat beschrieb.

Prof. Dr. Delbrück berichtete anlässlich der Maerckerfeier vom 21. Februar 1896 über jene denkwürdige General-Versammlung folgendes: „Herr Henze aus Weichnitz sagte in jener Versammlung, ich schenke Ihnen meine Erfindung. Henze wusste wahrscheinlich nicht, daß er in diesem Momente Millionen verschenkte. Denn in der Tat die Erfindung Henzes war eine Erfindung allerersten Ranges durch ihre Einfachheit, durch ihre Leistung“. Märcker hat den Henzeschen Apparat als den einfachsten von allen Apparaten und

---

[1]) D. h. zur Aufnahme des Diastasezusatzes fähig zu machen.

als denjenigen bezeichnet, welcher sich den bestehenden Einrichtungen der älteren Brennereien am meisten nähert und ohne größere Umstände und mit den geringsten Kosten einzuführen ist. In der Wirtschaft der Brennerei äußert sich die Verwendung des technisch fortgeschrittenen „Henze" wie folgt. Nach Dr. G. Heinzelmann betrug die unaufgeschlossen gebliebene Stärkemenge, die für die Spiritusgewinnung verloren ging,

bei dem alten Dämpfverfahren . . .	7,2%
bei Hollefreund	3,3%
bei „Henze"	ca. 2%

ja in gut geleiteten Brennereien mit gesundem Material wohl nicht mehr als 0,5%. Henzes Apparat ist heute der verbreitetste aller neueren Apparate. „Auf seinen Schultern stehen gewissermaßen alle neueren Systeme, welche seinen wesentlichen Teil, den Dämpfer, beibehalten haben. Die Handhabung des Henzeschen Apparates ist außerdem so einfach und seine Leistungen so ausgezeichnet, seine Anschaffungskosten so niedrig, daß das System Henze längst alle anderen Konstruktionen verdrängt hat." Heute dürfte wohl kaum eine Brennerei nach einem anderen Systeme errichtet werden [1]). Von wirtschaftlicher Bedeutung war es, daß der Brenner erfuhr, wie groß der Stärkegehalt der Kartoffel bei den verschiedenen spezifischen Gewichten derselben sei. Denn dadurch ist ein rationeller Maischprozeß und auch eine bessere Betriebskalkulation möglich.

Behrend, Märcker und Morgen u. a. haben hier mit ihren wissenschaftlichen Untersuchungen dem Brennereigewerbe sehr genützt. Wir werden auf dieselben noch an anderer Stelle zurückkommen. Auch der Verbrauch an Malz beim Maischen ist heute ein geringerer. Überhaupt ist zu konstatieren, daß die Einmaischung heute nach wissen-

[1]) Soweit es sich um Kartoffelverarbeitung handelt. Für Mais und Cerealien eignen sich Bohmsche und Hollefreundsche Konstruktionen, und zwar liegende Dämpfer mit Rührwerk, besser. Nach Prof. Bücheler hat übrigens Hollefreund und nicht Hense die Priorität im Hockdruckverfahren.

schaftlichen Grundsätzen erfolgt und die Brennereien sich jede der so mannigfachen technischen Neuerungen, wenn nur irgend möglich, zu nutze machen. Die verbesserte Technik hat es erreicht, daß bei gleichem Ergebnis

1. die Betriebsdauer verkürzt wurde,
2. die notwendige Arbeiterzahl sich verringerte,
3. der Materialverbrauch sparsamer geworden ist und
4. Dampfkraft und Maschine die Handarbeit abgelöst haben. Die folgende Tabelle von Dr. G. Heinzelmann[1]) möge dies beweisen:

	Einst (vor ca. 60—80 Jahren)	Jetzt
Dauer eines dreifachen Betriebes	15—16 Stunden	8 Stunden
Erforderliche Arbeitskräfte	5—6 Mann	3—4 Mann
Getreideverbrauch	10—12 Pfund kurzes Gewächs	4—5 Pfund Langmalz
Dämpfen der Kartoffeln	in hölzernem Faß ohne Dampfdruck	in eisernem Faß (Henze) unter Druck
Zerkleinern der Kartoffeln	durch Quetschwalzen (Kartoffel wird nur mangelhaft aufgeschlossen)	durch Dampf (die Kartoffel wird vollständig aufgeschlossen)
Bereitung der Maische	Handbetrieb (Maischholz)	Mit Maschinenbetrieb in vorzüglichen Vormaischbottichen mit gut wirkender Rühr- und Kühlvorrichtung).
Abkühlungsdauer	bis 4 Stunden (im Sommer länger)	1 Stunde (gleichgültig, bei welcher Jahreszeit).

Der Maische folgt der Gärungsprozeß. Unter Gärung versteht man in der Chemie gewisse langsame, in der Regel unter Gasentwicklung und Erwärmung vor sich gehende Zersetzungen, welche manche organische Stoffe unter dem Einfluß gewisser Körper, Fermente genannt, erleiden. Bei der Alkoholgärung wird dies durch zuckerhaltige Substanzen

[1]) Zur Fünfzigjahrfeier des Vereins der Spiritusfabrikanten. Berlin 1907.

veranlaßt, wobei Alkohol und Kohlensäure aus der Maische entstehen. Obwohl die Gärungserscheinungen schon den Völkern des Altertums bekannt gewesen sind, ist es doch der modernen Chemie vorbehalten gewesen, die Natur des Gärungserregers genauer kennen zu lernen und so auf dem Gebiete der Gärungstechnik dem Branntweingewerbe dienstbar zu werden. Die Alchimisten konnten mit den Gärungserscheinungen wenig anfangen. Erst Lavoisier hat die spekulativen Ideen seiner Vorgänger durch quantitative Erforschung des Gärungsprozesses um ein Stück vorwärts zu bringen vermocht. Die Vervollkommnung des Mikroskopes erst ermöglichte, sich über den Gärungserreger und seine Natur genauer zu orientieren. Man erfuhr, daß die Hefe ein lebendes Wesen sei, das ernährt, ja mit Eiweiß gemästet werden müsse. Daß die Regelung der Temperatur und die Bewegung der Hefe von allergrößtem Einfluß seien, war eine weitere Entdeckung. Ihr folgte eine veränderte Arbeitsweise. Durch Dickmaischen nutzte man den Raum nun besser aus. Für das Brennereigewerbe ungemein wichtig waren dabei die Erkenntnisse auf chemischem Gebiete. Schwan, Cagniard-Latour, Kützing und Pasteur sind die Schöpfer der vitalistischen Gärungstheorie, welche 1896 allerdings durch die Entdeckung des Gärungserregers stark erschüttert worden ist.

Es ließe sich noch eine ganze Reihe von technischen Vervollkommnungen anführen, welche im letzten Jahrhundert für das Branntweingewerbe nutzbar gemacht sind. Hier kann es sich jedoch nur um die wichtigsten und markantesten Tatsachen handeln. Vor fünfzig Jahren noch säte man in das saure, von allen möglichen Mikroorganismen bevölkerte Hefengut Bierhefe aus. Es ist dies eine Hefe. die an hohe Alkoholkonzentration nicht gewöhnt ist und im Punkte Alkoholerzeugung weit von einer Idealleistung entfernt war. Dabei stellte sie sich, selbst nicht rein, oft als Infektionsquelle der Maischen dar. Heute arbeitet man mit erprobten bewährten Hefen, die reingezüchtet sind. Früher erschien es unmöglich, die Hefe rein zu erhalten.

Die Hefe, die gegen andere Pilze kämpft, verteidigt sich heute gegen die Infektion mit Erfolg. Die gesicherte Reinhaltung nach den natürlichen Hefereinzuchtverfahren ermöglicht gleichmäßige und höchste Ausbeuten. Während man früher nicht imstande war, einen Maischverlust zu verhindern, der durch die überschäumende Kraft der Hefe entstand, läßt uns heute die hochentwickelte Gärungstechnik diesen vermeiden. Die Hefe braucht Schutz- und Hilfsmittel, um sich gegen störende Einwirkungen zu verteidigen. Die Akademie Hohenheim in Württemberg hat unter Professor Behrend, die Akademie Weihenstephan unter Professor Bücheler hier den Weg vorgeschrieben. Es gibt Stoffe, welche vergiften und zerstören. Die moderne Gärungschemie sucht nach Antistoffen, nach Gegengiften, um durch Impfung Vorsorge zu treffen.

Wir fassen zusammen: Die verbesserte Gärungstechnik ermöglicht heute eine vom Willen des Brenners abhängige, in allen Vorgängen beherrschte Gärung, während vor 50 Jahren dieselbe noch zum großen Teil dem Zufall überlassen werden mußte. Sie ermöglicht ferner eine große Steigerung der Ausbeute.

Nach Heinzelmann und Delbrück war die

frühere theoretische Ausbeute[1].	58 %
die heutige ist	85 %

[1]) Die theoretische Ausbeute berechnet sich je nach der besseren oder schlechteren Betriebsführung resp. Betriebseinrichtung nach Märcker wie folgt: Die Menge von eingemaischten, stärkemehlhaltigen Stoffen sei

	bei gutem Betrieb je 100 % Stärkemehl		bei mittlerem Betrieb je 100 % Stärkemehl		bei schlechtem Betrieb je 100 % Stärkemehl	
davon bleibt eine gewisse Menge Stärkemehl unaufgeschlossen, diese ist bei:	0,5 %	11,7 %	2,0 %	19,8 %	3 %	27,4 %
Es bleibt ferner eine gewisse Menge unvergoren, diese ist bei: .	4,0 %		6,9 %		11,6 %	

Die Maischraumausbeute betrug
früher . . . . 8 %
heute . . . . 12 % und mehr.

Nach dem Verlauf der Gärung hat sich der Alkohol in den Maischen gebildet und es gilt nun, ihn in einem möglichst reinen und konzentrierten Zustand zu gewinnen. Die Maischen enthalten selbst bei größter Konzentration der Einmaischung selten mehr als 10—12 Vol.-Prozent Alkohol, meist sogar erheblich weniger. Die Reinigung und Konzentrierung des Alkohols erfolgte früher durch Wiederholung der Destillation im gleichen Apparat, was selbstverständlich mit viel Zeitaufwand und Umständlichkeit verknüpft war. Wollte man z. B. auf einem einfachen Destillierapparate aus einer 11 %igen Maische einen verkaufsfähigen, hochprozentigen Alkohol erhalten, so war dies nur durch eine etwa fünfmal wiederholte Destillation möglich. Eine derartige Prozedur verteuerte naturgemäß die Herstellung des Produkts und man sann darauf, Apparate zu konstruieren, welche eine zusammengesetzte Destillation gestatteten. Im 17. und 18. Jahrhundert entstanden mannigfache, meist einfache Destillierblasen, wie sie heute noch in einzelnen Brennereien Hollands und in einigen deutschen

	bei gutem Betrieb je 100 % Stärkemehl	bei mittlerem Betrieb je 100 % Stärkemehl	bei schlechtem Betrieb je 100 % Stärkemehl
Für Nebengärung und Verluste sind abzuziehen bei:	7,2 % } 11,7 %	10,9 % } 19,8 %	12,8 % } 27,4 %
Also ist die theoretische Ausbeute an Stärkemehl	88,3 %	80,2 %	72,6 %

Da nun 1 kg Stärkemehl theoretisch 1 l Alkohol von 71,6 % entspricht (= 71,6 Literprozent), so ergibt sich folgendes:

Es werden wirklich in Alkohol verwandelt und man erhält pro Kilogramm Stärkemehl nachstehende Alkoholmenge:

bei gutem Betriebe . . . . 63,2 (Literprozent)
bei mittlerem Betriebe . . . . 57,3 „
bei schlechtem Betriebe . . . . . 52,0 „

Städten zu finden sind. Es handelt sich um Qualitätsspiritusbrennereien, deren Ruf im engen Konnex mit dem Alter der Brennerei steht. Hier stellt sich das „Althergebrachte“ dem technischen Fortschritt entgegen. Es ist das eine Ausnahme, da im allgemeinen der deutsche Brenner sich für Neuerungen auf dem Gebiete des Brennereiwesens sehr empfänglich gezeigt hat.

Die alten einfachen Apparate eigneten sich nur für den Kleinbetrieb. Bei Fabrikation im großen erwiesen sie sich unzureichend, da der Brennstoffaufwand den sie verlangten die Kosten zu sehr erhöhte, weshalb jede Vergrößerung abnehmende Erträge provozierte.

1787 war es Sligo in Leith in England gelungen, einen Apparat zu konstruieren, der die alten Systeme besonders in Großbritannien rasch verdrängte. Sligos Apparat arbeitete wesentlich rascher als das englische Steuergesetz es vorsah. Wir haben hier einen ähnlichen Fall wie bei der deutschen Rübensteuer. Die Steuer rief derartige technische Umwälzungen hervor, daß eine Steueränderung notwendig wurde[1]). Sligos Apparat hatte nun zwar infolge der englischen Steuergesetzgebung große lokale Bedeutung, aber seiner größeren Ausbeute standen entsprechende Kosten an Brennmaterialien gegenüber. Das Bestreben aller Fachleute ging nun dahin, einen Apparat zu finden, der Zeit und Brennstoff zu sparen imstande sei. Das Jahr 1817 ist eines der wichtigsten für die Spiritusindustrie. In ihm wurden die ersten brauchbaren kontinuierlichen Destillierapparate angewandt. In Frankreich geschah dies durch Cellier-Blumenthal, in Deutschland durch Joh. Heinr. Lebrecht Pistorius. Beide Apparate scheinen unabhängig von einander entstanden zu sein. Der des Pistorius will aus der Maische ein hochgradiges und reines Produkt erzielen, aber

---

[1]) Das englische Steuergesetz nahm an, daß zum Abtrieb von jeder Füllung von 80 Gallonen = 363 Ztr. Maische 8 Minuten nötig seien. In Wirklichkeit wurden nur 3—3½ Minuten gebraucht, allerdings nur mit größter Verschwendung von Brennstoff und Ausbeute; vgl. Märcker.

dabei auch möglichst die Kosten sparen. Der Pistoriusapparat war es ferner, der dem Brennereigewerbe ermöglichte, von der Kleinbetriebsform zum Mittel- und Großbetriebe überzugehen. Er erforderte allerdings ein entsprechendes Kapital, war aber dafür bedeutend leistungsfähiger. Von Märcker erfahren wir, daß 1840 ein Pistoriusapparat zirka 1200 Taler kostete und dabei 573 l täglich verarbeitete. Hatte die Verbesserung des Pistorius einen Teil des Branntweingewerbes zum Großbetrieb geführt, so war es nun umsomehr begreiflich, daß sich da und dort Stimmen regten, welche mit Verbesserungen und Erfindungen eine noch rationellere Betriebsweise als sie der Pistoriusapparat gestattete, ermöglichen wollten. Diese Bestrebungen führten zu Apparaten, welche unter dem Namen kontinuierliche Destillationsapparate bekannt sind. Diese kontinuierlichen Apparate benützen den Wasserdampf, um ohne Unterbrechung die Maische auszunützen. Unter den mannigfachen Vorschlägen und Modellen, die uns von Derosne, Dubrunfaut, Cellier-Blumenthal und anderen bekannt sind, ist es besonders der Coffeysche Destillierapparat, dessen große Leistungsfähigkeit wir hier nicht unerwähnt lassen dürfen. Wie Märcker erzählt, sind die Coffeyschen Apparate besonders in England und dessen Kolonien sehr verbreitet; Dingler berichtet im Polytechn. Journal von 1836 von einem in Leith in England aufgestellten Apparate, der stündlich 13600 l verarbeitete, Payen in seiner Chimie industrielle (1859) sogar von einem solchen, der stündlich 20000 l Maische in 80 Vol. % Spiritus umzuwandeln in der Lage war. Diese Apparate kosteten allerdings ungefähr 100000 Franken, ein Preis, der unter heutigen Verhältnissen als niedrig bezeichnet werden muß. Sie eignen sich selbstverständlich nur für Großbetriebe, wie sie ja England besitzt [1]). Von Bedeutung für die kontinuierliche Destilla-

[1]) Wörterbuch der Volkswirtschaft, Artikel Branntweinindustrie von Wirminghaus. Ferner Zeitschrift für Spiritusindustrie Nr. 42, 1905. 1904 hatte England nur ca. 176 Brennereien mit einer Jahresproduktion von 40 Millionen Litern reinen Alkohols. Die Brenne-

tion war auch Savalle, der mit seinem Dampfregulator dem Betriebe mehr Gleichmäßigkeit zu verleihen wußte. Wenn man auch in Deutschland die Vorzüge der kontinuierlichen Apparate früh genug erkannte, so war ihre Einführung dennoch nicht so einfach, da die deutschen Kartoffelmaischen dickflüssig waren, während die Apparate nur für dünnflüssige Maischen geeignet schienen. Auch schien man bei dem absolut hohen Preise der Apparate nicht recht geneigt, die alten, ebenfalls bewährten Apparate durch neue zu ersetzen. Man versuchte nun durch passende Veränderungen die neuen Erfindungen mit dem alten Überlieferten in Einklang zu bringen, indem man die Erfindung des Franzosen Champonnois und des Engländers Coffey vereinigte, von den deutschen Konstruktionen was brauchbar erschien benützte und auch so seinen Zweck erreichte. Der Apparat, in dem diese Vereinigung zum Ausdruck kommt, die sogenannte Bohmsche Konstruktion, ist heute die am weitesten verbreitete. Zu den neuesten Apparaten gehören die Ilges'schen, sogenannten Feinspritautomaten. Ihnen voran gingen die Ilges'schen Destillierapparate, die seit 1873 in weitestem Maße Verbreitung fanden. Ilges Apparate arbeiten automatisch und erzielen dadurch ein sehr hochgradiges, reines Produkt. Für kleinere Brennereien kommen diese Apparate wegen des hohen Preises nicht in Betracht, für größere, besonders Genossenschaftsbrennereien mit mindestens 5000 l Maischraum werden sie sehr gewinnbringend sein.

Die hochentwickelte Destillationstechnik hat somit die Leistungsfähigkeit gesteigert, hat ferner die Entwicklung von Großbetrieben gefördert. An die Stelle von primitiven Einrichtungen zum Entgeisten der Maische sind moderne Verfahren getreten. Gab es früher noch Branntweinproduzenten, welchen es nur auf große Spiritusmengen ankam, ohne Rücksicht auf den Alkohol-

reien sind vorwiegend großindustriell und werden ohne engeren Kontakt mit der Landwirtschaft betrieben.

gehalt, so versucht man heute den letzteren immer mehr zu steigern. Der hölzerne oder kupferne Blasenapparat von „Einst“ ließ eine Spiritusstärke von 80 Vol. % erzielen, der moderne, kontinuierliche Apparat mit Dephlegmatoren bringt uns durchschnittlich bis 92 Vol. %igen Spiritus. Der Fortschritt in der Apparatkonstruktionstechnik läßt sich ferner beurteilen, wenn man den Dampf- und Wasserverbrauch einerseits und die gewonnenen Werte andererseits ins Auge faßt.

Zum Vergleiche seien hier nach E. Haack und Märcker folgende Ziffern mitgeteilt:

Es benötigen, resp. benötigten zur Entgeistung von 100 l Maische:

	Liter Kühlwasser pro 100 l Maische	Kohlenverbrauch pro 100 kg Maische
I. Der alte hölzerne Blasenapparat von 1820 . . .	272,— l	4,60 kg
II. Der Pistoriusapparat (1820 zirka)	183,— l	— kg
III. Ilges Feinspritautomat .	102,20 l	3,43 kg
IV. Kolonnenapparat von Wagener-Küstrin . . .	66,71 l	2,80 kg

Während beim alten hölzernen Blasenapparat nur eine Erwärmung des Kühlwassers auf 47° C eintritt, gelingt es bei dem Wagenerapparat eine 72,8%ige Erwärmung zu erzielen.

Bevor wir weiter schreiten und Verarbeitung des Alkohols nach dem Destillationsprozess verfolgen, wird es notwendig sein, auch jene Fortschritte auf technischem Gebiete kurz zu beleuchten, welche Brennereien eigentümlich sind, die nicht Kartoffel, sondern andere Rohstoffe verwenden. Dabei wird vorauszuschicken sein, daß die schon erwähnten Verbesserungen technischer Natur meist für alle Hauptbrennereiarten in Betracht kommen.

Bekanntlich liefern die stärkehaltigen Rohstoffe in fast allen Ländern mit Ausnahme von Frankreich die Hauptspiritusmengen. In letzterem Lande sind vorwiegend die Zuckerrübe und die Melasse, dann Mais, Getreide, Wein,

Obst und Weinrückstände die zur Branntweinerzeugung verwandten Rohstoffe. Italien und Spanien bevorzugen Mais und Wein, England und Amerika (U. S. A.) Mais, Deutschland, Rußland und Österreich-Ungarn Kartoffel, Getreidearten, Melasse, Mais, Obst und Obstrückstände. Die deutsche Steuergesetzgebung sowohl, als auch die Preisverhältnisse des Getreides verbieten es dem deutschen Landwirt Getreide zum alleinigen Zwecke der Spirituserzeugung zu verwenden. Eine erhebliche Menge der als Kornbranntwein in den Verkehr kommenden Erzeugnisse ist dabei durch Verschneiden (-Mischen) von Kartoffelspiritus erzeugt. Anders ist es in Rußland, wo Roggen in großem Maße zur Spirituserzeugung dient. Soweit für Deutschland die Getreidebrennereien in Betracht kommen, ist zu bemerken,daß sehr oft nicht der Alkohol, sondern ein anderes Produkt die Hauptrolle spielt, nämlich die Hefe; sind doch diese Brennereien oft nur Annexe von Preßhefefabriken, welche die Brennerei zur rationelleren Betriebsausnützung angliedern. Der Alkohol ist hier das gewonnene Nebenprodukt, dessen wirtschaftliche günstige Verwertung für den ganzen Betrieb hinsichtlich des Geschäftsgewinnes bestimmend wird. Diese gewerblichen Brennereien machen naturgemäß den landwirtschaftlichen Konkurrenz, was zu entsprechenden gesetzgeberischen Maßnahmen geführt hat, auf welche wir an späterer Stelle zurückkommen werden. Seit das Hefelüftungsverfahren in kurzer Zeit die alten Abschöpfungsmethoden verdrängte, sind es hauptsächlich Großbetriebe, die sich der Hefeerzeugung zuwenden. So gehörten im Betriebsjahre 1901/2 zu den Hefebrennereien die sieben größten deutschen Betriebe mit Produktionsmengen von 8000—19000 hl[1]). Die Hefeerzeugung findet ihre Abnehmer in den Bäckereien, die mit ihr den Teig des Weizenbrotes

[1]) 1901/02 erzeugten die Hefebrennereien 299634 Dz Hefe und 427142 hl. Alkohol, nach Edgar Ginsberg, Die deutsche Branntweinbesteuerung 1887—1902 usw. in Münchner Volkwirtschaftliche Studien, 75. Stück, Stuttgart und Berlin 1903.

aufgehen lassen. Wie aus Ginsberg konstatiert werden kann, ist die Branntweinproduktion dieser Hefebrennereien seit 1888/89 etwas gestiegen (2%). Die Betriebsanzahl aber um ca. 20% zurückgegangen, während bei den reinen Getreidebrennereien die Betriebszahl sich verdoppelt hat.

Während nun die Kartoffelbrennerei sich so ziemlich in allen Teilen Deutschlands findet, überhaupt überall da, wo größerer Kartoffelanbau vorhanden ist, angetroffen werden kann, liegt es schon in der historischen Entwickelung der Getreidebrennerei, daß für sie gewisse Produktionsstätten in Betracht kommen. Wir haben gehört, daß die Kornbranntweinbrennerei in den Kommunen des 16. und 17. Jahrhunderts blühte und im Gegensatz zur Kartoffelbrennerei ein städtisches Gewerbe gewesen ist. Die Qualitätsware der Kornbrennereien ist daher stets abhängig vom Ursprungsort, an den sich ihr Ruf knüpft. So war und ist teilweise heute noch Nordhausen als Zentrale der Kornspirituserzeugung anzusehen. Nach Senholdt[1]) existierten dort vor 1902/3 neben einer Kornspiritusbrennerei und 2 Spritfabriken noch ca. 60 Branntweinbrennereien, welche den sogenannten „Nordhäuser Branntwein" in den Handel bringen. Diese, auch „Nordhäuser Korn" genannte Spiritussorte, ist, wie schon bemerkt, größtenteils mit Kartoffelspiritus vermischt. Wichtige Plätze für Getreidebrennerei sind Breslau, Altona, Köln und eine Anzahl kleinerer Orte, wie Wernigerode i. H. Sobald es sich um Qualitätserzeugnisse handelt, ist die Anwendung von Hochdruckapparaten nicht möglich, da sie den Alkohol leicht übelschmeckend machen[2]). Man verwendet daher heute meist noch alte Verfahren für diese Marken, bei denen ja gerade die Anciennität und Tradition eine Rolle spielt. Für die Verarbeitung von Getreideschrot kommt dabei hauptsächlich der auch in Frankreich und Belgien benützte Lacambre'sche Maischeapparat (macérateur)

[1]) Senholdt, Die Spiritusindustrie, in Handbuch der Wirtschaftskunde Deutschlands, Bd. 3. Leipzig 1904.

[2]) Vgl. Märcker, a. a. O.

in Betracht. Wichtiger ist die Verwendung von Roggen, der ähnlich wie Mais mit Hochdruckapparaten behandelt wird. Professor Delbrück ist es gelungen, das Problem des gemeinsamen Dämpfens von Roggen und Kartoffeln, das früher unmöglich schien, in befriedigender Weise zu lösen, was den Vorteil hat, daß der Roggenverlust, der den vorangehenden Verfahren anhaftete, in sinnreicher Weise vermieden wird[1]). Man kann mit Hilfe von Kartoffeln viel mehr Spiritus aus einem Stück Feld gewinnen, als wenn man es mit Roggen bebaut. So liefert Roggen durchschnittlich pro Hektar eine Ernte von etwa 1600 kg, die, da sie etwa 65% Stärke enthalten, 1040 kg Stärke entsprechen. Von einem Hektar erntet man aber durchschnittlich 16000 kg Kartoffeln und wenn deren Stärkegehalt auch durchschnittlich nur etwa 18% beträgt, so entspricht das doch 2880 kg Stärkemehl. Was die Alkoholbereitung aus rohrzuckerhaltigen Materialien, insbesondere aus Zuckerrüben und Melasse anbelangt, so macht unsere Steuergesetzgebung die Verarbeitung von Zuckerrüben so gut wie unmöglich durch das Maischraumbesteuerungssystem.

Das deutsche Maischraumsteuersystem beruht auf der Annahme, daß der Brenner zur Erzeugung von 1 hl Alkohol eine gewisse Menge Rohstoffe gebrauche. Diese einzumaischenden Rohstoffe zahlen pro Hektoliter M. 1.31 Steuer, wodurch 100 l Spiritus je nach der Ausbeute der Brennerei (d. h. je nach dem mehr oder weniger Rohstoffe notwendig sind um 100 l Spiritus zu erzeugen) mit ca. M. 13—16 Maischraumsteuer belastet sind. Da die Rübe in größeren Mengen herangezogen werden muß, als die üblichen Einmaischmaterialien (Kartoffeln, Mais, Getreide) um das gleiche Quantum Alkohol zu erzielen, wie bei letzteren, so eignet sie sich in Deutschland nicht zur Branntweinbrennerei, da größere Maischquanten gleichbedeutend sind mit höherer Steuerbelastung und damit höheren Produktionskosten.

[1]) Diese Methode gemeinsamen Dämpfens scheint jedoch nach Mitteilungen aus Fachkreisen sich nicht immer bewährt zu haben.

Die Melassepreise[1]) wiederum verleihen der Melasseproduktion eine sehr wechselnde Bedeutung[2]). Um eine Melassemaische zu gewinnen, muß nun in erster Linie die Melasse mit Wasser verdünnt werden und sodann ihre Alkalinität (Eigenschaft als Base) durch geeignete Säuren neutralisiert werden. Man benützt dabei hauptsächlich Maischbottiche, wie sie von Egrot in Paris hergestellt werden und verwendet, um den Mischprozeß zu fördern, das Kortingsche Dampfstrahlgebläse. Nach Bücheler waren es besonders E. Bauer, Comichel und Henriot, die auf diesem chemisch-technologischen Gebiete praktische Ratschläge erteilten. Über das Erhitzen der verdünnten Melasse machte 1887 in der Zeitschrift für Spiritusindustrie G. Checzetka in Prag sehr interessante Mitteilungen. Wichtige Erfindungen und von großer Bedeutung bei Melasseverwendung sind das von Keyr und Scheibler konstruierte Pyknometer, das den Zweck hat, das spezifische Gewicht zu eruieren. Einen äußerst praktischen Apparat für Gährversuche stellte der schon einmal erwähnte Bauer her, um den Gesamtzucker zu bestimmen. Nach der Wochenschrift für Brauerei 1888 hat schließlich Jodelbauer noch genauere Resultate durch eine dort beschriebene Methode erreicht. Diese Methoden sind für die Melassebrennereien, die bekanntlich größtenteils Großbetriebe sind, von eminenter Bedeutung, da ja der Großbetrieb nur bei genauester Kalkulation rentabel ist. Zucker-

[1]) Im ersten Hefte der Vierteljahrshefte zur Statistik des Deutschen Reichs findet sich eine Statistik der Melassepreise. Diese waren im Jahresdurchschnitte 1895:

	1,69	Mk.	für	100 kg
1903	5,04	„	„	100 „
1904	7,45	„	„	100 „
Dezember 1904	9,11	„	„	100 „

Vgl. auch die Zeitschrift für Spiritusindustrie, 28. Jahrg., Nr. 13.

[2]) Vgl. auch Ginsberg, a. a. O. und das Jahrbuch des Vereins der Spiritusfabrikanten in Deutschland, aus welchem hervorgeht, daß im Jahresdurchschnitte des Jahrfünfts 1887/88—1891/92 die Melassebrennereien ca. 5,2 % der Gesamterzeugung ausmachen. Im Jahrfünft 1902/03—1906/07 jedoch nur ca. 2,4 %.

rübenbrennereien können wie erwähnt in Deutschland praktisch unter der gegenwärtigen Steuergesetzgebung nicht errichtet werden, weil die Zuckerrüben weniger gährungsfähiges Material enthalten, als die Kartoffeln und den Maischraum nicht genügend ausnützen können, um den Kartoffeln ein Paroli zu bieten. Was die Geschichte der Rübenbrennerei betrifft, so ist zu bemerken, daß schon 1747 von Andreas Sigismund Marggraf über Spiritusbereitung aus Rüben berichtet wird. Im geheimen Staatsarchiv zu Berlin finden sich übrigens eine Reihe von Schriftstücken aus den Jahren 1799–1810, aus welchen zu ersehen ist, daß der Direktor Achard sich mit der Branntweinbereitung aus Rüben befaßte und Friedrich Wilhelm III. lebhaftes Interesse für diese Untersuchungen zeigte. Da aber einerseits die Rübe mehr der Zuckergewinnung dienstbar gemacht wurde, andererseits um diese Zeit die Kartoffelbranntweinerzeugung in ein lebensfähiges Stadium eintrat, so müssen wir nach weiteren Spuren uns in Frankreich umsehen, wo 1824 von Dubrunfaut im Laboratorium Versuche angestellt wurden. 1832—1852, in der Zeit der französischen Patenthascherei melden die verschiedensten Persönlichkeiten Patente an, bis 1852 Dubrunfaut mit dem Hinweis auf die erprobte Praxis mit dem entscheidenden Mittel, der Schwefelsäure, an den Tag tritt. Kartoffelkrankheit (1845—50) und Mißernten von Wein, Getreide und Kartoffeln (1852—54) befördern die Verbreitung des neuen Verfahrens, das von Champonois ergänzt wurde, der die Verwendung der Schlempe und dadurch eine rasche, gesunde Gärung ermöglichte. So notiert bereits 1854 die Pariser Börse zum ersten Male Rübenspiritus und Ende der 50er Jahre gab es in Frankreich nicht weniger als 367 Brennereien mit einer täglichen Verarbeitung von mehr als 100 000 Zentner Rüben, welche dazu in der Gesamtheit ein Areal von 45 000 Joch mit Rüben bebauten Landes beanspruchten. In Deutschland war es besonders der Hohenheimer Professor Siemens, der in Württemberg eine wahre Schule für Rübenbrennerei ins Leben rief. Schon 1852 hatte er recht hübsche Erfolge und verstand es auch, dieselben in entsprechender

Weise zu propagieren. Dr. Gall wurde nach Frankreich entsandt, um dort die Fortschritte der Rübenbrennerei zu studieren und nun brach sich auch das Champonois'sche System in Deutschland immer mehr Bahn. In Österreich, wo die fürstlich Schwarzenberg'sche Domäne Liebejitz in Böhmen zum ersten Male ernstere Versuche machte, war es Briem, der der Rübenbrennerei zu einer vollkommeneren Ausbildung verhalf. Jedoch traf die Steuerreform der 80er Jahre auch dort die Branntweinbrennerei aus Rüben in ähnlichem Maße wie in Deutschland[1]). Da nun besonders in Deutschland aus schon erwähnten Gründen eine Verwendung der Zuckerrübe nicht gut möglich ist, so hat man sich denn der bereits behandelten Rübenmelasse zugewandt, die das Nebenprodukt bei der Fabrikation, sowie Raffination von Rübenzucker ist. Nach Professor Dr. Max Bücheler enthält sie etwa 50% gährungsfähige Stoffe. In Deutschland ließen die guten Entzuckerungsverfahren sie jedoch nicht in dem Maße aufkommen, wie in Österreich, Frankreich und Belgien. Bei uns ist die Melassebrennerei an den Standort der Zuckerrübenindustrie, von der sie ja ihr Rohmaterial bezieht, gebunden. Wenden wir uns schliesslich den Materialbrennereien zu. Wir verstehen darunter Betriebe, die Brauereiabfälle und Abfälle der Weinfabrikation verwenden, aber auch diejenigen kleinbäuerlichen Obst- und Weinbauwirtschaften, welche Wein, Weinhefe, Weintrester, Obst und Obsttrester, Beerenfrüchte und dergleichen zur Branntweinbrennerei benützen. Die Zahl dieser Betriebe schwankt in Deutschland zwischen 50000 und 60000, die meisten erzeugen nicht mehr als 50 l reinen Alkohol pro anno[2]).

[1]) 1898/99 waren von 1871 der Konsumabgabe unterworfenen Brennereien in Österreich-Ungarn 24 Zuckerrübenbrennereien, 35 verarbeiteten Melasse, 202 Mais, 96 andere Getreidesorten, 1302 Kartoffeln, 210 Kartoffeln und Getreide, eine Sirup und eine andere Stoffe; vgl. Zeitschrift f. Spiritusindustrie, XXV. Jahrgang, Nr. 46, S. 491 u. 503.

[2]) Nach Ginsberg, a. a. O. erzeugten 1901/02 54651 Material-

Die Betriebe finden sich meist in Süddeutschland, besonders in Württemberg, Baden, Elsaß-Lothringen und Bayern [1]). Die Betriebseinrichtungen sind primitiv und veraltet. Die Erzeugung wird meist für den Haus- und Lokalbedarf verwendet. Die Bedeutung der ganzen Kategorie ist diesen Verhältnissen entsprechend eine sehr geringe.

Die Vollständigkeit verlangt von uns, daß wir auch den Brennereisorten, die in Deutschland eine geringere Rolle spielen, unser Augenmerk zuwenden und aus diesem Grunde sind auch weniger bedeutende technischen Fortschritte, die in jenen Brennereien von untergeordneter Bedeutung zu konstatieren sind, erwähnt worden. Nochmals sei aber bemerkt, daß viele technische Verbesserungen, die wir bei der Kartoffelbrennerei aufzählten, auch für die Melasse und Getreidebrennerei Geltung haben und auch hier jene bedeutende Beeinflussung der Wirtschaft veranlassen, die wir im Kartoffelbetriebe konstatiert haben.

Wie schon im Eingang dieser Arbeit erwähnt ist, ist der Spiritus, das Produkt unserer Brennereien, keineswegs reiner Weingeist, Aethylalkohol (C_2H_6O), er enthält vielmehr eine ganze Reihe von Bestandteilen, die noch entfernt werden müssen, da ohne deren Ausscheidung das Brennereierzeugnis nur von einer beschränkten Anwendbarkeit ist. Die Branntweine oder Lutter, wie sie in den meisten französischen und belgischen Brennereien bei der dortigen Massenerzeugung gewonnen werden, ebenso die ähnlichen Produkte der kleineren auf Trinkbranntwein zielenden Brennereien, enthalten eine derartig starke Beimischung, daß sie so, als keiner Verwendung fähig bezeichnet werden müssen. Der hochgrädige Spiritus, wie ihn die deutschen und österreichischen Brennereien liefern, ist be-

brennereien 30043 hl, von diesen 54651 Brennereien hatten eine Erzeugung von weniger als 50 l 47324 Betriebe.

[1]) In den genannten Bundesstaaten waren 1901/02 53353 Betriebe bei überhaupt 54651 Betrieben dieser Kategorie in Deutschland.

deutend reiner und kann daher zu einer Reihe von Zwecken direkt verbraucht werden, was ja auch geschieht. Über die Beimischungen, welche die Rektifikation nötig machen, ist folgendes zu sagen: Jede zuckerhaltige und stärkemehlhaltige Substanz liefert einen eigentümlichen Geschmack oder Geruch. Die feineren Spirituosen werden nun nicht nur nach ihrem Geschmack sondern auch nach ihrem Aroma bezahlt. Es ist daher von Bedeutung, daß alle diese Nebenbestandteile, die den Wert des Produktes herabdrücken, in geeigneter Weise entfernt werden. Diese Entfernung ist auf dem Wege einmaliger Destillation nicht möglich; es muß vielmehr eine wiederholte Destillation, Rektifikation genannt, hier Platz greifen; sie erfolgt in der Praxis durch die Verdichtung der Dämpfe in den Kolonnen und Kondensatoren der Rektifiziervorrichtung.

Die Rektifikation des Alkohols ist daher nichts anderes als eine fraktionierte, oft wiederholte Destillation. Je weniger verunreinigende Produkte der Rohspiritus enthält, oder je leichter und vollständiger sie abgeschieden werden können, um so höher wird der Raffinationswert des Rohspiritus sein.

Die Bedeutung eines Destillierapparates in ökonomisch-technischer Hinsicht bemißt sich demgemäß nach den Eigenschaften, die ihm ermöglichen, ein möglichst reines Produkt zu gewinnen.

Der Rohspiritus wird vor der Reinigung verdünnt, da aus technischen Gründen verdünnter Alkohol sowohl eine qualitativ als auch quantitativ bessere Ausbeute ergibt. Die gewonnene Ware kommt unter dem Namen Primasprit, Weingeist usw. in den Handel und dient vornehmlich dem Destillateur oder Likörfabrikanten, dem Apotheker, Chemiker und einer Reihe anderer Berufsarten, so z. B. der Gährungsindustrie, der Lack-, Zelluloid-, Parfümerie- und chemischen Industrie. Die bei der Rektifikation erzielten Produkte sind dreierlei Art. Sie teilen sich in den Vorlauf, den Mittellauf und den Nachlauf. Der Mittellauf repräsentiert den rektifizierten Sprit. Der Nachlauf ist im wesentlichen das

Fuselöl, das man als verunreinigenden Bestandteil bei der Rektifikation auszuscheiden hat[1]). Dieses Fuselöl bleibt nebst dem größten Teil des Wassers in der Destillierblase des Rektifikationsapparates zurück. Was die Reinigungsapparate betrifft, so haben wir solche für unterbrochene und ununterbrochene Rektifikation zu unterscheiden. In Deutschland sind im wesentlichen solche für unterbrochene Rektifikation im Gebrauch. Der am meisten verwendete und wohl auch am meisten verbreitete ist der Savallesche Rektifikationsapparat; er ist besonders in französischen und belgischen Fabriken anzutreffen und wurde von Savalle verbessert, sodaß der „neue Savalle“ eine Ersparnis an Steinkohlen von 30 % gegenüber dem früheren System ermöglicht. Dem französischen „Savalle“ und dem ihm ähnlichen „Egrot“ (Pariser Modell 1893) macht eine ausgezeichnete deutsche Konstruktion von C. Heckmann erfolgreiche Konkurrenz. Ebenso ist dies mit einer Konstruktion von F. Pampe, die als Niederdruck-Rektifizierapparat zu qualifizieren ist. Großen wirtschaftlichen Einfluß übt die Anwendung des einen oder anderen Apparates nicht aus, da es beim Rektifikationsgewerbe hauptsächlich darauf ankommt, daß rationell rektifiziert wird. Nicht der Apparat aber ist allein die wesentliche Vorbedingung für eine ratio-

[1]) Das Fuselöl galt früher als lästiges Abfallprodukt und wurde in vielen Betrieben einfach weggegossen, eventuell zu Preisen von höchstens 15—18 Mk. an chemische Fabriken verkauft. Allmählich gelang es nun der chemischen Industrie, speziell der Lackindustrie, die aus Fuselöl gewonnenen Amylderivate in größerer Menge technisch zu verwerten, was eine Preissteigerung des Fuselöls auf circa 50 Mk. im Durchschnitte zur Folge hatte. Dieser Preis blieb 1901 bis 1903 ziemlich konstant. Amerikanische Industrien erhöhten nun durch ihre Nachfrage den Preis, der infolge des russisch-japanischen Krieges von 90 Mk. (Ende 1903) sprungweise auf 160 Mk. pro 100 kg im Jahre 1904 stieg, 1905 jedoch wieder auf 60—70 Mk. fiel. Ein regulärer Fuselpreis würde selbstverständlich für große Spritfabriken mit guten Absonderungseinrichtungen von großer Bedeutung sein. Jedenfalls ist es ein Verdienst der Technik, die Verwendbarkeit dieses Artikels in großem Maße gefördert zu haben und so, wenn auch indirekt, einen Einfluß auf die Spiritusindustrie ausgeübt zu haben.

nelle Rektifikation, es sind dies auch andere Faktoren, die Kohlenersparnis und ähnliches in ihrer Gefolgschaft zeigen. Diese Kohlenersparnis und die bessere Ausnützung der verwendeten Dampfkraft, sowie des Apparates kann nur erfolgen, wenn genügend große Quanten rektifiziert werden. Die zur Rektifikation bestimmten Mengen sind aber abhängig von den Brennereizufuhren nach der Spritfabrik, deren Spritkontingent[1]) und ähnlichem.

Von größerem Einfluß auf die Industrie ist die Konstruktion von Apparaten für ununterbrochene Rektifikation von Rohspiritus, insbesondere die Rektifikation aus der Brennereimaische[2]). Ein von Barbot erfundener derartiger Apparat scheint sich in der Praxis nicht bewährt zu haben, dagegen will neben Strauch insbesondere Ilges der Lösung des direkten Rektifikationsproblems näher gekommen sein. Die Ergebnisse, die Ilges erzielte, lassen hoffen, daß seine Versuche mit Erfolg gekrönt sein werden. Sie können unter Umständen eine Umwälzung des ganzen Gewerbes bedeuten und vom allergrößten Einfluß auf die Industrie sein. Denn eine direkte Rektifikation aus der Maische, die in der Brennerei vorgenommen werden kann, bedeutet letzthin eine Ausschaltung der Spritfabriken. Welche Konsequenzen eine rationelle Verbreitung und Durchführung des Ilges'schen Problems in den Brennereien für das Spiritusgewerbe bringen würde, ist jedoch heute kaum zu überschauen. Jedenfalls könnte dann von einem ganz hervorragenden Einflusse der Technik auf die Spiritusindustrie gesprochen werden. Die Bedienung des Rektifikationsapparates, der gewöhnlich mit einer Dampfmaschine oder wenigstens einer Dampfpumpe in Verbindung steht, ver-

---

[1]) Die Behandlung dieser Fragen erfolgt in einem späteren Abschnitte.

[2]) Vgl. Märckers Handbuch der Spiritusfabrikation, 8. Auflage, vollständig neu bearbeitet von Prof. Delbrück, Berlin 1903, ferner eine Abhandlung in Bulletin de l'association des chimistes im Oktober 1902 über die historische Entwicklung der kontinuierlichen Rektifikation.

langt einen, in größeren Betrieben einige geschulte, besser qualifizierte Arbeitskräfte. Was die Kosten der Rektifikation betrifft, so hängen diese, wie schon erwähnt, von dem rektifizierten Quantum ab, also von der Ausnützung der Apparate. Sie hängen aber auch davon ab, ob ein mehr oder weniger reines Produkt erzielt werden soll. Die im Sprithandel unterschiedenen Marken sind folgende: 1. Alkohol, dieser wird meist aus dem Vorlauf genommen; 2. Feinsprit oder Primasprit, welcher im Mittellauf erzielt wird und 3. Spritsorten, die noch einer besonders feinen Reinigung unterzogen werden, da sie zu bestimmten Qualitätsliquören Verwendung finden sollen. Schließlich können die Rektifikationskosten erhöht werden, wenn schlecht geeigneter Rohspiritus, wie Melasse und Lufthefespiritus zur Reinigung verwendet wird. Nachdem so kurz die technische Entwicklung des Rektifikationsgewerbes behandelt worden ist, wäre eigentlich diejenige der Zirkulations- resp. Konsumationsgewerbe zu erörtern. Aus verschiedenen Gründen hauptsächlich aber, weil hier mehr von einer Einwirkung der Wirtschaft auf die Technik zu sprechen ist, werden diese Industrien an späterer Stelle eine Behandlung finden. Für uns wird also zu konstatieren sein, daß die Technik in der Spiritusindustrie die Wirtschaft wohl beeinflußt hat. Den größten Teil des Produktionsprozesses übernimmt das Brennereigewerbe. Hier erblicken wir eine wohl entwickelte Technik. Wir sehen, wie die besseren technischen Betriebsmethoden und die auf wissenschaftlicher Grundlage basierende Erkenntnis in der gesamten Landwirtschaft aus dem Brennereigewerbe immer mehr ein ländliches Gewerbe werden lassen, das im Rahmen des landwirtschaftlichen Betriebes eine große Rolle spielt. Der technische Fortschritt bringt teils bei gleicher Ausbeute eine Verminderung von Rohstoffaufwand mit sich, teils wird die Ausbeute quantitativ gesteigert, teils auch qualitativ gefördert. Bessere Ausnützung des Maischraumes, höhere Spiritusstärke, geringerer Kartoffelverbrauch sind die Folgen der technischen

Entwicklung. Dabei verminderte sich die Zahl der notwendigen Arbeitskräfte und die Dauer der Betriebsarbeit. Wo vor 50 Jahren fünf bis sechs Leute notwendig, da müssen heute nur noch drei bis vier Leute tätig sein, statt 15—16 Stunden Betriebsdauer heute nur 8. Die moderne Chemie hat sich in den Dienst des Gewerbes gestellt, der Dampf ist ihm untertan geworden. Die Wirtschaft ist rationeller; der wirtschaftliche Erfolg gesteigert worden. Was aber hat diesen wirtschaftlichen Erfolg verursacht? Bessere Apparate, bessere Arbeitsweisen und bessere Arbeitskräfte. Wir haben die wichtigsten Verfahren, die bedeutendsten Apparate erwähnt. In dem nächsten Abschnitte werden wir zeigen, welche Institutionen die Entwicklung der Technik gefördert haben. Zunächst soll die Steuergesetzgebung und ihr Einfluß auf die Wirtschaftstechnik und den Wirtschaftserfolg behandelt werden. Es soll überhaupt gezeigt werden, welche Maßnahmen des Staates, seien es solche steuerpolitischer Natur, seien es Gesetze, welche die Volksgesundheit betreffen, oder seien es Verkehrsfragen, das Spiritusgewerbe und seine Wirtschaft beinflußt haben. Dann werden wir Einrichtungen erwähnen müssen, die ebenfalls fördernd auf die Technik wirkten, Musterbetriebe, Versuchsanstalten, Brennereikurse u. a. Gerade diese sind es ja, welche die qualifizierten Arbeiter heranziehen, die heute im Brennereigewerbe tätig sind und sicher den ökonomisch-technischen Erfolg teilweise herbeiführen. Schon die Behandlung der staatlichen Maßnahmen aber wird uns beweisen, daß andere mächtige Faktoren ein Gewerbe so beeinflussen können, daß der technische Faktor in den Hintergrund tritt, daß seine Entwicklung gefördert und gehemmt werden kann, wenn der Gesetzgeber einwirkt. Bei der Behandlung der handelstechnischen Organisation, der Spiritusindustrie, wobei das Spirituskartell besondere Berücksichtigung finden soll, wird es uns fast scheinen, als ob der Einfluß der Technik gerade durch diese Erscheinungen in gewisser Richtung eine Dämpfung erfahren habe. Wir werden uns ferner mit den Konsumbetrieben und ihrer Technik befassen müssen.

Schließlich soll die Antialkoholbewegung kurz dargestellt werden. Damit aber wird diese Arbeit wie schon angedeutet, die gesamte deutsche Spiritusindustrie behandeln und gleichzeitig den Zusammenhang von Wirtschaft und Technik zur Darstellung bringen; wir werden sehen, nicht nur die Technik beeinflußt die Wirtschaft, auch das Umgekehrte ist der Fall.

Zweites Kapitel.

Der Einflufs der Steuergesetzgebung auf Technik und Wirtschaft.

Literatur.

Die Literatur des früheren Kapitels ist teilweise mitbenützt, hier jedoch nicht mehr eigens anfgeführt.

Conrads Jahrbücher für Nationalökonomie und Statistik, Bd. XV, III. F. (Conrad, Branntweinsteuerreform in Deutschland); — Bd. XIII, III. F. (Miszellen, Entwicklung des Brennereibetriebes 1831—1894); — Bd. V, III. F. (Wittelshöfer, Das Gesetz vom 24. Juni 1887 und seine Wirkung auf die landwirtschaftliche Brennerei in Deutschland); — Bd. XXI, III. F. (Paasche, Branntweinsteuer in Deutschland); — Bd. XXII, III. F. (Antziferoff, Das Branntweinmonopol in Rußland); — Bd. XXIV, III. F. (Schmauser, Die Entwicklung des Kontingentierungssystems in den deutschen Branntweinsteuergesetzen 1887—1902); — Bd. XXVI, III. F. (Piersdorff, Die neueste Branntweinsteuergesetzgebung). — Mayr, Zur Reichsfinanzreform, 1893. — Meyer, Betrachtungen zur Branntweinbesteuerung in der Beilage zur „Allgemeinen Zeitung“, München, Nr. 233, 1904. — Müller, Die geschichtliche Entwicklung des landwirtschaftlichen Genossenschaftswesens in Deutschland von 1848/49 bis zur Gegenwart, Leipzig 1901, Schanzsche Wirtschafts- und Verwaltungsstudien X. — Wagner, Finanzwissenschaft, Leipzig 1901. — Wolf, Die Branntweinsteuer in den europäischen Ländern und der nordamerikanischen Union von 1887—1889 im Schanzschen Finanzarchiv, Stuttgart 1890, und 1884—1886 im Schanz'schen Finanzarchiv, 1887. — Zeller, Artikel Aufwandsteuern in Schönbergs Handbuch, III, S. 540 ff. — Zwicklitz, Die Bestrebungen zur Hebung des Brennereigewerbes im deutschen Reich durch Gesetzgebung und genossenschaftlichen Zusammenschluß, Heidelberger Dissertation. — Manicke, Zur Reform der Branntweinsteuer, Würzburger Dissertation. — Stenographische Berichte über die Verhandlungen des Reichstages von 1886 an, insbesondere 9. Legislaturperiode, 3. Session, 1894/95, 2. Anlageband, Aktenstück 235, ferner Aktenstück 377 u. a., Stenogr. Bericht des Reichst. 1886/1887, Anlage IV. — Heine, Über die Branntweinsteuersysteme in den europäischen Ländern, Zeitschrift für die gesamte Staatswissenschaft, Tübingen 1872, S. 590 ff. — Schäffle, Die Steuern, besonderer Teil, Leipzig 1897. — Conrad, Grundriß der politischen Ökonomie, 3. Teil, 3. Auflage, Jena 1903. — Wolf, Die Branntweinsteuer, ihre Stellung im Steuersystem und in der Volkswirtschaft, ihre geschichtliche Entwicklung und gegenwärtige Gestalt in den einzelnen Ländern und ihre Erhebungsformen, Tübingen 1884. — Eheberg, Finanzwissenschaft, 8. Aufl., 1906. — Kielwagen, Die Besteuerung des Branntweins, Berlin 1887. — Getz, Das Branntweinmonopol als Besteuerungsform, Jena 1897. — Handwörterbuch der Staatswissenschaften, Artikel Branntweinsteuer in der ersten Auflage von Wolf, in der zweiten Auflage von Max von Heckel. — Salvati, Die Fabrikatsteuerfrage 1860. — Stourm, Art. „Alcool“ im Sayschen Dictionnaire des Finances (und Art. Boissons). — Huber, Art. Branntweinmonopol im Furrerschen volkswirtschaftl. Lexikon der Schweiz. — Mayr, Art. Branntweinsteuer im Stengelschen Wörterbuch des Deutschen Verwaltungsrechts. — Roucou, Art. „Boissons“ in Block Dictionnaire de l'Administration française. — Hartig, Zur Geschichte, Theorie und Kritik der Branntweinsteuern, Leipziger Dissertation 1876. — Stein, Finanzwissenschaft 1875. — Rau, Lehrbuch der politischen Ökonomie, Bd. 3, II, 1846. — Platzmann, Untersuchungen über die Branntweinsteuer, Halle 1873, S. 94 ff. — Engel, Die Branntweinbrennerei in ihren Beziehungen zur Landwirtschaft, zur Steuer und zum öffentlichen Wohl 1853, S. 3. — Bergius, Grundsätze der Finanzwissenschaft 1871, II. Aufl. S. 574. — Janke, Die direkte Besteuerung des Spiritus 1864, S. 144. — Laves, Die Entwicklung der Brennerei und Branntweinbesteuerung in Deutschland, Jahrbücher für Verwaltung, Gesetzgebung und Volkswirtschaft, Bd. 9. — Bernatzky, Artikel Branntweinsteuer im Österreichischen Staatswesen, Bd. I. — Troschke, Die Branntweinsteuergesetzgebung, 1874. — Renauld, Finanzen und Branntweinbesteuerung des deutschen Reichs in ihren Grundzügen, München 1907. — Denkschrift, betreffend die Lage der deutschen Spiritusindustrie usw., 1885 (vom Verein der Spiritusfabrikanten). — Crexz-Lindenwald, Ein Beitrag zur Besteuerung des Branntweins 1878. — Herbetz, Die Branntweinsteuer, Vierteljahrsschrift für Volkswirtschaftl. Politik und Kirchengeschichte, Bd. 25. — Die erste Beratung des Gesetzentwurfs betreffend Maßnahmen gegen den Rückgang des Ertrages der Maischbottichsteuer und des Entwurfs eines Gesetzes betreffend die Bemessung des Kontingentsfußes für landwirtschaftliche Brennereien in der Sitzung des Reichstages vom 16. März 1907. (Nach dem amtlichen Stenogramm). Beilage zur Zeitschrift für Spiritusindustrie 1907, Nr. 13. — Zentralblatt für das deutsche Reich 1887, S. 537, 1888, S. 456. — Reichsgesetzblatt 1891, S. 338 ff., 1895, S. 265 ff., 1902, S. 265 ff., 1900, S. 298, 1889, S. 49. — Behrend, Die Novelle von 1902 zum Branntweinsteuergesetz. — Roscher, Finanzwissenschaft, § 96. — Halle, Die Weltwirtschaft, 1. Jahrgang, 1906. — Wagon, Die finanzielle Entwicklung deutscher Aktiengesellschaften von 1870—1900 und die Gesellschaften m. b. H. im Jahre 1900, S. 116, Brennereien, Bd. 39, der Hallenser Seminarsammlung 1903. — Eras, Das Branntweinmonopol, Gutachten; Volkswirtschaftliche Zeitfragen, Heft 37, 1886. — Lewin, Das Branntweinmonopol in Rußland, Tübingen 1908. — Der Entwurf vom 22. Febr. 1886 betreffend die Einführung eines Branntweinmonopols in Deutschland, Drucksachen des Reichstages, 6. Leg. P., II. Sess. 1886, Bd. II, Nr. 165. — Wassermann, Branntweinbesteuerung in den einzelnen Ländern, Annalen des Deutschen Reichs 1908, Nr. 4, S. 316. — Gesetz über den staatlichen Getränkeverkauf in Rußland, abgedruckt im Deutschen Handelsarchiv 1894, Septembernummer. — Berichte der Schweizer Alkoholverwaltung pro 1892—1907. — Wassermann, Ein deutsches Reichsalkoholmonopol, Archiv für Rechts- und Wirtschaftsphilosophie, April 1908, Heft 3. — Wassermann, Branntweinmonopole und Branntweinmonopolentwürfe, Bayer. Handelszeitung 1908.

Im Einnahmeetat des Deutschen Reichs figuriert der Posten Branntweinsteuer:

1904 mit	119 568 700 Mk.
1905 mit	117 478 000 Mk.
Etatsentwurf 1906 . .	118 060 000 Mk.

Schon diese gewaltigen Ziffern müssen uns sagen, daß das Branntweingewerbe eine große Steuerlast zu tragen hat. Aus diesem Grunde ist auch die Vermutung, daß die Besteuerung in dieser oder jener Weise das Spiritusgewerbe stark beeinflußt haben mag, sehr naheliegend. Wir haben erst seit dem Jahre 1887 in Deutschland eine einheitliche Branntweinsteuergesetzgebung. So zerfallen unsere Betrachtungen ganz von selbst in zwei Teile. Zuerst soll kurz die Steuergesetzgebung vor 1887 beleuchtet werden sodann das Gesetz vom 24. Juni 1887, das, wenn auch durch mannigfache Novellen verändert, heute noch in Geltung ist.

Die Zeit vor 1887.

In Deutschland können wir in jedem Bundesstaate eine andere Entwicklung beobachten. Da jedoch Preußen in finanzpolitischer Hinsicht fast immer für Deutschland symptomatisch gewesen ist, so soll seine Branntweinsteuergesetzgebung in erster Linie Behandlung finden. 1680 macht der Große Kurfürst den Branntwein steuerpflichtig, erhebt jedoch nur in den Städten die Steuer und zwar deshalb, weil das ländliche Gewerbe bei seiner geringen Ausdehnung schwierig zu belasten gewesen wäre. Die indirekte Besteuerung, welche der Zoll und Akzisetarif des Großen Kurfürsten brachte, war für die damaligen preußischen Finanzen außerordentlich günstig, da sie die Staatseinnahmen verdreifachte. Die unter Friedrich dem Großen eingeführte „Regie" wurde 1787 durch einen neuen Akzisetarif aufgehoben. Allein erst Anfang des 19. Jahrhunderts bricht sich die Anschauung, daß auch das ländliche Spiritusgewerbe zu besteuern sei, Bahn. Wir haben gesehen, daß das Auftauchen der Kartoffel als Branntweinrohstoff den Standortwechsel im Gewerbe erheblich begünstigt hat. Die Steuerfreiheit der ländlichen Brennerei hat hierbei selbstverständlich ebenfalls mitgewirkt. Es ist erst das „Edikt über die neuen Konsumtions- und Luxussteuern" vom 28. Oktober 1810, das für Stadt und Land die gleichmäßige Besteuerung bringt. Die preußische Regierung entlehnte dabei ihr Steuersystem dem Auslande. In Schottland war 1786 die Kesselsteuer eingeführt worden. Diese ist eine nach dem Rauminhalt der Destillierblase bemessene Auflage, bei welcher die Annahme einer gewissen Anzahl Füllungen und Brände in einem gewissen Zeitraum die Grundlage bildet. Kann nun ein Fabrikant seine Abziehblase in einer gegebenen Zeit häufiger benutzen als der Gesetzgeber annimmt, so profitiert er natürlich. Das Gesetz hatte angenommen, daß der Abziehkolben jede Woche siebenmal zu benützen sei. Der Brenner suchte nun durch Verbesserung der Betriebstechnik die Abziehmöglichkeit zu steigern. Wie schon früher erwähnt, gelang es 1787 den Gebrüdern Sligo in Leith einen geeigneten Apparat zu erfinden. Nun beginnt ein Wettlauf zwischen der Industrie und der Regierung. Die erstere versucht durch verbesserte Technik die Steuerlast zu mindern, letztere erhöht den Steuersatz von 30 sh auf 3 £, schließlich auf 64 £ pro Gallon. War es doch möglich geworden, statt siebenmal in der Woche, alle drei Minuten den Abziehkolben funktionieren zu lassen. Die Steuer, die ja eine Förderung der Technik mit sich brachte, war allerdings für die Kleinindustrie, welche der technischen Entwicklung nicht folgen konnte, der vollständige Ruin. Alle diese Gründe bewogen die englische Regierung 1803 wieder, die Fabrikatsteuer einzuführen. Und obwohl auch Frankreich mit der Kesselsteuer die schlechtesten Erfahrungen gemacht hatte, folgte Preußen 1810 diesen beiden Staaten. Der Einfluß dieser Besteuerungsform auf die Entwicklung der Betriebstechnik war unverkennbar. Jede technische Neuerung erfordert aber Kapital. So lag es denn sehr nahe, daß der Großbetrieb, der meist kapitalkräftigere Unternehmer hinter sich hat, gegenüber dem kapitalschwachen Kleingewerbe im Vorteil war. Die Steuergesetzgebung versuchte daher ausgleichend zu wirken, insbesondere wurden die landwirtschaftlichen Brennereien und ihre Betriebseigentümlichkeiten berücksichtigt. Allein trotz Erhöhung des Steuersatzes wird die Besteuerung pro Hektoliter Spiritus infolge der wachsenden Ausbeute immer niedriger. Als nun 1833 der Zollverein gebildet wurde, brachte man auch in den meisten seiner Staaten die preußische Branntweinsteuergesetzgebung zur Einführung und zwar die Maischraumsteuer, die seit 1820 bei steter Änderung der Sätze nunmehr in Anwendung kam. Durch nichts läßt sich wohl eine Verbesserung der Technik schlagender und treffender zeigen, als durch die Wiedergabe der Steuersätze und ihrer Veränderung im

Laufe des vorigen Jahrhunderts. Die Maischraumsteuer, die Kesselsteuer und der Blasenzins sind ja Leistungsfähigkeitssteuern und somit Gradmesser der technischen Zustände ihrer Zeit. Das Zirkularreskript vom 8. Dezember 1820 hatte bestimmt, daß in Preußen ab 1. Januar 1821 eine Gärraumsteuer an Stelle der mit einer Materialsteuer verbundenen Kesselsteuer treten solle. Man rechnete auf zirka $2^1/_2$ % Ausbeute und normierte den Steuersatz auf 1 Sgr. 6 $^3/_4$ dl. für 25 Quart (d. i. zirka 0,157 M. für zirka 28—30 l). Schon am 10. Juni 1824 erschien jedoch eine Kabinettsordre, welche zunächst die Brennereien in landwirtschaftliche und nicht landwirtschaftliche schied. Die landwirtschaftliche, damals noch nicht so entwickelte Brennerei schützend, brachte sie dieser einen geringeren Steuersatz als der städtischen, für welch letztere nunmehr 1 Sgr. 6 Pf. für je 20 Quart Branntwein galt, was eine Erhöhung gegen früher darstellte. Denn 1 Sgr. 6 Pf. für je 20 Quart entspricht 1 Sgr. $10^1/_2$ Pf. für 25 Quart, ist also um $3^3/_4$ dl. mehr gegenüber der Steuereinheit aus dem Jahre 1821. In ähnlicher Weise erhöhten die Gesetze von 1838, 1854 und 1855.

Das Gesetz vom	brachte pro 20 Quart Maischraum folgenden Steuersatz	d. i. mehr gegen den Steuersatz v. 1. Jan. 1821	in Prozent
1. Januar 1821 .	1 Sgr. 3 Pf. (= 1 Sgr. $6^3/_4$ Pf. pro 25 Quart)		
10. Juni 1824 . .	1 Sgr. 6 Pf.	3 Pf.	20 %
16. Juni 1838 . .	1 „ 8 „	5 „	$33^1/_3$ %
1. Juni 1854 . .	2 „ 3 „	12 „	80 %
1. August 1855 .	2 „ 6 „	15 „	100 %

Trotz dieser ganz enormen Steigerung des Steuersatzes war in der Tat die Steuer eine niedrigere. Die ursprünglich angenommene Ausbeute von $2^1/_2$ % war zutreffend gewesen. Sie hatte sich gesteigert auf $7^1/_2$ %, also um 200 %, die Steuer aber nur um 100 %. Das Bundesgesetz vom 8. Juli 1868 übernahm diese Einrichtungen mit unbedeutenden Modifikationen. Die Maischraumbesteuerung, welche so unendlich fördernd auf die Technik eingewirkt hatte, ist jedoch selbstverständlich auch nicht ohne Schattenseiten gewesen. Der Wunsch, hochprozentige Ausbeuten zu erzielen, und so den Gesetzgeber um die Steuer zu bringen, hatte schon in Schottland Ende des 18. Jahrhunderts zu enormen Materialverschwendungen geführt. Auch in Deutschland tritt dieser Mißstand unangenehm hervor.

Die Unmöglichkeit der gleichmäßigen Belastung des Produktes, die enormen Kontrollschwierigkeiten lassen in Deutschland zwei große Lager entstehen. Maischraumsteuerpartei und Fabriksteuerpartei sind es, die sich befehden. 1869 hatte man einen Regierungsantrag abgelehnt, der auf Erhöhung der Branntweinsteuer abzielte und nur theoretisches Geplänkel unterbrach die fünfzehnjährige Ruhe in der Branntweinsteuergesetzgebung. Das Jahr 1884 und auch das von 1885 waren für die Brennereiindustrie außerordentlich kritisch gewesen. Der Preis war infolge der starken Produktion rapid gefallen. Aus dem Tagebuche eines süddeutschen Spritfabrikanten entnehme ich hierüber folgendes: „Im Monat Oktober 1883 ging der Preis von 58 Mk. per Hektoliter auf 52, dann am 23. November auf 51 Mk., am 26. November auf 50 Mk. zurück. Anfangs Januar 1884 kaufte man um 49 Mk. bald darauf um 48 Mk. Der Preis hatte sich im Herbst wieder etwas erholt, sank aber in der Zeit vom 3. Oktober 1884 von 50 Mk. bis zum 15. Oktober auf 46 Mk.; wich am 5. November auf 45 Mk. und erreichte am 10. November den niedrigsten Stand mit 44 Mk. per Hektoliter. Die Berliner Notiz war in dieser Zeit zirka 1 Mk. unter diesen Preisen.“ Der starke Rückgang rührte hauptsächlich von den großen Vorräten der vorjährigen (1884/85er) Kampagne her. Es kam immer mehr Ware auf den Markt, als Nachfrage dafür vorhanden war. Der stete Rückgang aber erzeugte natürlich die Furcht, daß alles, was man kaufe, am andern Tage schon wieder zu teuer sei, und so mußte sich denn der Brenner jeden Preis gefallen lassen. Alle Versuche, den Preis wieder zu heben, fruchteten nichts. In einer Denkschrift, welche der Verein der Spiritusfabrikanten in Deutschland durch eine von ihm eingesetzte Kommission einreichen ließ, wurde der Regierung die Notlage des Gewerbes geschildert. Diese Denkschrift, „betreffend die Lage der deutschen Spiritusindustrie und die Mittel zur Verbesserung derselben" war am 17. Januar 1886 dem Reichskanzler übergeben worden. Sie führte aus, daß die Exportprämienpolitik des Auslandes dem deutschen Spiritus auf dem internationalen Markte, insbesonders in der Schweiz, Italien und Spanien eine Konkurrenz unmöglich mache. Die Forderungen, welche nun auf volle Rückgabe der vom Brenner bezahlten Steuer lauteten, waren bescheiden. In Versammlungen der deutschen Spiritusinteressenten wurde über die Eingabe viel debattiert und im allgemeinen schienen die Aussichten der Brenner nicht ungünstig. Die Thronrede vom 15. Januar 1885 erklärte dem preußischen Landtag, daß die Regierung vorhabe, „soviel an ihr ist, die Ursachen dieser schweren Krisis aufzuklären". Man war der Ansicht, daß „die Preise für Spiritus auf ein Niveau herabgesunken seien, welches den Betrieb nicht nur nicht mehr lohnend, sondern Verlust bringend machten" und daß die Regierung durch ihre Maßnahmen nach Möglichkeit Abhilfe zu erstreben habe. Auch die Reichstagsthronrede vom 19. November 1885 kündigte die Branntweinsteuer betreffende Vorlagen an. In die volkswirtschaftlichen Erwägungen mischten sich aber bald solche finanzpolitischer und fiskalischer Art. Der Finanzbedarf des Reiches war ein steigender und erforderte damals so gut wie heute, die Erschließung neuer Einnahmequellen. So legte denn die Regierung im Februar 1886 dem Reichstag einen bereits im Januar bekannt gewordenen Entwurf vor, der sich des näheren über ein von der Regierung geplantes Monopol ausließ [1]).

[1]) Dieser Abschnitt war schon längere Zeit geschrieben, als 1907 in Deutschland von neuem Monopolisierungsgerüchte auftauchten; wir werden auf dieselben und auf die Monopolfrage im Schlußkapitel zurückkommen.

Großrußland hatte ein solches schon im Jahre 1849[1]), die Schweiz hat es durch Gesetz vom 23. Dezember 1886 eingeführt, in Frankreich hatte der Professor an der Pariser Rechtsfakultät Alglave ein Monopolprojekt ausgedacht. Die deutsche Regierung beabsichtigte die Form des Rektifikations- und Vollhandelsmonopols (also nicht der Brennereibetriebe!) und rechnete auf 668 Mill. Mk. Einnahmen bei 365 Mill. Mk. Ausgaben und ermittelte so einen Reinertrag von 303 Mill. Mk. Bald setzte eine starke Agitation gegen das Monopol ein. Der Reichstag wurde mit Petitionen überschwemmt. Nachdem sich auch der bayerische Landtag gegen das Projekt ablehnend verhalten hatte, lehnte es der Reichstag am 27. März 1886 ab. Einem Ersatzentwurfe, welchen die Reichsregierung nunmehr vorbereitete, und bereits im Mai 1886 dem Reichstage vorlegte, ging es nicht besser. Dieser Ersatzentwurf stellte eine Verbindung von Schank- und Maischraumsteuer dar. Der Ertrag, den die Regierung in Aussicht stellte, belief sich auf 123 Mill. M., später sollte er auf 223 Mill. M. gesteigert werden. Das Plenum des Reichstages lehnte diesen neuen Vorschlag gleichfalls ab, und so trat denn die Regierung im Jahre 1887 zum dritten Male mit einem Entwurfe an den Reichstag heran. Es war dies jener Entwurf, der die Grundlage zum späteren Gesetz vom Jahre 1887 bildete.

Das Gesetz vom 24. Juni 1887 nebst Novellen.

Durch den Anschluß der süddeutschen Staaten an die norddeutsche Branntweinsteuergemeinschaft ist das Branntweinsteuergesetz vom 24. Juni 1887 ein im ganzen Reichsgebiete geltendes Recht geworden.

Das Gesetz brachte neben der Rohstoff- und Fabrikationssteuer auch die Fabrikatssteuer. Es hat im Laufe der nun mehr als zwanzigjährigen Geltungsdauer zwar verschiedene

[1]) 1863 wurde das Monopol durch eine Fabrikatsteuer ersetzt und 1894 in Form eines Handelsmonopols wieder eingeführt.

Novellen erhalten, ist aber im wesentlichen doch das alte geblieben. Zunächst brachte es die Kontingentierung[1]); die auf das Kontingent erzeugten Mengen werden mit einer niedrigeren, die Mengen außerhalb des Kontingentes mit einer höheren Steuer belastet. Bei der Kontingentsverteilung war der wirtschaftliche Wert der Brennerei maßgebend: das Verhältnis derselben zur Landeskultur. Die landwirtschaftlichen Brennereien sollten tunlichst erhalten und gefördert werden, während man der Ausdehnung der gewerblichen Brennereien Schwierigkeiten entgegensetzen wollte. In der 26. Sitzung des Deutschen Reichstages vom 10. Mai 1887 führte der Bundesratsbevollmächtigte Preußens Dr. von Scholz die Absichten seiner Regierung aus, welche durch die Steuerabstufung, deren Folge die Kontingentierung ist, besonders den Kartoffelbrennereien Schutz gewähren wollte. Die kleinen Kartoffelbrennereien, welche die Regierung als Ernteverwertungsstellen ansah, sollten vor einer Zentralisation des Brennereigewerbes in 20—30 großindustriellen Betrieben geschützt werden. Die Regierung erklärt gleichzeitig, daß derselbe Schutz den Rektifikateuren (Spritfabriken) und Händlern durch diese Maßnahmen zuteil werde. Der Gesetzentwurf brachte nun eine Steuer von 50 dl. pro Liter reinen Alkohols für diejenigen Mengen, welche im Kontingent erzeugt waren, und 70 dl. für jeden Liter Branntwein, der außerhalb des Kontingents produziert wurde. Die Differenz zwischen dem Kontingent- oder 50er Spiritus und der 70er Ware ist unter dem Namen Liebesgabe bekannt. Die Größe des Gesamtkontingents d. h. die Gesamtjahresmenge, von welcher der niedrige Verbrauchsabgabensatz zu entrichten ist, betrug bei Erlaß des Gesetzes 4,5 l auf den Kopf der Bevölkerung der norddeutschen Branntweinsteuergemeinschaft und 3 l in Bayern, Württemberg und

[1]) Die Kontingentierung war die Festsetzung eines Maximalquantums Branntwein, welches nach gewissen, im Gesetz bezeichneten Grundsätzen zu besteuern war. Die über Kontingent erzeugten Mengen erfuhren eine ungünstigere Behandlung seitens der Steuer.

Baden. Die Kontingentziffer des niedrigen Abgabensatzes sollte alle 5 Jahre einer Revision unterliegen. Anteil am Kontingent hatten zunächst nur die am 1. April 1887 bereits vorhanden gewesenen Brennereien aller Art. Man wollte eben mit aller Macht die landwirtschaftliche Brennerei vor der gewerblichen schützen. Man darf aber bei der Betrachtung des Gesetzes vom 24. Juni 1887 nicht vergessen, daß die Reichsfinanzen durch die Steuer gekräftigt werden sollten, was ja die Regierung, wie erwähnt, durch Einführung eines Monopols und zwar eines Voll-Handelsmonopols schon 1886 versuchen wollte. Wenn nun auch das neue Steuersystem in finanzieller Hinsicht lange nicht so viel an Steuern eintrug, wie es ursprünglich das Monopol und die frühere Regierungsvorlage vorgesehen hatten, so wurde doch eine ganz erhebliche Mehreinnahme gegen früher erzielt. Georg von Mayr führt aus, daß nunmehr die Gesamteinnnahme aus dem Branntweinsteuergebiet ungefähr das dreifache des Ertrags der Einnahmen in dem vormaligen engeren Branntweinsteuergebiete ausmacht. Pro Kopf der Bevölkerung und pro Jahr betrug im Jahrfünft vor Eintritt der Steuer (1882–87) der Nettoertrag derselben und des Zolles an Branntwein 1,3 Mk. für das damalige Branntweinsteuergebiet. 1887—92 wurden pro Kopf der Bevölkerung 2,9 Mk. im Jahresdurchschnitte bezahlt. In diesen Ziffern sind selbstverständlich alle Steuerglieder der Branntweinsteuer enthalten. Diese zerfällt in die schon erwähnte Verbrauchsabgabe von 50 resp. 70 Mk. und in ein System von Nebensteuern, an welche sich der Zoll anreiht. Diese Nebensteuern, die zwar vom Standpunkte der Reichsfinanzen von weit geringerer Bedeutung sind als die Verbrauchsabgabe, haben dagegen für die Industrie eine um so größere Wichtigkeit, da sie dazu dienen sollen, gewisse Kategorien von Brennereien zu schützen und auf die Industrie regulierend einzuwirken. Die Steuer hatte ferner den Zweck, den übermäßigen, schädlichen Genuß an Branntwein einzuschränken, was auch nicht annähernd in dem Umfange, wie viele es erhoffen, erfolgte. Doch brachte die Steuer einen Konsumrückgang, der bedeutender war als man in Regierungskreisen angenommen hatte [1]).

Wenn also in der Verbrauchsabgabe der Gesetzgeber in erster Linie aus finanzpolitischen Gründen eine den Trinkkonsum vermindernde Steuer geschaffen hatte, so sollten die Nebensteuern gesetzgeberisches Wohlwollen für

---

[1]) Nach Paasche, Die neueste Reform der Branntweinsteuer in Deutschland a. a. O. betrug die Konsumziffer vor Einführung der Steuer 2 700 000 hl für Trinkbranntwein, unter Einrechnung der süddeutschen Staaten. Bei Einbringung des Gesetzes von 1887 nahm man nun an, daß ein Konsumrückgang von 15 % = 375 000 hl eintreten würde; man schätzte also den zukünftigen Verbrauch auf etwa 2 125 000 hl oder 5,58 l pro Kopf der Bevölkerung für die bisherige Branntweinsteuergemeinschaft. Für die neue Branntweinsteuergemeinschaft inkl. Süddeutschland hätte man für das Reich auf einen Konsum von ca. 2 700 000 hl rechnen können, was bei 48 Millionen Menschen etwa 4,73 l pro Kopf der Bevölkerung ausmacht. Nun gestaltete sich aber der Trinkverbrauch pro Kopf der Bevölkerung wie folgt:

1887/88 . . .	3,6 l r. A.*)
1888/89 . . .	4,5 „ „ „
1889/90 . . .	4,7 „ „ „
1890/91 . . .	4,4 „ „ „
1891/92 . . .	4,4 „ „ „
1892/93 . . .	4,5 „ „ „
1893/94 . . .	4,4 „ „ „
1894/95 . . .	4,3 „ „ „
1895/96 . . .	4,4 „ „ „
1896/97 . . .	4,3 „ „ „
1897/98 . . .	4,2 „ „ „
1898/99 . . .	4,4 „ „ „
1899/00 . . .	4,4 „ „ „
1900/01 . . .	4,4 „ „ „

Die Ziffern sind dem Bericht der Zentrale für Spiritusverwertung G. m. b. H. über Bestrebungen zur Hebung des Verbrauchs von denaturiertem Spiritus in wirtschaftlicher und technischer Beziehung 1899/1901 entnommen. Mit einem Worte, der Konsum ging infolge des neuen Gesetzes zurück und blieb hinter den Schätzungen der Regierungskreise.

*) Diese Zahl ist nicht benutzbar, da noch große Mengen von Trinkbranntwein am 1. Oktober 1887 in Verkehr waren, ohne daß die Steuerstatistik ihrer habhaft wurde.

einzelne Brennereiarten zeigen. Dies geschah besonders durch die Maischraumsteuer und die Zuschlagsteuer, in geringerem Maße aber durch die Materialsteuer und den Zoll.

Die Maischraumsteuer hatte nur für die landwirtschaftlichen und Melassebrennereien Geltung. Als landwirtschaftliche Brennereien gelten diejenigen, während des ganzen Betriebsjahres ausschließlich Getreide oder Kartoffel verarbeitenden Brennereien, bei deren Betrieb die sämtlichen Rückstände in einer oder mehreren Besitzern oder Eigentümern der Brennerei gehörenden oder von denselben betriebenen Wirtschaften verfüttert werden und der erzeugte Dünger vollständig auf dem den Eigentümern oder Besitzern der Brennerei gehörigen oder von denselben bewirtschafteten Grund und Boden verwendet wird. Die Maischbottichsteuer beträgt 1,31 Mk. per Hektoliter Rauminhalt des Bottichs und Einmaischung und gewährt kleineren Brennereien einen Nachlaß bis zu vier Zehntel der Steuer. Die Regierung hatte der Maischraumsteuer einen Ausbeuteertrag von 8 % zugrunde gelegt[1]), was einem Steuerbetrag von 16,375 Mk. pro Hektoliter reinen Alkohols entspricht. Die Maischraumbesteuerung, die ja den Brennereien nichts neues war, hat zur Verbesserung der Betriebstechnik beigetragen. Denn die Maischraumsteuer bringt der Brennerei, die mit hohen Ausbeutesätzen arbeitet, ganz enorme Vorteile. Dabei versteht man unter Ausbeutesatz das Verhältnis zwischen Rohstoffaufwand und Alkoholertrag. Bei einem Steuersatz von 1,31 per Hektoliter ist die vom Brenner tatsächlich entrichtete Maischbottichsteuer pro Hektoliter reinen Alkohols

26,20	Mk., wenn die Ausbeute sich auf	5,— %	beläuft[2]),
21,83	„ „ „ „ „ „	6,— %	„
18,71	„ „ „ „ „ „	7,— %	„
16,38	„ „ „ „ „ „	8,— %	„
16,—	„ „ „ „ „ „	8,19 %	„

[1]) Ginsberg; Die deutsche Branntweinbesteuerung a. a. O.

[2]) Nach Gustav Lehmann, Die Reichsbranntweinsteuergesetze, 2. Auflage, Breslau 1902.

14,55 Mk.,	wenn	die	Ausbeute	sich	auf	9,— %	beläuft,
13,—	„	„	„	„	„	10,07 %	„
12,—	„	„	„	„	„	10,92 %	„
11,—	„	„	„	„	„	11,91 %	„
10,—	„	„	„	„	„	13,10 %	„

Nach Dr. G. Heinzelmann lassen sich aber in leistungsfähigen Betrieben bis zu 12 % Ausbeute erzielen, was einer Steuer von zirka 11 Mk. entspricht. Da der Gesetzgeber 8%ige Maischen als das normale angesehen hatte, so bedeutet die Differenz zwischen der vom Staate angenommenen Steuer von 16 Mk. (genau 16,375 Mk.) und den tatsächlich bezahlten 11 Mk. eine Prämie für jede technische Verbesserung der Brennereiwirtschaft [1]). Dies war nicht nur bei den Kartoffel- und Getreidebrennereien der Fall. Die Melassebrennereien, die eine Ausbeute bis zu 8,7 % erzielten [2]), stellen sich auch auf nur 15,06 Mk. Maischraumsteuer. Das Gesetz vom Jahre 1887 war aber unter der Voraussetzung erlassen worden, daß diese Sorte Brennereien eine Ausbeute von weniger als 8 % habe [3]). Die unzutreffenden Annahmen über die Ausbeute hatten zur Folge, daß sowohl auf den Exportspiritus, als auch auf den Spiritus für steuerfreie Zwecke versteckte Prämien gesetzt wurden, da ja die Regierung beim Export und bei steuerfreier Verwendung die Maischraumsteuer mit 16 Mk. per Hektoliter reinen Alkohols zurückvergütete. Diese versteckte Prämie war der Ausbeute direkt proportional. Im Jahr 1895 hat

[1]) Man wird allerdings nicht vergessen dürfen, daß ein erheblicher Schwund zu berücksichtigen ist und daß eine Reihe von indirekten Verlusten durch die Einschnürung, welche die Maischraumsteuer dem Gewerbe brachte, sich ergeben.

[2]) Entnommen aus der Rede des Abgeordneten Dr. Paasche in der 78. Sitzung des Deutschen Reichstages vom 27. April 1895. Stenogr. Bericht des Reichstages 1894/95, III. Bd., S. 1932.

[3]) In der 77. Sitzung des deutschen Reichstages vom 26. April 1895 erklärte der Abgeordnete Gamp: Im Jahre 1887 war man der Ansicht, daß die Melassebrennereien 6—7 % Ausbeute hätten; sie selbst hatten das in früheren Eingaben an den Reichstag behauptet, um ihre Benachteiligung darzutun.

man durch die Novelle vom 15. Juni genannten Jahres die Melassebrennereien von der Maischraumsteuer ausgeschlossen und sie zu einem Zuschlage zur Verbrauchsabgabe herangezogen, der 20 Mk. pro Hektoliter reinen Alkohols beträgt. Den Melassebrennereien gegenüber hat die Regierung ausdrücklich bemerkt, daß das zitierte Gesetz vom Jahre 1895 den Zweck habe, „eine Ausdehnung der Melassebrennereien zu ungunsten der landwirtschaftlichen Brennereien zu verhindern.“ Der Regierungsvertreter, Graf von Posadowsky-Wehner hat diese Maßnahmen ferner damit motiviert, daß er sagte: „Wir sind bei dem Gesetze allerdings davon ausgegangen, daß die Melasse sich wirtschaftlich viel weniger zur Branntweinproduktion eignet, wie als Futtermittel und wir fußen damit auf dem sachverständigen Gutachten eines der ausgezeichnetsten Techniker, des Herrn Professor Dr. Märcker, der ausdrücklich erklärt hat, daß Melasse beim Futter mit 3,50—4 Mk., beim Brennereibetrieb nur mit 1 Mk. zu verwerten sei.“ Die Bestrebungen der Regierung, die Melasseverwendung in der Brennerei einzudämmen, scheinen von Erfolg gekrönt gewesen zu sein. So war der Melasseverbrauch im Gebiete der früheren Steuergemeinschaft [1]):

Im Durchschnitt		1882/83—1886/87	414 015 dz
„	„	1887/88—1896/97	523 749 dz
„	„	1897/98—1901/02	280 962 dz
„	Jahre	1902/03	270 873 dz
„	„	1903/04	279 332 dz
„	„	1904/05	324 412 dz

[1]) Die Zahlen der „früheren Steuergemeinschaft“ an Stelle der Zahlen der Reichssteuergemeinschaft sind deshalb gewählt, weil einerseits für die Reichssteuergemeinschaft für die Jahre vor 1887 verlässige Zahlen nicht zu beschaffen sind, andererseits die Melassefabriken, die der „früheren Steuergemeinschaft“ nicht angehören, als süddeutsche Betriebe unter anderen Bedingungen arbeiten, als die norddeutschen und daher für sie die Steuerwirkung keine so empfindliche ist. Übrigens umfaßt die norddeutsche oder frühere Steuergemeinschaft 80—90% aller Melassebetriebe, so daß Bedenken, wegen

Die Ziffern zeigen deutlich die Wirkung der versteckten Prämie durch Verbrauchssteigerung von Melasse. Auf das 95er Gesetz folgt dann ein jäher Rückschlag im Verbrauche, wobei nur 1904/05 eine Ausnahme macht, was mit den aussergewöhnlich hohen Spirituspreisen für dieses Betriebsjahr zusammenhängt. Diese hohen Preise waren von der Furcht, daß Spiritusmangel eintreten werde, diktiert, welche wiederum ungünstige Kartoffelernten provoziert hatten. Für den Melasseverbrauch gilt der Satz: schlechte Kartoffelernten steigern den Melasseverbrauch. Die Melasse, und das ist der lebhafte Wunsch aller Agrarierkreise, soll nur dann Verwendung finden, wenn die Agrarprodukte nicht im Stande sind, dem Spirituskonsum zu genügen. Um die Kartoffelbrennerei also in jeder Weise zu schützen, hat man den Zuschlag zur Verbrauchsabgabe eingeführt. Man ist heute vielfach der Ansicht, daß alle Brennereien, auch die landwirtschaftlichen, statt der Maischraumsteuer mit ihrer versteckten Rückprämie besser die Zuschlagssteuer erhalten würden und man hat dies auch vorbereitet, indem man den landwirtschaftlichen Brennereien eine fakultative Nebenbesteuerung an Stelle der Maischraumsteuer freistellt. Insbesonders haben die landwirtschaftlichen Getreidebrennereien, welche unter ungünstigen Maischraumausbeutungsverhältnissen arbeiten, hier zugegriffen, da sie nur 12 Mk., resp. 14 Mk, per Hektoliter reinen Alkohols zu entrichten haben, wenn sie weniger als 100 bis 150 hl per Jahr herstellen. Dieses Gesetz trägt ebenso, wie die spätere Ausgestaltung der Zuschlagsteuer durch die Novellen vom 16. Juni 1895 und 7. Juli 1902 die Tendenz in sich: Schutz der Landwirtschaftsbrennerei, Schutz dem Kleinbetriebe.

Was die Materialsteuer, d. h. eine Besteuerung, welche sich nach dem verwendeten Materiale richtete, betrifft, so hatte diese durch die Novelle vom 8. Juni 1891 eine Änderung zu Gunsten Süddeutschlands erfahren; seit dem

Verwendung dieser Ziffern, statt der Reichssteuergemeinschaftsziffern nicht zu entstehen brauchen.

1. Oktober 1900 wird sie überhaupt nicht mehr erhoben. Von finanziell geringer Bedeutung, interessierte sie doch eine Anzahl von nicht weniger als 99011 Materialbesitzer, die zusammen 10976 hl reinen Alkohols 1901/02 teils in eignen, teils in fremden Brennereien erzeugten. Die Zuschläge waren früher fakultativ, sind seit 1. Oktober 1900, nach Aufhebung der Materialsteuer obligatorisch und wurden weiter durch die Novelle vom 7. Juli 1902 ermäßigt. Diese Ermäßigung wird für die in Südwestdeutschland vorhandenen Materialbrennereien insofern von Bedeutung sein, als sie es ja sind, die den deutschen Edelbranntweinexport zum großen Teile in den Händen haben, der unter der Konkurrenz der milde besteuerten Schweizerprodukte dieser Art, leidet: nachdem die Schweiz bekanntlich die Produktion von Branntwein aus Wein, Obst und deren Rückständen nicht der Bundesgesetzgebung unterstellt hat. Was schließlich den Zoll betrifft, so ist dieser eine Maßnahme prohibitiver Natur, die ihre Zwecke vollständig erfüllt. Der Import Deutschlands erfolgt im allgemeinen nur in solchen Spirituosen, bei welchen nicht der Preis, sondern die Erzeugungsstätte (z. B. echter Kognak usw.) maßgebend ist[1]). Die Spiritusindustrie, soweit sie Brennereibetriebe und Spritfabriken umfaßt, kann direkt von einer ausländischen Konkurrenz im Inlande nichts verspüren. Die Zolleinnahmen sind dem Import entsprechend, außerordentlich geringe. Das Gesetz vom 24. Juni 1887 hatte den Zoll auf 180 Mk. pro Doppelzentner normiert und für Arrak, Kognak und Rum, die den deutschen Fabrikanten als Rohmaterialien dienen, auf 125 per Doppelzentner ermäßigt. Durch Gesetz vom 14. Juni 1900 wurden diese Sätze auf 240 resp. 160 Mk. erhöht. Ein weiteres Steuerglied erhielt das Gesetz von 1887 durch die Novelle vom 16. Juni 1895 in Gestalt der Brennsteuer.

[1]) Allerdings kommt es vor, daß große Mengen ausländischer Spiritus- und Spritware zum Zwecke des Exports importiert werden; wir möchten aber diesen Transitverkehr hier nicht in Betracht gezogen haben, da man ja von einem Import, wie oben gemeint, in diesen Fällen nicht sprechen kann.

Die Ursachen des Gesetzes waren folgende: Die Branntweinerzeugung war seit 1887 um etwa 25 % zurückgegangen, trotz alledem überstieg die inländische Produktion der Brennereien den Bedarf immer noch um einige 100000 hl reinen Alkohols. Die Exportierung des überschüssigen Branntweines schien nicht möglich. Seit 1892 war einer der Hauptexportkunden Deutschlands, Spanien, verloren gegangen und alle Bemühungen der deutschen Regierung, diesen Markt der heimischen Brennerei wieder zu erschliessen, erwiesen sich als fruchtlos [1]). Andererseits betonte die von der Reichsregierung dem Abänderungsvorschlage des Gesetzes vom 24. Juni 1887 beigegebene Begründung [2]), daß die österreichisch-ungarische und die russische Konkurrenz infolge der hohen Exportprämie, mit welchen man sie subventionierte, Deutschlands Exporttätigkeit sehr beeinträchtigen. Diese Überproduktionsquanten übten nun einen derartigen Druck auf die Inlandspreise aus, daß zahlreiche landwirtschaftliche Brennereien ihren Betrieb in dem durch das Wirtschaftsbedürfnis bedingten Umfange, nur noch mit Verlust aufrecht zu erhalten vermochten.

Die Wirkung der Novellen und noch mehr die Veranlassung dazu wird uns klar, wenn wir z. B. den Jahresdurchschnittserlös der Brennereibesitzer für Rohspiritus 3 Jahre vor und 3 Jahre nach Erlaß des Gesetzes vergleichen.

In den Jahren [3])	war dieser Durchschnittspreis
1893/94 . .	31,56 Mk. pro Hektoliter reinen Alkohols
1894/95 . .	33.46 „ „ „ „ „
1895/96 [4]) .	33,36 „ „ „ „ „ [4])

[1]) Paasche, in Conrads Jahrbüchern a. a. O., vgl. auch Kap. I.

[2]) Stenogr. Berichte über die Verhandlungen des Reichstages, 9. Legislaturperiode, III. Session 1884/95, II. Anlageband, Aktenstück Nr. 235.

[3]) Die Zahlen sind dem Material für die kontradiktorischen Verhandlungen in der Kartellenquete entnommen und zusammengestellt von der Zentrale für Spiritusverwertung G. m. b. H. zu Berlin, (Bd. V der Kontradiktorischen Verhandlungen über deutsche Kartelle, Berlin 1906).

[4]) Ist noch einzubeziehen, weil große Bestandsmengen von einer Zeit vor Erlaß des Gesetzes her noch lagerten.

Dagegen:

1896/97 . .	38,81	Mk. pro Hektoliter reinen Alkohols
1897/98 . .	43,62	„ „ „ „ „
1898/99 . .	40,31	„ „ „ „ „

Diese Zahlen dürfen uns jedoch über die Wirksamkeit des Gesetzes nicht zu optimistisch stimmen, denn mäßige Kartoffelernten sekundierten hier die Wirkungen der Steuer, die sich in Jahren guter Ernte als nichts weniger als wirksam erwiesen hat.

Der Gesetzgeber war von dem Gesichtspunkte ausgegangen, daß, wenn „das Gleichgewicht zwischen den Spirituspreisen und den Produktionskosten hergestellt werden soll, der dauernden Ansammlung von größeren Branntweinbeständen, für welche es an einer Absatzmöglichkeit im Inlande fehlt, vorgebeugt werden müsse". Das Gesetz verfolgte nun folgende Ziele:

1. durch Veränderung der Kontingentsdauer, die verlängert wurde, eine gewisse Stabilität in das Brenngewerbe zu bringen.

2. das Gewerbe noch mehr als bisher zu dezentralisieren, den gewerblichen, insbesonders den Melassebetrieb zurückzudrängen und durch eine progressive Zuschlagsteuer den Klein- und Mittelbetrieb vor der Bedrückung durch den Großbetrieb zu schützen. Diese Brennsteuer sollte mit Ausdehnung des Betriebes wachsen und die Mittel für

3. Gewährung einer offenen Export-Prämie und Prämie für Spiritusverwendung zu steuerfreien, insbesonders technischen Zwecken liefern.

Was die Veränderung der Kontingentsdauer betrifft, so ist die Revision des Gesamtkontingents, des Betrags des niedrigeren Abgabesatzes und der Neubemessung der Einzelkontingente im Gesetz von 1895 für alle 5 Jahre, (vordem für alle 3 Jahre) in Aussicht genommen. Die Melassebrennereien wurden an Neugründungen gehindert und in ihrer Herstellung begrenzt[1]), da ja eine Zuschlags-

[1]) Reichstag Aktenstücke Nr. 377, 1894/95. Entwurf eines Ge-

steuer von 15 Mk. in den in der Anmerkung bezeichneten Fällen eine Konkurrenz mit anderen Brennereigattungen, die einen solchen Zuschlag nicht in solcher Höhe zu entrichten brauchen, ausschließt. Als drittes Glied in der Kette der getroffenen Maßregeln hatten wir oben die Schaffung einer Ausfuhrprämie angeführt, deren Zweck es sein sollte, der trotz aller gesetzlichen Einschränkungen der Fabrikation, noch immer vorhandenen Zuvielerzeugung, Absatz auf ausländischen Märkten zu ermöglichen". Die Ausfuhrprämie sollte 6 Mk. pro Hektoliter reinen Alkohols betragen. Man erhoffte von ihr „eine bedeutende Belebung des Exportes und eine wesentliche Verbesserung des Inlandspreises". Ebenso hoch als die Ausfuhrprämie sollte eine Vergütung für den zur Essigbereitung verwendeten Branntwein sein. Erschöpften diese Prämien bzw. Vergütungen den Jahresertrag der Brennsteuer nicht, so konnten aus dem Überschuß auch für Branntwein, der zu anderen steuerfreien Zwecken, als zur Essigbereitung verwendet wurde, Vergütungen bis zu 6 Mk. gewährt werden. Die Prämie, welche insbesondere auch dem denaturierten Spiritus zu Gute käme, hat sicherlich viel zur Hebung des Brennspirituskonsums beigetragen. Sie war auch der Essigindustrie sehr zu gönnen, da diese in der sich immer breiter machen-

setzes betreffend die Abänderung des Branntweinsteuergesetzes vom 25. Juni 1887, Artikel II, § 1: „In denjenigen am Kontingente beteiligten gewerblichen Brennereien, die Melasse, Rüben oder Rübensaft verarbeiten, wird, sofern sie in einem Betriebsjahre eine Alkoholmenge herstellen, die das Kontingent um mehr als ein Fünftel übersteigt, die Brennsteuer um 15 Mk. für jedes weitere Hektoliter reinen Alkohols erhöht. In denjenigen Brennereien der bezeichneten Art, welche nicht kontingentiert sind, tritt die gleiche Erhöhung insoweit ein, als ihre Gesamterzeugung 20000 hl reinen Alkohols übersteigt; diese 20000 hl werden auf die innerhalb der letzten drei Jahre im Betriebe gewesenen Brennereien der bezeichneten Art nach dem Umfange der Betriebsanlage verteilt. Neuentstehende Brennereien, die Melasse, Rüben oder Rübensaft verarbeiten, unterliegen für ihre gesamte Erzeugung der erhöhten Brennsteuer mit der Maßgabe, daß auch für die Erzeugung bis zu 300 hl je 15 Mk. vom Hektoliter reinen Alkohols erhoben werden.

den Essigessenz einen sehr gefährlichen Gegner erblickt, der nur mit großer Mühe in Schach gehalten werden kann.

Um die landwirtschaftlichen Brennereien zu hindern, ihre Erzeugung über ihre Futter und Düngerbedürfnisse auszudehnen, hatte das Gesetz eine Erschwerung des Sommerbrandes zwischen dem 16. Juni und dem 15. September vorgesehen.

Da die Gesetzgebung die Wirkungen der Novelle bei Erlaß noch nicht sicher beurteilen konnte, hatte man ihre Geltung auf einen Zeitraum von 6 Jahren beschränkt. Man wollte eben erst Erfahrungen sammeln, da die Wirtschaftspolitik der gesetzgebenden Faktoren nur auf der Entwicklung, welche die Produktions- und Absatzrelationen nehmen würden, weiter fußen konnte. Durch eine parlamentarische Zufälligkeit trat am 30. September 1901 das Brennsteuergesetz vom Jahre 1895 außer Geltung, ohne daß ein neues Gesetz an seine Stelle getreten wäre[1]). Auf die brennsteuerlose Zeit folgte am 7. Juli 1902 die Publikation des in der Lesung vom 4. Juni 1902 zur Annahme gelangten Abänderungsgesetzes, das teilweise sogleich, in seiner Hauptsache jedoch erst am 1. Oktober 1902 in Kraft trat. Es brachte im Wesentlichen eine Wiedereinführung der Brennsteuer und eine Wiederaufnahme der Prämienzahlung. Abweichend von der Regierungsvorlage, welche unbefristete Geltung vorgesehen hatte, wurde das Gesetz bis zum 30. September 1912 bewilligt, Neben der Einführung eines gleichmäßigen Vergütungssatzes für alle Verwendungszwecke, welche Steuerbefreiung erheischen, wurde die Brennsteuerskala einheitlich normiert, was insbesonders den Melassebrennereien zugute kam. Am ungünstigsten scheinen

[1]) Das Gesetz war in zweiter Lesung angenommen worden, trotzdem fiel der Kommissionsentwurf in der dritten und zwar lediglich deshalb, weil sich bei der namentlichen Abstimmung in dieser Lesung am 15. Mai 1901 beim Mangel eines Mitgliedes Beschlußunfähigkeit ergab. Unmittelbar nach erfolgter Lesung vertagte Graf Bülow durch Verlesung einer kaiserlichen Verordnung den Reichstag bis zum 26. November 1901.

bei der Neugestaltung der Brennsteuer die Kartoffelbrennereien weggekommen zu sein. Dies ergibt der nachstehende Vergleich zwischen den von den verschiedenen Brennereigattungen nach den alten und den neuen Sätzen aufzubringenden Beträgen. Nach den von Behrend angestellten Berechnungen[1]) hatten zu entrichten:

	Brennsteuer		mehr gegen früher	
	alte	neue		
	Mk.	Mk.	Mk.	in %
Kartoffelbrennereien	2 757 895	8 907 577	6 149 488	222,9
Getreidebrennereien	94 925	227 012	132 087	139,2
Hefebrennereien . .	1 209 100	1 496 045	259 945	25,5
Melassebrennereien	327 000	430 200	103 200	31,3

Man sieht, das Gesetz begünstigt die Brennereien ohne Hefeerzeugung und Melasseverarbeitung nicht mehr.

Das Gesetz brachte auch Bestimmungen betreffend die Kontingentierung und bestimmte einen Kontingents-Maximalsatz für die neu gegründeten Brennereien. Schließlich ermächtigte die Novelle den Bundesrat, gewisse Bestimmungen über den Kleinhandel mit denaturiertem Spiritus zu erlassen. Auf diese wird an späterer Stelle noch zurückzukommen sein.

Will man sich nun ein Bild über die Wirkungen der so überaus komplizierten Gesetzgebung seit 1887 machen, so muß man sich darüber klar werden, daß es notwendig ist, die kleineren, gesetzgeberischen Maßnahmen von denjenigen, die bedeutenderer Natur sind, zu scheiden. Was brachte denn das 87er Gesetz? Zunächst beließ es alte Institutionen, nämlich die Fabrikationssteuer in Gestalt der Maischbottichsteuer, Diese wird beim Export und der Denaturierung rückvergütet, schafft somit der verbesserten Technik versteckte Prämien und fördert so deren Entwicklung. Heute wird sie als überflüssig angesehen, da die Technik angeblich nicht mehr steigerungsfähig sei. In der Novelle von 1895 versucht man die gewerbliche Melassebrennerei um diese Prämie zu bringen, indem man ihr die

[1]) Behrend, Die Novelle von 1902 zum Branntweinsteuergesetz.

Maischraumsteuer nimmt und ihr eine fest bestimmte Zuschlagsteuer von 20 Mk. pro Hektoliter aufbürdet. Dadurch entsteht für den Handel mit Spiritus jene Spiritussorte die mit 90 Mk. Steuer zu versteuern ist, während der landwirtschaftliche Spiritus mit 70 Mk. Verbrauchsabgabe und 16 Mk. Maischraumsteuer belastet wird. Der Gesetzgeber vermutet durch die 4 Mk. Differenz zugunsten der landwirtschaftlichen Brennerei dieser wirksame Schutzmittel gegeben zu haben. Denn nach seinen Ansichten ist eine Spiritussorte, auf der 4 Mk. weniger Steuer ruht, als auf einer anderen, um 4 Mk. mehr wert. Der Handel aber weiß sich zu helfen. Da beim Denaturieren die zu zahlende Steuer wegfällt, so ist es gleichgültig, ob man für diesen Zweck 86er, d. h. Spiritus, der mit 86 Mk. zu besteuern wäre, oder 90er Spiritus verwendet. Man denaturiert daher einfach den 90er Spiritus und reserviert den 86er Spiritus zum Trinkkonsum. Im Handel spricht man immer von 70er und 90er Ware. 70er Ware ist eigentlich 86er Ware, da auf ihr schon 16 Mk. Maischraumsteuer ruhen. Man vergütet dem Brenner, der 90er Ware liefert, denselben Preis pro Hektoliter, wie dem, der 70er Ware liefert (selbstverständlich unter Berücksichtigung der 16 Mk. Maischraumsteuer). Da die einzelnen Fabriken durch einfache Umbuchung[1]) in den Steuerregistern ihren 70er (86er) Spiritus in 90er verwandeln können, so hat der Gesetzgeber durch die Zuschlagsverbrauchsabgabe verhältnismäßig wenig erreicht, umsomehr als die Melassebrennereien niemals die bedeutenden technischen Prämien hatten, wie die landwirtschaftlichen. Die Kontingentierung hat auf unsere Landwirtschaft sicher teilweise günstige Wirkungen gehabt. Sie trägt eine auf Vermehrung der Viehhaltung gerichtete Tendenz in sich. Sie ermöglichte eine Aufrechterhaltung der Dezentralisation der Branntweinproduktion. Nachteilig

[1]) Durch gesetzgeberische Maßnahme ist seit kurzer Zeit dies als nicht mehr statthaft erklärt worden, vielmehr muß die Identität der 90er Ware festgehalten werden.

war die unwirtschaftliche Produktion einiger Betriebe, die ihr Kontingent einzubüßen fürchteten, Produktionsregelnd hat sie nicht gewirkt. Die Verbrauchsabgabe hat ihren eigentlichen Zweck, dem Reich neue Einnahmequellen zu erschließen, erfüllt. Die Brennsteuer konnte eine dauernde Produktionsregelung nicht erzielen, hat also nach dieser Richtung hin keinerlei Erfolge gehabt. Aber sie hat die Tendenz des Schutzes und der Förderung des gewerblichen Branntweinverbrauches in die Gesetzgebung tragen helfen.

Die vielen Verschiedenheiten der einzelnen Brennereigattungen und Brennereigrößen, die mannigfachen Gesetzesänderungen, die Verbindung von Fabrikat-, Fabrikations- und Rohstoffsteuer (Materialsteuer) haben das Gesetz von 1887 zu einem überaus komplizierten gestaltet, zu einem Gesetz, das beständig neuer Reformen bedarf. Diese steten Änderungen haben das Gewerbe stark beunruhigt und somit einen ungünstigen Einfluß auf dasselbe ausgeübt. Die Maßnahmen des Staates haben jedoch nicht nur die Brennereiindustrie betroffen. Die Produktionsbetriebe des Spiritusgewerbes überwälzen die Steuerlast auf die Rektifikationsbetriebe. Diese erhalten den zu reinigenden Rohspiritus in der Regel unversteuert, bearbeiten ihn unter steueramtlicher Kontrolle und geben ihn auch oft unversteuert an den Likörfabrikanten usw. weiter. Die Konsumtionsbetriebe überwälzen die Steuer natürlich auf den Einzelkonsumenten. Aber wenn auch eine Überwälzung der Steuer möglich ist, so verspürten Rektifikateur, wie Konsumtionsindustrieller doch den schon geschilderten Konsumnachlaß, den die Steuer bewirkte.

Auf die Brennspiritusindustrien hat die Gesetzgebung durch verschiedene Maßnahmen einzuwirken gesucht. Diese Maßnahmen sollen hier kurz beleuchtet werden.

Bereits durch das Gesetz vom 19. Juni 1879 war bestimmt worden, daß Brennspiritus bzw. gewerblicher Branntweinverbrauch Steuerfreiheit genießen solle. Die Novellen von 1895 und 1902 gewährten dem mit allgemeinen Mitteln denaturierten Branntwein eine besondere Steuerrückvergütung, die sich heute auf 6—8 Mk. beläuft[1]). Das Gesetz von 1895 bestimmte ferner, daß beim Kleinhandel mit denaturiertem Spiritus die Alkoholstärke des abzugebenden Spiritus durch Aushang dem Publikum ersichtlich zu machen ist. Auch ermächtigte es den Bundesrat, den Kleinhandel mit denaturiertem Branntwein unabhängig von den Vorschriften des § 33 der Gewerbeordnung zu regeln. Dieser § 33 besagt, daß, wer Kleinhandel mit Branntwein oder Spiritus betreiben wolle, hierzu einer Erlaubnis bedarf, die von verschiedenen Umständen abhängig gemacht wird. Durch die Beseitigung dieses Konzessionszwanges, welche das Gesetz von 1895 für den Brennspiritus brachte, war eine Vermehrung von Verkaufsstellen von Brennspiritus möglich und diese trat auch ein[2]). Eine Ergänzung erhielt das Gesetz durch einen Bundesratsbeschluß vom 27. Februar 1896, welcher bestimmte, daß der zum Verkauf bestimmte denaturierte Spiritus eine Mindest-Alkoholstärke von 80 Gewichtsprozent oder 85,6 Volumen-Prozent haben müsse. Gleichzeitig wurde vorgeschrieben, daß diese Vorschrift durch Aushang in den Verkaufslokalen bekannt zu geben, ihre Innehaltung durch Regierungsorgane zu kontrollieren sei.

Diese Bestimmungen, die zwar gewisse Unannehmlichkeiten mit sich brachten, waren notwendig, um die Brennspiritusindustrie zu fördern, da ihre Apparate nur mit hochgrädigem Spiritus zu arbeiten vermögen. Die Gesetzgebung sorgte somit dafür, daß überall hochgrädige Ware zu haben wäre; auf ihren Preis hatte sie allerdings keinen Einfluß. Eine weitere, gesetzgeberische Maßnahme, die ebenfalls einer Brennspiritusindustrie, nämlich dem Motorspiritusgewerbe

[1]) Die Brennsteuer soll ja vom Bundesrat wieder zugunsten der Spiritusindustrie verwendet werden; gehen große Steuerbeträge ein, so ist die Steuerrückvergütung für Brennspiritus usw. hoch; im umgekehrten Falle natürlich niedrig. Die Festsetzung erfolgt jeweils durch Bundesratsbeschluß.

[2]) Bericht der Zentrale für Spiritusverwertung G. m. b. H. über ihre Bestrebungen zur Hebung des Verbrauches von denaturiertem Spiritus usw. a. a. O. 1899/1901.

zugute kam, war der Bundesratsbeschluss vom 18. September 1902, welcher folgendermaßen lautet: „Die vollständige Denaturierung kann auch in der Weise erfolgen, daß dem Branntwein 1,25 l allgemeinen Denaturierungsmittels und außerdem 0,25 l Kristallviolettlösung und 2 bis 20 l Benzol auf je 100 l Alkohol zugesetzt werden.“ Der Zweck dieser Bestimmung war, ein Denaturierungsmittel zur Anwendung zu bringen, das den Spiritus zur Triebkraft für Motoren besser geeignet machte, als das allgemeine Denaturierungsmittel.

Wir sehen also, daß die Gesetzgebung in jeder Weise versucht hat, das für unsere Landwirtschaft so wichtige Spiritusgewerbe durch Steuer- und Zollmaßregeln zu fördern. Die Regierung hat diese Unterstützung aber auch noch durch Maßnahmen auf dem Gebiete der Frachtpolitik dem Spiritusgewerbe zuteil werden lassen. Brennspiritus, d. h. denaturierter Spiritus, wird heute zu einem ermäßigten Eisenbahntarif, dem sog. Spezialtarif III bei Wagenladungen von mindestens 10000 kg und zum Spezialtarif II bei solchen von mindestens 5000 kg befördert. Das hat den Vorteil, daß der Spiritus in solchen Gebieten Deutschlands denaturiert wird, wo ein Produktionsüberschuß vorhanden ist, um nach Gebieten verfrachtet zu werden, in denen die Produktion der Nachfrage nicht genügt. Die Detarifierung ist seit dem 1. Juli 1900 in Kraft und hat dazu beigetragen, auf den Brennspirituspreis regulierend und ermäßigend einzuwirken.

Wenn wir die Summe der Einflüsse, welche staatliche Organe, Gesetzgebung und Verwaltung auf ein Gewerbe haben, als die Einwirkung des „Staatsfaktors“ bezeichnen, so ergibt sich für das Spiritusgewerbe nach dem Gesagten kurz folgendes:

1. Das Spiritusgewerbe hat einen „Staatsfaktor“ aufzuweisen, mit dem bei der Beurteilung dieser Industrie zu rechnen ist.

2. Der Einfluß dieses Faktors ist ein bedeutender

und war für die technische Entwicklung und damit auch für die Wirtschaft günstig.

3. Der Staatsfaktor versuchte außerdem, gewisse Verhältnisse in der Spiritusindustrie nach den Wünschen der Gesetzgeber zu regeln.

4. Es muß konstatiert werden, daß dies nicht immer gelungen ist.

Wir werden im Schlußkapitel auf den Einfluß und die Bedeutung von Steuer und gesetzlichen Maßnahmen für die gesamte Wirtschaft unseres Gewerbes nochmals zurückkommen. Die Reichsalkoholmonopolfrage soll im Anhange angeschnitten werden.

Drittes Kapitel.

Arbeit, Natur und Organisation in ihrer Einwirkung auf Technik und Wirtschaft

(mit einem Anhang, die Konsumgewerbe der Spiritusindustrie).

Literatur.

Die Literatur der früheren Kapitel ist teilweise mitbenützt, hier jedoch nicht mehr eigens aufgeführt.

Jahresberichte der Zentrale für Spiritusverwertung G. m. b. H. seit 1899/1900. — Wassermann, Handelszeitung, Art. Spirituskartell; — Derselbe, Allgemeine Zeitung Nr. 259, vom 7. Juni 1907. — Haben unsere Bestrebungen für die Ausdehnung des Verbrauches von denaturiertem Spiritus Aussicht auf Erfolg? Berlin 1899. Zentrale für Spiritusverwertung G. m. b. H. — Bayerische Handelszeitung Nr. 20, 21, 23, 37. Jahrgang, Organ der Handels- und Gewerbekammer für Oberbayern, Artikel, Finanzen und Branntweinbesteuerung und die Erneuerung des Spiritusrings. — Bericht der Zentrale für Spiritusverwertung G. m. b. H. Berlin, Zur Vorbereitung der kontradiktorischen Verhandlungen im Reichsamt des Innern, Berlin Nov. 1905. — Behrend, Spiritus contra Petroleum, Ein Beitrag zur Frage der Unterbringung unserer steigenden Ernten, Berlin 1906. — Behrend, Deutschlands Kartoffelerzeugung und Verbrauch in Gegenwart und Zukunft, Berlin. — Bericht der Zentrale für Spiritusverwertung G. m. b. H. über ihre Bestrebungen zur Hebung des Verbrauchs von denaturiertem Spiritus in wirtschaftlicher und technischer Beziehung, 1899/1901. — Gothein, Der deutsche Außenhandel, Berlin 1901. — Kantorowicz, Bericht an Sr. Exzellenz den Staatssekretär des Innern Grafen von Posadowsky-Wehner über die Denkschrift der Zentrale für Spiritusverwertung zur Vorbereitung der kontradiktorischen Verhandlungen im Reichsamt des Innern. — Sonndorfer, Die Technik des Welthandels, 3. Aufl., Alfred Hölder, Wien 1905. — Stern, Kaufmännisches Rechnen, Leipzig 1905. — Tappenbeck, Eine wirtschaftliche Studie über den Zusammenschluß des Brennereigewerbes 1908, Berlin 1904, Wilhelm Süßeroth. — Wirminghaus, Artikel Branntweinindustrie im Wörterbuch der Volkswirtschaft, Bd. I, 1898. — Wender, Die Verwertung des Spiritus für technische Zwecke, Wien und Leipzig 1904. — Kontradiktorische Verhandlungen über deutsche Kartelle, Bd. 5, Spiritus, Berlin 1906. — Vierteljahrhefte zur Statistik des deutschen Reichs, besonders Heft 2, 1901. — Aktenstücke des Verein deutscher Spiritusinteressenten. — Aktenstücke der Kommission des Vereins der Spritfabrikanten Deutschlands. — Behrend, Artikel Spiritushandel im Handwörterbuch der Staatswissenschaften, II. Aufl. — Die deutsche Essigindustrie, Wochenschrift seit 1896, herausgegeben vom Institut für Gährungsgewerbe Berlin, Abteilung für Essigfabrikation. — Berliner Bedingungen für den Handel im Spiritus einschließlich Gebinde mit 70 M. Verbrauchsabgabe auf Lieferung innerhalb eines Kalendermonats, gültig für Geschäfte auf Januar 1894 und spätere Termine. — Tschierschky, Kartellrundschau, Düsseldorf, 5 Jahrgänge, Bes. 4. Jahrgang, Heft 6 und 7, E. Trescher, Die Zentrale für Spiritusverwertung usw. — Lange, Der Zusammenschluß der deutschen Spiritusindustrie, Berlin 1901. — Deutsche Destillateurzeitung 1899—1907. — Bericht des Bundesrates an die Bundesversammlung betreffend die Geschäftsführung und die Rechnung der Alkoholverwaltung in der Schweiz, besonders 1895—1906. — Wittelshöfer, Artikel Branntweinproduktion und Verbrauch im Handwörterbuch der Staatswissenschaften. — Lippert, Die Frage des Alkoholmonopols, Zeitschrift für Volkswirtschaft, Sozialpolitik und Verwaltung, Bd. 7, 1898. — Die Exportpolitik des Spiritusrings, Frankfurter Zeitung Nr. 210, 4. Mbltt., 52. Jahrgang vom 31. Juli 1907. — Wassermann, Das Spirituskartell und seine Abnehmer, Handelshochschulnachrichten, Nr. 6, Bd. IV., Juni 1906. — Koepcke, Spiritus- und Spirituosenrundschau seit 1907, Berlin, bes. Nr. 32. — Wassermann, Spiritus-Export-Politik in Nr. 339 der Münchner Neuesten Nachrichten 1907. — Jahresberichte der Ältesten der Kaufmannschaft zu Berlin. — Zeitschrift für Spiritusindustrie, Jahrgang 1896, Ergänzungsheft II, Reden bei der Märckerfeier. — Das Institut für Gährungsgewerbe und Stärkefabrikation, Berlin, 3. Aufl., Berlin 1900, Selbstverlag. — Dasselbe, Ergänzungsheft 1903. — Ausstellungskatalog des Instituts für Gährungsgewerbe und Stärkefabrikation, anläßlich der Internationalen Ausstellung für Spiritusverwertung und Gährungsgewerbe, Wien 1904. Berlin, Selbstverlag 1904. — Behrend, Deutschlands Kartoffelerzeugung und Verbrauch in Gegenwart und Zukunft, Berlin 1905, Parey. — Morgenroth, Die Exportpolitik der Kartelle, Leipzig 1907. —

Die Verwendung von Spiritus im Haushalt, Zentrale für Spiritusverwertung, Berlin (ohne Jahr). — Baumgarten-Meszleny, Kartelle und Trusts, Berlin 1906. — Kleinwächter, Die Kartelle, ein Beitrag zur Frage der Organisation der Volkswirtschaft, Innsbruck 1883. — Brentano, Über die Ursachen der heutigen sozialen Not, Leipzig 1889. — Schmoller, Über wirtschaftliche Kartelle in Deutschland und im Auslande (Verein für Sozialpolitik, S. 60, 1894). — Kleinwächter, Artikel Kartelle im Handwörterbuch der Staatswissenschaften, II. Auflage, 1898. — van der Borght, Artikel Unternehmerverbände im Handwörterbuch der Staatswissenschaften. — Halle, Artikel Trusts im Handwörterbuch der Staatswissenschaften. — Liefmann, Die Unternehmerverbände 1897. — Derselbe, Schutzzoll und Kartelle, Jena 1903. — Derselbe, Kartelle und Trusts, 1905. — Friedrichowicz, Kartelle, in der Zeitschrift für die gesamte Staatswissenschaft, 51. Jahrgang, 1895. — Schoenlank, Die Kartelle in Brauns Archiv für soziale Gesetzgebung usw., Bd. 3, 1890. — Delbrück, Die Lage des Brennereigewerbes, die Verwendung des Spiritus zu technischen Zwecken, die Denaturierungspflicht (Vortrag, gehalten am 28. Febr. 1901 vor Mitgliedern aller Parteien im deutschen Reichstag, Bd. 25, 3: 1901, S. 242 in dem Jahrb. für Ges.-Verw. und Volkw.). — Harnisch, Spiritusring und Kleinhandel, Plutus 1904, S. 588. — Pohle, Die Kartelle der gewerblichen Unternehmer, Leipzig 1898.

Die Bedeutung einer Industrie bemißt sich nach ihrer Wichtigkeit für die Volkswirtschaft. Wir können den Industriegütern, wie überhaupt allen Gütern die Einteilung: Güter des Existenz-, Kultur- und Luxusbedarfes zugrunde legen und werden dann die Spiritusindustrie bei den Industrien für den Kulturbedarf eingliedern. Kulturbedarf hat jede Gesellschaftsklasse aufzuweisen, und ein Gut des Kulturbedarfes muß daher gewissen allgemeinen Regeln genügen. Es muß so beschaffen sein, daß auch der weniger wohlhabende Staatsbürger es zu erwerben vermag. Es ist nun immer die Aufgabe der Technik gewesen, an dem Probleme des kleinsten Mittels mitzuwirken, mit möglichst wenig Kosten möglichst große Werte zu schaffen. Es kann dies sowohl in quantitativer, wie in qualitativer Hinsicht geschehen. Allein nicht nur die Technik beeinflußt das Produkt; viele Faktoren sind es, die direkt oder indirekt, in Konkurrenz mit der Technik, sich fühlbar machen. Schon das vorige Kapitel hat uns dies gezeigt. Wir haben daher bei dem Spiritusgewerbe auf viele Punkte unser Augenmerk zu richten, um aus der Proportion der einzelnen Faktoren die Bedeutung eines jeden zu erkennen, denn nur verglichene Größen geben uns eine klare Vorstellung. In unsern Tagen ist das Spiritusgewerbe aus der Wirtschaftsstufe der Tradition in die Wirtschaftsstufe der Wissenschaft eingetreten. Hervorragende Männer machten alle Errungenschaften der Technik dem Spiritusgewerbe dienstbar, aber wir werden sehen, daß auch bedeutende Verbesserungen nicht voll zur Geltung kommen konnten, wenn andere Faktoren gebieterisch ihren Einfluß geltend machten. Ich verweise hier auf die Untersuchungen des vorigen Kapitels. Der technische Fortschritt, zahlenmäßig 300 %, wird durch Hinderungsmaßnahmen (Steuererhöhungen von 200 %) um zwei Drittel des Wirtschaftserfolges gebracht. Nur das Endresultat, das genaue Abwägen von Plus und Minus kann uns zeigen, wie tatsächlich der Einfluß der einzelnen Faktoren sich auf ein Gewerbe gestaltet. Welches aber sind diese Faktoren? Einen haben wir im vorigen Kapitel bereits kennen gelernt, eine Anzahl anderer soll hier besprochen werden.

1. Die Arbeit.

Wir wissen, Arbeit, Natur und Kapital sind die untrennbaren Produktionsfaktoren, deren jedes Produkt bedarf. Ist es die Menschenarbeit, die in der Spiritusindustrie eine so große Rolle spielt? Im Brennereigewerbe kann von einer Arbeiterfrage wohl kaum gesprochen werden, denn der Betrieb bedarf weniger Kräfte und diese sind nur während 7—8 Monaten beschäftigt, soweit es sich wenigstens um landwirtschaftliche Brennereien handelt. Da die Arbeiter meist noch zu anderen Tätigkeiten herangezogen werden, so ist es nicht schwer, Ersatz zu schaffen. Allerdings gibt es auch qualifizierte Arbeitskräfte; man hat frühzeitig für ihre Heranbildung Sorge getragen und landwirtschaftliche Hochschulen, wie z. B. Weihenstephan mit Versuchs- und Lehrbrennereien ausgestattet. Früher war allerdings „ein alter Kutscher oder Maurer gut genug, Brenner zu werden“ [1]), aber heute verlangt man von jedem Brenner eine entsprechende technische Ausbildung, die Entwicklung der Technik, die komplizierten Brennereiapparate, die chemischen Untersuchungen setzen Arbeiter mit hoher technischer Vorbildung voraus. Es war im Brennereigewerbe verhältnismäßig leicht, in erfolgreicher Weise Anstalten zu schaffen, welche geeignetes Personal heranzogen, das Spiritusgewerbe hatte ja bereits seit 1857 im Verein der Spiritusfabrikanten in Deutschland eine starke und tätige Interessenvertretung, die es sich angelegen sein ließ, durch Heranbildung wisssenschaftlicher Kräfte das Gewerbe in jeder Weise zu fördern. 1874 begründete der Verein eine Versuchsanstalt, der sich bald eine Glasbläserei, eine Brennereischule und eine Versuchsbrennerei anschlossen. Da die Studierenden dieser Anstalten auch den maschinentechnischen Teil des Gewerbes erlernen sollten, wurde die Tätigkeit dieser Institute eine immer ausgedehntere. Die Regierung unterstützte die Bestrebungen des Vereins aufs eifrigste und stellte anfangs Räumlichkeiten in der Berliner Gewerbeakademie, später solche in der landwirtschaftlichen Hochschule zur Verfügung. Mit anderen Interessenvertretungen des Gährungsgewerbes sich vereinigend, schritt man, nachdem sich die alten Institutionen als unzureichend erwiesen hatten, zum Bau eines Institutes für Gährungsgewerbe und Stärkefabrikation. Das Institut bildet einen Teil der landwirtschaftlichen Hochschule in Berlin und wird von den landwirtschaftlichen Vereinen in namhafter Weise subventioniert. Seit 1903 ist ein staatliches Diplomexamen eingeführt. Um jedoch Brennereibesitzer und Brennmeister auch nach beendigter Studienzeit noch

---

[1]) Zeitschrift für Spiritusindustrie, Jahrgang 1896, Ergänzungsheft II, Rede Dr. Delbrücks bei der Märckerfeier.

auf dem Laufenden zu erhalten und sie mit neuen technischen Vorteilen bekannt zu machen, beschloß man, alljährlich Unterrichtskurse zu veranstalten. Diese Kurse erfreuen sich, wie die Statistik beweist, eines zunehmenden Besuchs. Nach Ens (Jahrbuch des Vereins der Spir.-Fabr. in Deutschland, 1905) hatte der vierwöchentliche „Brennmeister-Lehrkursus“

1895	58	Teilnehmer
1896	67	„
1897	72	„
1898	77	„
1899	80	„
1900	100	„
1901	127	„
1902	126	„
1903	123	„
1904	114	„

Die nur zeitweilige Brenndauer bedingt es, daß der Brennmeister auch von der übrigen landwirtschaftlichen Arbeit etwas verstehen muß, also sich das Gesetz der Arbeitsvereinigung zunutze machen wird. Die Brennmeister oder Brennereiingenieure werden nicht gerade glänzend bezahlt, haben jedoch, um bei ihnen ein gesteigertes Interesse an der Ausbeute zu erwecken, meist auch Anteilslohn im Prozentverhältnis des Ausbeuteertrages. Ein tüchtiger Brennmeister kann den Ausbeuteertrag sehr steigern; kann somit in nennenswerter Weise auf den Betrieb einwirken.

Die Berufs- und Gewerbezählung vom 14. Juni 1895 gibt folgende Zahlen für Branntweinbrennerei, Likör- und Preßhefefabrikation. (Statistik des Deutschen Reiches Bd. 114.)

Gewerbebetriebe	10 950
davon Hauptbetriebe . .	8 657
Nebenbetriebe	2 293
Gewerbetätige	35 458

	Zahl der Betriebe	Zahl der Personen
Alleinbetriebe	777	777
Betriebe mit 1 Person[1])	1306	1306
„ „ 2—5 Personen	5247	16695
„ „ 6—10 „	953	6880
„ „ 11—20 „	252	3606
„ „ 21—50 „	93	2837
„ „ 51—200 „	26	2066
„ „ 201 und mehr Personen . .	3	1291

oder:

	Kleinbetriebe	Mittelbetriebe	Großbetriebe
Betriebszahl	7330	1298	29
Personenzahl	18778	13323	3357
d. i. pro Betrieb . .	2—3	10—11	zirka 116

Zu diesen Ziffern ist folgendes zu bemerken: Das Spiritusgewerbe umfaßt die Spritfabriken, Likörfabriken usw. Die Gewerbestatistik trennt nicht die für das Brennereigewerbe in Betracht kommenden Zahlen von denen der anderen Kategorien. Die hier nun angeführten Großbetriebe mit 51—200 Personen (29) können ohne weiteres als Nichtbrennereibetriebe bezeichnet werden; auch von den Mittelbetrieben wird ein nicht unbedeutender Teil in Wegfall kommen müssen. Diese Betriebe sind meist große Spritfabriken oder Destillationen (Likörfabriken). — Aus den angeführten Gründen spielt der Faktor Arbeiterfrage in der Branntweinbrennerei keine besonders große Rolle. Er steht in engem Zusammenhang mit dem technischen Momente, soweit es sich um qualifizierte Arbeitskräfte handelt. Es ist ganz selbstverständlich, daß die Technik nur dann nützen kann, wenn sie sachgemäße Anwendung findet. Was die

[1]) Alleinbetriebe sind Gewerbebetriebe von Selbständigen, die allein ohne Mitinhaber oder Gehilfen und ohne Motoren arbeiten, die anderen „Betriebe mit einer Person“ sind Gewerbebetriebe von Einzelpersonen, welche Motoren verwenden, ferner Betriebe mit einem Gehilfen, der darin hauptberuflich arbeitet, während der Inhaber das Geschäft lediglich nebenher betreibt.

Spritfabriken, Destillationen und ähnliche Betriebe betrifft, so zeigt uns die Statistik, daß unter ihnen besonders personenreichen Betriebe nicht vorhanden sind, folglich eine Arbeiterfrage durch die Zahl der Beschäftigten nicht bedungen werden kann. Größere Spritfabriken werden wohl ein oder mehrere chemisch-technisch gebildete Beamte, Maschinisten und Brenner haben, sonst aber mit verhältnismäßig wenigen, unqualifizierten Kräften die notwendigen Arbeitsprozesse erledigen können.

Welche Beziehungen bestehen also zwischen dem Faktor Technik und dem Faktor Arbeit in unserer Industrie? Mannigfaltige, wie wir sehen werden. Aus der „Kunst" Branntwein zu bereiten, wird ein auf wissenschaftlichen Untersuchungen basierendes Gewerbe. Dadurch entstehen neue Berufe. Die Technik fördert die Berufsbildung, umgekehrt wieder die Berufsbildung die Technik. Die Berufsbildung ruft Berufsvereine hervor, diese wieder Berufsinstitutionen, die geeignet sind, einerseits dem Gewerbe tüchtige Arbeitskräfte zuzuführen, andererseits theoretische Erwägungen anzustellen, die in ihren Resultaten der Gesamtheit zum Nutzen gereichen. Der vor 50 Jahren gegründete Verein der Spiritusfabrikanten hat seine Zwecke glänzend erfüllt. Er hat die Interessen des Brennereigewerbes wahrgenommen und die Bestrebungen der Branntweinindustrie in hervorragender Weise unterstützt, insbesondere auch auf dem Gebiete der Steuergesetzgebung. Sein Vereinsorgan war die „Zeitschrift des Vereins der Spiritusfabrikanten in Deutschland", die mehrmals ihren Namen gewechselt hat. Bereits 1858 tritt dieser Verein mit einer bemerkenswerten Eingabe hervor. Es handelte sich damals um die Regelung der Exportbonifikation. Der Verein, aus Männern der Praxis gebildet und von diesen geleitet, sah ein, daß man auch die Ansichten der Theoretiker hören, und daß eine Verständigung zwischen Praxis und Theorie erfolgen müsse, wenn Gedeihliches entstehen solle. So gewann man denn eine so hervorragende Kraft wie Professor Märcker, der 1870 seine Studien begann. Die Hollefreund'schen Versuche sind durch Märcker in Vorträgen großen Interessentengruppen bekannt gemacht worden. Wir haben im ersten Kapitel dieser Arbeit auf die Bedeutung des Hollefreund'schen Verfahrens hingewiesen. Ein Mann wie Märcker sah die Vorteile dieser Betriebsneuerungen bald ein, sorgte für Verbreitung und Bekanntwerden von Institutionen, die jedem Brennereibesitzer wirtschaftliche Vorteile bringen mußten. Damit aber begann, wie Prof. Dr. G. Heinzelmann in seiner Broschüre ausführt (Zur Fünfzigjahrfeier des Vereins der Spiritusfabrikanten in Deutschland, Berlin 1907) „eine neue Aera für den Verein". 1857 mit 127 Mitgliedern gegründet, noch 1870 auf 230 Mitglieder begrenzt, weist der Mitgliederstatus von 1874 bereits 464 auf. Bekanntlich ist dieses Jahr das Gründungsjahr der unter Leitung Delbrücks stehenden Versuchsanstalt. Die Errichtung einer Brennereischule, einer Versuchsbrennerei und die Übernahme der „Zeitschrift für Spiritusindustrie" brachte dem Verein abermals viele neue Mitglieder und machte ihn dadurch leistungsfähiger. Der Einfluß dieser Fachzeitschrift auf das Gewerbe ist sicherlich stets ein bedeutender gewesen, denn sie gab alle neuen Untersuchungen den Interessenten sofort bekannt. Überhaupt ist das Problem der Einwirkung der Fachpresse auf die Industrien sicher ebenso interessant, wie noch wenig behandelt. Sicher kann die Fachpresse, wenn wirklich wissenschaftlich durchgebildete Männer sie leiten, hervorragendes leisten, insbesondere, wenn Männer der Praxis ihre Erfahrungen mitteilen und dieselben zur Diskussion stellen. Dies geschah im Spiritusgewerbe in erfreulicher Weise. Alle diese Einrichtungen des Vereins entwickelten sich bald zur Blüte und so, daß derselbe 1886 bereits 2300 Mitglieder aufwies. Durch die große Mitgliederanzahl auch finanziell besser situiert, gründete man eine Kartoffelkulturstation (1888), später auch eine Hefereinzuchtanstalt (1893). Mit weitem Blick verfolgte man die Technik und ihre Entwicklung in anderen Staaten, ja anderen Erdteilen. So unternahm 1893 Professor Delbrück eine Studienreise nach den Vereinigten

Staaten von Nordamerika. Preisausschreiben, die Gründung von Instituten und Laboratorien sind die Mittel, welche heute noch zur Förderung des Gewerbes dienen. Noch 1882 mit einem Jahresetat von 77 000 Mk. arbeitend, gibt der Verein heute für seine Institutionen die stattliche Summe von 470 000 Mk. jährlich aus und beschäftigt 30 wissenschaftliche Beamte. Die Zahl der Vereinsmitglieder beträgt zurzeit 4800. Nach Heinzelmann beziffert sich der Gesamtinteressentenbestand auf 7000, da der Verein der Stärkeinteressenten in Deutschland, die Kornbranntweinbrennereibesitzer, die Preßhefe- und die Essigfabrikanten sich ebenfalls angegliedert haben. Die Hebung der Technik schaffte so die Arbeitsteilung und Arbeitsvereinigung von Wissenschaft und Praxis. Die Technik und ihre Entwicklung fördert damit nicht nur den Wirtschaftserfolg einer Industrie, sie hebt das Ansehen derselben, die soziale Stellung ihrer Gewerbsangehörigen und vermittelt günstige Beziehungen zwischen Kapital und Arbeit. Sie veranlaßt den Menschen, sich bessere Bildungswerkzeuge zu verschaffen, um im Kampfe ums Dasein erfolgreich bestehen zu können und wirkt daher kulturfördernd auf große Massen.

2. Die Natur.

Wenn wir die Natur und ihre Einwirkung an dieser Stelle beleuchten wollen, so ist es notwendig, Betrachtungen anzustellen über die Bodenprodukte, welche für die Spirituserzeugung eine größere Rolle spielen. Die Verwendung der Bodenschätze, die Ernten und ihr Einfluß auf unser Gewerbe werden zu behandeln sein. Dieser Einfluß kann gemessen werden durch Beobachtung der Produktion, durch Vergleichung der Konsumziffern oder auch durch Untersuchungen über den Spirituspreis. Es sind, wie schon erwähnt, besonders Kartoffel und Getreide, welche in Deutschland für die Spiritusindustrie in Betracht kommen. So erzeugten [1])

[1]) Jahrbuch des Vereins der Spiritusfabrikanten in Deutschland 1905.

Spiritus:	Kartoffelbrennereien:		Getreidebrennereien:	
im Jahresdurchschnitt	Millionen Liter	in Prozent der Gesamterzeugung	Millionen Liter	in Prozent der Gesamterzeugung
1887/88—1891/92	224,2	ca. 75 %	12,2	ca. 4 %
1892/93—1896/97	243,7	„ 79 „	13,7	„ 4 „
1897/98—1901/02	308,6	„ 81 „	18,0	ca. 4,5 %
1902/03 . . .	265,0	„ 80 „	18,9	„ 5,2 „
1903/04 . . .	304,7	„ 79 „	23,5	„ 6 %.

Vergleichen wir nun die aus Kartoffel erzeugten Spiritusmengen mit den überhaupt erzeugten Mengen, so erhalten wir folgendes Resultat:

	Kartoffelspiritusproduktion: Millionen Liter	Gesamtproduktion von Spiritus: Millionen Liter
1897/98	255,1	328,8
1898/99	310,7	381,6
1899/1900 . . .	294,8	366,8
1900/01	330,2	405,2
1901/02	351,9	423,9
1902/03	265,0	338,3
1903/04	304,7	385,4
Durchschnitt der 7 Jahre: pro Jahr	301,8	375,5

Aus diesen Zahlen ergeben sich folgende Schwankungszahlen[1]):

	bei einem Durchschnitt von 301,8 Millionen Liter für die erzeugten Kartoffelspiritusmengen ergibt sich für eine Schwankungszahl von Millionen Liter	und von 375,5 Millionen Liter für die erzeugten Spiritusmengen überhaupt ergibt sich eine Schwankungszahl von Millionen Liter
1897/98	46,7 —	46,7 —
1898/99	8,9 +	6,1 +
1899/1900	7,0 —	8,7 —
1900/01	28,5 +	29,7 +
1901/02	50,1 +	48,4 +
1902/03	36,8 —	37,2 —
1903/04	2,9 +	9,9 +

[1]) Unter Schwankungszahl ist die Plus- oder Minusabweichung vom Durchschnitt gemeint.

Beide Tabellen zeigen deutlich folgendes Gesetz:

Die Spiritusproduktion in Deutschland erfolgt hauptsächlich unter Verwendung von Kartoffeln; die Schwankungen der Kartoffelspirituserzeugung sind ausschlaggebend für die Größe und die Schwankungen der Gesamtproduktion. Auch Deutschlands Spiritus-Export, der als ein guter Gradmesser der Spiritusindustrie bezeichnet werden kann, ist einzig und allein abhängig von der Kartoffelspiritusfabrikation [1]). Diese wieder mit Naturnotwendigkeit von der Ernte. Es kommt dabei selbstverständlich nicht allein die Erntc Deutschlands in Betracht, sondern auch die internationale Kartoffelernte, da ja Deutschland sowohl nach Großbritannien, als auch nach Spanien, Italien, Österreich-Ungarn, Schweiz, Amerika, Dänemark und selbst bis nach Australien Kartoffel ausführt, wenn die Welternte den deutschen Export begünstigt. Die Einwirkung des inländischen Kartoffelmarktes spiegelt sich deutlich in folgenden Worten, die dem Jahresbericht der Zentrale für Spiritusverwertung für das 5. Geschäftsjahr entnommen sind: „Das Geschäftsjahr 1903/4, das fünfte seit Bestehen unseres Unternehmens, kennzeichnet sich durch den starken Einfluß, den nicht sowohl der Ertrag der inländischen Kartoffelernte, als vielmehr die Preisentwicklung des inländischen Kartoffelmarktes auf den Umfang und Wertstand der inländischen Spiritusproduktion ausübte [2]).“ Die Kartoffel spielt bei der Ernährung eines Volkes eine bedeutende Rolle; selbstverständlich muß das Quantum, das wir als absoluten Existenzbedarf bezeichnen können, vorweg abgezogen werden, um zu sehen, was für die Spiritusproduktion übrig bleibt. Wenn nun auch heute nicht mehr Fragen auftauchen können, wie gegen

---

[1]) Georg Gothein, Der deutsche Außenhandel, Berlin 1901. S. 172. Der Export deutschen Sprits ist in größerem Umfang überhaupt nur in den Jahren reichlicher Kartoffelernten und in deren Gefolge etwa eintretenden, niedriger Inlandsspirituspreise, welche gegenüber den Auslandspreisen ein Rendement geben, möglich.

[2]) Jahrbuch des Vereins der Spiritusfabrikanten in Deutschland 1905.

Ende des 18. Jahrhunderts, wo man daran dachte, die Branntweinbrennerei zu verbieten, wenn die Ernte an Getreide schlecht war, so muß man sich doch klar machen, daß durch entsprechende Maßregeln einerseits die Kartoffel als Nahrungs- und Verfütterungsmittel in genügendem Maße herbeigeschafft werden muß, aber auch andererseits die Spiritusindustrie nicht immer unter dem Ernteausfall leiden darf. Daß dem so ist, ersieht man deutlich, wenn man Ernteausfall und Preis einander gegenüber stellt.

Nach Behrend[1]) wurden in Deutschland geerntet:

Nach Kantorowicz[2]) ergaben sich folgende Durchschnittspreise für die genannten Jahre pro Hektoliter Spiritus (unversteuert. 70er):

	Mill. Dz. Kartoffeln	
1900	405,85	41,50 Mk.
1901	486,87	39,— „
1902	434,62	31,67 „
1903	429,02	40,50 „
1904	362,87	46,54 „

Um diese Zahlen zu verstehen, muß man berücksichtigen, daß der Preis 31,67 per Hektoliter reinen Alkohols eine Folge der Überproduktion von 1901 ist. So kommen wir zu dem Resultat: Kartoffelernte und Spirituspreise sind indirekt proportional, d. h. je größer die Kartoffelernte, desto niedriger ist der Spirituspreis. Die Technik, die so oft die Natur bezwingen will, hat auch hier eingesetzt, indem sie versucht hat, erfrorene oder sonst kranke Kartoffeln für die Spiritusproduktion doch noch dienstbar zu machen. Es wurden diese Versuche teilweise mit Erfolg gekrönt,

---

[1]) Deutschlands Kartoffelerzeugung und Verbrauch in Gegenwart und Zukunft, Berlin 1905 bei Paul Parey.

[2]) Kantorowicz, Bericht an Se. Ex. den Staatss. des Inneren Grafen von Posadowsky-Wehner über die Denkschrift der Zentrale für Spiritusverwertung zur Vorbereitung der kontradiktorischen Verhandlungen im Reichsamt des Innern.

aber im allgemeinen waren die daraus resultierenden Einwirkungen auf die Industrie doch von recht untergeordneter Bedeutung; so hat alsdann ein anderes Moment wirken müssen, um ausgleichende Preise zu erzielen; es ist dies die Kartellierung in der Spiritusindustrie, auf welches wir später eingehend zurückkommen werden. Dieses Dominieren der Kartoffelbrennerei in der Brennereiindustrie und ihr enormer Einfluß auf das ganze Gewerbe muß umsomehr auffallen, wenn wir hören, daß die Zahl der Kartoffelbrennereien zwischen 5000 und 6500 schwankt, Deutschland aber nahezu 70000 Brennereien hat, die zwischen 0,5 hl und 19000 hl reinen Alkohols per anno produzieren. Der Grund ist folgender: Die Getreide- und Hefebrennereien hängen als Qualitätsbrennereien entweder nicht von der Ernte ab, oder sie betrachten, wie meist die Hefebrennereien, die Spiritus-erzeugung als Nebensache, indem sie ihr Augenmerk mehr der Hefe zuwenden. Die Melassebrennereien sind nur gering an Zahl und hängen sehr von den Rübenzuckerfabriken ab, (so daß eine Betrachtung dieser untergeordneten Brennereiart, die nur geringen Einfluß auf die Gesamtindustrie ausübt, eigentlich eine vorausgehende Betrachtung des Rübenzuckergewerbes erfordern würde). Was schließlich die große Zahl der sogenannten Materialbrennereien betrifft, die ja meist Obst und Obstrückstände, Weintreber und ähnliches verarbeiten, so kann man die Behauptung aufstellen, daß die Zahl dieser Kategorie ihrer Bedeutung für das Gewerbe indirekt proportional ist. Außer diesen Momenten ist es jedoch noch eine Ursache, der die Kartoffelbrennereien in Deutschland einen großen Teil ihrer Bedeutung zu verdanken haben und zwar ist das die Steuergesetzgebung, die, wie wir gesehen haben, seit Beginnen des vorigen Jahrhunderts die stärkemehlhaltigen Rohmaterialien, insbesonders aber die Kartoffel begünstigt. Die Ernteverhältnisse spielen somit eine außerordentlich wichtige Rolle, sie sind die Basis für den Zustand im Gewerbe, sie haben die komplizierte Gesetzgebung notwendig gemacht, letzthin auch das Kartell und die verschiedenartigen Organisationen der Industrie, die Gründung von Genossenschaften etc. bedingt. Die gute Ernte reizt zu leicht zur Überproduktion, diese bringt niedere Preise und damit Krisen. Der Mensch ist der Natur gegenüber aber nicht in der Lage, die Ernte gleichmäßig zu regeln. Darum sinnt er auf Institutionen, die im Falle hoher Ernten schützend auf die Wirtschaft einwirken sollen. Der Naturfaktor ist eben ein ganz besonderer Faktor. Kapital und Arbeit, Gesetzgebung und Kartell sind Gebilde, die menschlicher Geist und Menschenhand leiten und schufen. Die Naturkräfte, der Zustand von Grund und Boden, Wetter und Klima etc. haben selbstverständlich die größte Bedeutung unter allen Faktoren, aber eben weil wir dieselben direkt nicht zu verändern vermögen, weil wir auf die Ernten eben gar keinen Einfluß haben, können uns hier hauptsächlich nur die Faktoren interessieren, die wir nach unserem Ermessen zu gestalten vermögen. Der Erlass von Gesetzen, die Kartellbildung, die Arbeiterausbildung usw., sind ja Institutionen der Menschen; die Natur aber ist es nicht.

Aus diesem Grunde hat der Faktor Natur an dieser Stelle nur eine kurze Behandlung gefunden. Eines aber sei nochmals bemerkt, die Natur beeinflusst die Technik, denn sie zwingt uns mit Hilfe der Technik, den Kampf mit ihr aufzunehmen. Ein Kartoffelland. wie es Deutschland ist, hat mit der Entwicklung des Kartoffelbaues selbstverständlich eine rasche Entwicklung des Branntweingewerbes gehabt. Der Wunsch nach rationeller Arbeit wird immer da auftauchen, wo viele gleichartige Betriebe einander Konkurrenz machen. Dieser Wunsch ist der Vater der Technik, die Mißstände beseitigen soll und verbessernd wirken muß, wenn sie gefördert und anerkannt sein will. Der Wunsch aber ist entstanden aus dem wirtschaftlichen Milieu heraus, das ja so oft der Erzeuger ökonomischer Ideen gewesen ist.

3. Die Organisation.

Eigentlich müßte jetzt auf die beiden Abschnitte Arbeit und Natur, ein mit Kapital überschriebener folgen. Dies ist nicht der Fall. Nicht das Kapital an sich spielt eine so bedeutende Rolle im Spiritusgewerbe, als vielmehr die Organisation der Kapitalisten. Sie hat, wie wir sehen werden, einen gewaltigen Einfluß auf unser Gewerbe geübt.

Wir werden in den folgenden Abschnitten uns eingehend mit den Organisationen befassen, die in der Spiritusindustrie von Bedeutung sind. Es geschieht dies hauptsächlich auch, um unserer Aufgabe gerecht zu werden, eine Art Monographie der Spiritusindustrie zu liefern.

Wie schon früher erwähnt, zerfällt unser Gewerbe in Betriebe der Produktion, in Verarbeitungsstätten und in Unternehmungen konsumierender Art. Als vierte Gruppe haben wir auch die Spiritushändler und Agenten in den Kreis unserer Betrachtungen zu ziehen. Wir werden zeigen müssen, wie alle diese Gruppen organisiert sind, welche Wirkungen sie einzeln auf die gesamte Industrie haben und welche Beziehungen unter ihnen bestehen.

Bei einer Betrachtung der Produktionsbetriebe haben wir zunächst zwischen gewerblichen und landwirtschaftlichen Unternehmungen zu unterscheiden. Landwirtschaftliche Betriebe sind die meisten Kartoffelbrennereien, viele Getreidebrennereien und ebenso die sogenannten Materialbrennereien. Gewerbliche sind die zirka 30 Melassebetriebe, meist Großbetriebe, eine Reihe von mittleren Getreidebrennereien, ein großer Teil der Hefebrennereien. Die gewerblichen Betriebe sind häufig gemischte Betriebe, d. h. sie sind mit Spritfabriken, Likörfabriken, Essigbrauereien, Preßhefefabriken, oder ähnlichen Unternehmungen verbunden. Sehr oft haben sie die Form von Aktiengesellschaften.

Bei den landwirtschaftlichen Brennereien haben wir, wie Ginsberg schreibt, folgendes zu beobachten:

1. ein Dominieren der Kartoffelbrennerei,

2. eine Dezentralisation der Produktion in einer großen Anzahl von Betrieben sehr verschiedener Größe.

Es ist selbstverständlich, daß Großbrennereien, die meist in den Händen der Großgrundbesitzer sind, die neuesten technischen Apparate leichter anschaffen können und Arbeitskräfte und Arbeitszeit besser auszunützen in der Lage sind, als die Kleinbetriebe.

Diese Tatsache, die für den Großbetrieb leichtere Möglichkeit sich technische Errungenschaften nutzbar zu machen, aber selbstverständlich auch noch andere Momente führten ähnlich, wie bei vielen der übrigen landwirtschaftlichen Produkte, zur Herstellung des Spiritus in Genossenschaftsbrennereien.

Schon vor 1870 finden wir Genossenschaftsbildungen in Bayern, aber auch in anderen deutschen Bundesstaaten greift das Genossenschaftswesen im Brennereigewerbe Platz. Der Zweck dieser Genossenschaften war jedoch meist, bessere Regelung des Absatzes und Emanzipation vom Börsenpreis. Es handelt sich um zwei Gruppen von Genossenschaften, einmal die Genossenschaftsbrennerei, die Vereinigung von Landwirten in einer Brennerei, welche die Grundlage der Genossenschaft bildet, zum anderen die Brennereigenossenschaft, die Vereinigung mehrerer Brennereien zum Zwecke besserer Verkaufsmöglichkeiten z. B. Eine Brennereigenossenschaft kann selbstverständlich auch Genossenschaftsbrennereien als Mitglieder haben. Bereits seit 1890 arbeitete man unter Führung Delbrücks und von Graß-Klanins auf eine Assoziation im Spiritusgewerbe hin und gewann dabei die Überzeugung, daß gerade der Spiritus sich für eine Arbeit auf genossenschaftlicher Grundlage gut eigne, da er als Stapelware mit leicht feststellbarer Qualität, bei der stets vorhandenen Produktionsstatistik, dem im allgemeinen bekannten Bedarf der leichten Lombardierungsmöglichkeit und dem fast vollständigen Fehlen der ausländischen Konkurrenz eine Reihe von Vorzügen besitze, die gemeinschaftlichen Absatz ermöglicht. So entstanden in rascher Reihenfolge innerhalb der Raiffeisenschen Organisation, am 31. Juli 1896 die Spiritusverwertungsgenossenschaft für Westpreußen mit 1326000 l Kontingentspiritus[1]), am 14. Mai 1897 die Pommersche Spiritusverwertungsgenossenschaft zu Berlin, welche 1897/98 zirka 5 Millionen Liter zur Verfügung hatte. Es bildeten sich dann im Dezember 1896 die Brandenburgische, Anfang 1898 die für Posen, für Schlesien, für das Königreich Sachsen, für die Provinz Sachsen zu Halle a. S., welch letztere schon 1898 ein Viertel des Gesamtkontingents der Provinz in Händen hatte und 62 Mitglieder zählte. Den norddeutschen Kollegen folgten 1898 auch die süddeutschen und so entstand im August 1898 eine Spiritusgenossenschaft mit dem Sitz zu Regensburg. Man kann sagen, daß das gemeinsame genossenschaftliche Vorgehen auf dem Gebiete der Preispolitik von Erfolg begleitet war, mußte doch der Berliner Preis den Lokalmärkten nicht unwesentliche Konzessionen machen.

Im Rektifikationsgewerbe fehlt das Genossenschaftswesen gänzlich, da es sich ja hier um kauf-

[1]) D. h. die Brenner der westpreußischen Genossenschaft hatten zusammen 1326000 l Kontingent, durften also diese Menge zum Vorzugssteuersatz von 50 Mk. herstellen. In der Brennereiordnung wird in Absatz IV, „Landwirtschaftliche Brennereien“, § 4, die landwirtschaftliche Genossenschaftsbrennerei wie folgt, definiert:

„Als landwirtschaftliche Genossenschaftsbrennerei gilt eine Brennerei, wenn mindestens zwei Eigentümer oder Besitzer an ihr beteiligt sind und die in Abs. 1 vorgeschriebene Verpflichtung zur Verfütterung der Rückstände und Verwendung des Düngers von den Eigentümern oder Besitzern nicht in einer für gemeinschaftliche Rechnung betriebenen Landwirtschaft, sondern in ihren für getrennte Rechnung geführten Landwirtschaftsbetrieben erfüllt sind.“

Man gewährte den vor dem 1. April 1895 entstandenen Genossenschaftsbrennereien eine Ermäßigung, indem man sie nur zu $^3/_4$ der Brennsteuersätze heranzog, während man später diese Ermäßigung von $^1/_4$ auf $^1/_8$ der Sätze der neuen Brennsteuer reduzierte, um so mehr, als man befürchtete, daß unter dem Deckmantel der landwirtschaftlichen Genossenschaftsbrennerei vielfach kapitalkräftige Untermännisch-industrielle Betriebe handelt, welche ein großes Betriebskapital benötigen, und aus diesem Grunde oft in der Form von Aktiengesellschaften betrieben werden. Klein- und Mittelbetrieb sind meist verbunden mit Konsumtionsbetrieben des Spiritusgewerbes, wie mit Essig- und Likörfabriken. Diese Sorte von Konsumtionsunternehmen sind, wenn allein und nicht in Verbindung mit Rektifikationsanstalten, d. h. Spritfabriken, meist kleinere und mittlere Betriebe und in ziemlich großer Anzahl über das ganze Deutsche Reich verbreitet, während die Anzahl der Spritfabriken in Deutschland 1903/04 nur 137 betrug, von welchen die Mehrzahl und insbesondere die ganz großen Betriebe sich in Norddeutschland befinden.

---

nehmungen entstehen könnten, die so den Versuch machten, für ein in Wirklichkeit gewerbliches Unternehmen ein Kontingent zu erhalten.

An Anlage IV, S. 4172 zu den stenographischen Berichten des Reichstages findet sich nachstehende Genossenschaftsstatistik:

	Gegründet bis: 1895 1. April		Gegründet von 1895: 1901 1. Oktober		
	Genossenschaftsbrennereien				
	Kartoffel	Getreide	Kartoffel	Getreide	Summa
Ostelbische Provinzen . . .	13	—	64	—	77
Provinz Sachsen	7	—	2	—	9
Anhalt u. Braunschweig . . .	4	—	—	—	4
Hannover . . .	1	—	—	—	1
Rheinland und Westfalen . .	—	4	—	37	41
Hessen	1	—	—	—	1
Bayern	6	1	5	—	12
Württemberg . .	—	—	1	1	2
Mecklenburg . .	—	—	3	—	3
Oldenburg . . .	—	—	—	1	1
Elaß - Lothringen	1	—	—	—	1
Deutsches Reich	33	5	75	39	152

1901/03 bestanden 334 landwirtschaftliche Genossenschaftsbrennereien, welche nach den Vierteljahrsheften zur Statistik des Deutschen Reiches 247 951 hl p. a. erzeugten.

Dazu kommen noch die erwähnten Händler und Agenten, welche die Vermittlung zwischen Spritfabrik und Brennerei besorgen resp. sich dem Börsenhandel widmen. Selbstverständlich schiebt sich auch noch oft der Großhandel zwischen Spritfabrik und Detailhandel.

In welcher Weise vollzog und vollzieht sich nun das Spiritusgeschäft?

Wir haben hier zwei Zeitabschnitte zu unterscheiden, den einen vor dem Jahre 1899 und einen nach diesem. Der erste Abschnitt ist das Zeitalter der Börse, der zweite der des Spirituskartells.

In Deutschland wird nur der von den Brennereien erzeugte Rohspiritus börsenmäßig notiert und gehandelt. Die wichtigsten Plätze sind Berlin, Stettin, Breslau, Leipzig, Köln, schließlich Hamburg, das als Exportplatz eine exceptionelle Stellung einnimmt. Da für den Artikel Spiritus im Gegensatz zu Getreide das Termingeschäft erlaubt ist, so macht man derartige Geschäfte an fast allen Börsen, besonders aber in Hamburg, wo noch heute große Umsätze in „Exportsprit“ zu verzeichnen sind. In Berlin sind an die Stelle der Termingeschäfte die sogenannten handelsrechtlichen Lieferungsgeschäfte in Spiritus getreten. Abgesehen von Hamburg und Berlin sind die genannten Börsen von derartig geringer Bedeutung, daß eine Besprechung derselben nicht lohnt. Sie hatten mit Ausnahme von Stettin und Posen im wesentlichen nur dem Lokalgeschäft gedient und auch diesem nur in sehr begrenzter Weise.

Eine große Bedeutung hatte Berlin. Seine Spiritusbörse war solange eine blühende zu nennen, als sie eine Vermittlung zwischen Spirituskonsum und Spiritusproduktion darstellte. Vor dem Inkrafttreten des Gesetzes vom Jahre 1887 war der Osten Deutschlands für die gesamte Spiritusindustrie von ausschlaggebender Bedeutung; damals war die Produktion eine erheblich größere als heute. Diese große Produktion brachte Schwierigkeiten für die Konsumtion mit sich, da die Fabriken des Ostens nicht in der Lage waren, alles das zu verarbeiten, was die Brennereien erzeugten. Umgekehrt war es in Mitteldeutschland, dem Schwerpunkt der Spiritusindustrie. Die mitteldeutschen Fabriken bezogen schon während der Wintermonate einen Teil ihres Bedarfes aus dem Osten, und da sie nicht in der Lage waren, ihren Sommerbedarf selbst vorrätig zu halten, so waren sie nach Schluß der Brennkampagne stets angewiesen, sich aus Ostdeutschland mit Ware zu versorgen. Ähnlich ging es dem süddeutschen Spritfabrikanten, der, um den hohen Übergangszoll zwischen Nord- und Süddeutschland nicht entrichten zu müssen, erst möglichst spät, wenn er nämlich die heimische Produktion aufgebraucht hatte, der Not gehorchend, norddeutschen Spiritus bezog. Die Versand- und Lagerungstechnik im Spiritushandel, die heute mit modernen Bassin-Eisenbahnwagen und Bassin-Lagerräumen arbeitet, war damals noch wenig ausgebildet. Man versandte die Ware in Gebinden, was einen großen Aufwand an Fässern und Platz erforderte.

Der große Überfluß im Winter und die Verteilung der Rohware auf die verschiedensten Gebiete des Reiches, besonders nach Schluß der Betriebsperiode, machten die Schaffung eines wohlorganisierten Zwischenhandels nach einheitlichen Prinzipien und die Errichtung großer Stapelplätze zur Notwendigkeit. Es war die geographische Lage Berlins, welche dieses in allererster Linie dazu befähigte, die Zentrale der deutschen Spiritusgewerbe zu werden; denn die Wasserstraßen aus Ost- und Norddeutschland brachten, wenn nach dem Winter die Gewässer aufgingen, den Überfluß per Kahn in die Reichshauptstadt. In diesen Kähnen konnte man ja vor 1887, d. h. vor Eintritt der Konsumsteuer, während des Winters bis zum Abschwimmen der Fahrzeuge, die Ware einlagern; im Sommer trat diese Ware auf billigen Wasserwegen dann ihre Reise an. In Berlin entwickelte sich ein sehr bedeutendes Lagergeschäft und als seine Folge ein ebenso bedeutender Effektiv- und Terminhandel. Berlin wurde die Zentrale des deutschen Spiritushandels. Wer im Reich Spiritus brauchte, mußte mit den großen Handels- und Lagerhäusern, die in Berlin entstanden waren, in Verbindung treten. Dieser große Handel erlitt einen ersten schweren Schlag durch das Branntweinsteuergesetz, das den inländischen Verbrauch stark verminderte. Die Zollpolitik der Importländer, die auf einen Abschluß vom Weltmarkt gerichtet war, führte zu einem Versiegen des deutschen Spiritusexports, der von 37,7 Millionen Liter 1885 auf 12,5 Millionen Liter (Jahresdurchschnitt 1890/98) zurücksank.

Was waren die Folgen? Der Umsatz in Spiritus verringerte sich, da der Absatz der Spritfabriken eine starke Einbuße erlitt. Eine scharfe Konkurrenz setzte ein; die Reinigungsprämie wurde auf ein Minimalmaß herabgedrückt[1]). Um die Provisionen zu ersparen, versuchte man die Börse zu umgehen, indem man mit den Konsumenten direkte Beziehungen anknüpfte, also Börse und Berliner Großhändler ausschaltete. Dabei kam noch in Betracht, daß das Gesetz vom Jahre 1887 für die süddeutschen Brennereien äußerst günstig war und die süddeutschen Fabriken in den Stand setzte, sich von Norddeutschland zu emanzipieren. Die nun benützten technischen Verbesserungen auf dem Gebiete der Verkehrsmittel, insbesondere die Anwendung eiserner Kesselwagen unterstützten den direkten Bezug aus dem Osten. Die bessere Ausnützung der Wasserwege führte dazu, daß vielfach Spiritus per Seeweg nach Nordseemärkten aus Ostseeprovinzen versandt wurde und von hier ebenfalls per Wasserstrasse nach Westdeutschland weiterging. Da die steuergesetzlichen Vorschriften die freie Bewegung von unversteuertem Spiritus verboten, entschloß man sich, große eiserne Reservoire zu errichten und ermöglichte so die Aufnahme großer Mengen, ohne den Fässerbestand erweitern zu müssen. So verlor der Berliner Markt an Versorgung und Absatz und damit schrumpften Effektivgeschäft und Termingeschäft an der Berliner Börse immer mehr zu-

[1]) Unter Reinigungsprämie versteht man diejenige Vergütung, welche die Rektifikationsanstalt für das Rektifizieren des Rohspiritus, d. h. dessen Verarbeitung zu Sprit berechnet und also dem Rohspiritus zuschlägt.

sammen. Das Börsengesetz vom Jahre 1896 verschärfte diese Verhältnisse. Durch dieses Gesetz verlor der Börsenverkehr in landwirtschaftlichen Produkten immer mehr an Interesse und Teilnehmern, wurde ja die bisher gesetzliche Preisfeststellung in den meisten Fällen durch eine private vertauscht. Nun ist es aber eine bekannte Erfahrungstatsache, daß abnehmende Besucherzahl an einer Börse und geringe Warenumsätze Preisschwankungen in hohem Masse begünstigen, also den wirtschaftlichen Aufgaben der Börse, solche zu vermeiden, entgegenwirken. Bei der Berliner Spiritusbörse trat dieser Erfahrungssatz in Kraft. Die schwache und häufig sehr einseitige interessierte Beschickung brachte durch die geringsten Quantitäten schon bedeutende Schwankungen hervor und zwang den Spiritusfabrikanten sich in Spekulationen einzulassen, deren Gefahr weit außer Verhältnis zu seinem Fabrikationsgewinn stand. Trotz alledem war der ganze deutsche Spiritushandel in unvermindertem Maße an Berlin gebunden, da die meisten Kontrakte über Spirituskäufe sich auf die Berliner Lokonotiz begründeten. Man notierte nämlich stets in Untergeld oder Übergeld unter, resp. über Berlin [1]). Die Berliner Spiritusbörse, die sich also in dieser Hinsicht ganz unersetzlich zeigte, zwang jeden im Spiritusgewerbe stehenden, auf Berlin sein Augenmerk zu richten. Diese Zustände führten oft zu wüsten Spekulationen, die durch den bis 1897 besonders im Termingeschäft oft vorkommenden „mit Faß"-Handel begünstigt wurden.

Zur Illustration dieser Spekulationen sei hier folgendes angeführt: Eine große deutsche Firma kaufte „auf Termin" sehr bedeutende Posten Spiritus mit Faß. Um nun den Lieferanten auszunützen, kaufte sie alle nur habhaften leeren Fässer auf, sodaß beim Lieferungstermin unmöglich die nötigen Gebinde aufzutreiben gewesen wären. Als dieser heranrückte, notierte der somit knapp gewordene „Mitfaß-

[1]) So notierten süddeutsche Plätze meist 1 bis 2 Mark über Berlin, ostdeutsche ebensoviel unter Berlin.

spiritus“ um 6 bis 7 Mk. höher, als er im Verhältnis zum „Ohnefaßspiritus“ notieren sollte. Daß eine derartige Einwirkung auf dem Markt ungesunde Verhältnisse zeitigen mußte, liegt auf der Hand. Das noch weitere Zurückgehen des auf der Berliner Lokonotiz beruhenden Verkehrs und die zunehmende Produktion verschärften diese mißlichen Zustände in hohem Maße.

Es ist eine unleugbare Tatsache, daß der Gedanke, wirtschaftliche Vereinigungen, Kartelle oder sonstige Wirtschaftsverbände zu schaffen, in Zeiten der Krisen am ehesten auftaucht; Kleinwächter hat daher in seinem 1883 erschienenen Werke mit Recht die Kartelle als „Kinder der Not“ bezeichnet. Auch im Spiritusgewerbe war es die Not, welche die Interessenten zu Verbänden sich vereinigen ließ. Im Brennereigewerbe war es die Genossenschaftsbewegung, die immer mehr Anklang fand, unter deren Organisationsformen sich die Branntweinproduzenten zusammenschlossen. Aber auch in der Spritindustrie (Rektifikationsanstalten) war man nicht untätig gewesen.

Schon 1897 hatte man in der Generalversammlung des Vereins der Spritfabrikanten Deutschlands einstimmig beschlossen, auf Grund von Vorschlägen, welche in der Versammlung gemacht worden waren, Abhilfsmaßregeln ausarbeiten zu lassen, um durch eine Besserung der Verkaufspreise die schwere Notlage, in der sich die Industrie befand, zu mildern. Es wurde nun eine Kommission gewählt, die davon ausging, daß weder der Weg der Preisvereinbarung noch derjenige der Verkaufsvereinigung zum Ziele führen würde. Man sagte damals, eine Preisvereinbarung bindet die Freiheit des Einzelnen allzusehr, garantiert ihm seinen Besitzstand nicht und ist bei der Verschiedenheit der Qualitäten, bei den täglichen Preisschwankungen und den lokal unterschiedlichen Abnahmebedingungen kaum durchführbar. Einer Verkaufsvereinigung mit einheitlicher Leitung hafteten dagegen nach Meinung der Kommission diese Mängel nicht an, sie böte neben besserer Verwertung des Produktes auch erhebliche Ersparung von Absatzkosten. Doch fürchtete man von vielen Seiten zu sehr die Beschränkung oder Aufgabe der Selbständigkeit und darum schien ein Zustandekommen auch auf dieser Basis vorläufig ebenfalls ausgeschlossen. Die Vorschläge, welche den Spritfabriken unterbreitet wurden, beruhten auf der Kontingentierung der Fabriken. Im Prinzipe sollte jede Spritfabrik bezüglich ihrer Kundschaft, ihrer Verkaufspreise und Verkaufsbedingungen selbständig und unabhängig bleiben. Auch die Höhe des Absatzes sollte keine Beschränkung finden. Die Wirkung einer Erhöhung der Verkaufspreise wollte man erzielen durch Festsetzung einer Abgabe pro Hektoliter reinen Alkohols, falls und soweit eine gewisse Grenze der Produktion (das sog. Kontingent), welche für jede Fabrik einzeln festgesetzt wird, überschritten sei. Man unterschied dabei zwischen einem vorläufigen und einem definitiven Kontingent. Die vorläufige Kontingentziffer soll für alle Fabriken zusammengenommen gleich dem Gesamtabsatz sämtlicher beteiligter Fabriken an gereinigtem Branntwein sein (für die Periode (1892/93). Die definitive Kontingentsziffer der Gesamtheit der Fabriken sollte 10 % weniger betragen als ihr Absatz im letzten Jahre (1892/93). Man hoffte, durch diese Produktionsbeschränkung eine Steigerung des Rektifikationsnutzens (Rektifikationsprämie) herbeiführen zu können, und dadurch die mißliche Lage der Spritfabriken zu beseitigen. Das Projekt scheiterte. Nun bildeten sich im Laufe der nächsten Jahre und zwar an den verschiedensten Plätzen örtliche Vereinigungen; jedoch erst 1897 entstand eine wirtschaftliche Organisation bedeutenderer Natur. Es war dies die Verkaufsstelle deutscher Spritfabrikanten in Berlin, die am 1. Oktober 1897 als G. m. b. H. gegründet worden war. Die Errichtung der Verkaufsstelle war, wie wir aus dem vorhergehenden gesehen haben, nicht ohne Gründe erfolgt; hatten doch, gezwungen durch die mißlichen Verhältnisse in den zehn Jahren von 1887 bis 1897 in Leipzig, Magdeburg, Halle, Köthen und Kottbus allein 14 Spritfabriken ihren Betrieb eingestellt und auch die anderen Fabriken mußten, wenn sie nicht spekulieren wollten, mit Verlust arbeiten, da bei der damaligen Marktlage im reellen Geschäft nichts zu verdienen war[1]).

Die einleitenden Schritte zur Begründung der Verkaufsstelle gingen von einigen größeren Fabriken Mitteldeutschlands aus, denen sich fast alle mitteldeutschen Firmen, ebenso eine Reihe östlicher Spritfabriken, diese allerdings nur für ihren Absatz nach Mittel-, West- und Süddeutschland, anschlossen. Die Ziele dieser Verkaufsstelle waren Aufbesserung der Rektifikationsprämie durch einen einheitlich organisierten Verkauf und Reorganisation der Börse und zwar so gründlich, daß deren Preise und der Terminhandel das Geschäft zu einem gesicherten machten. Sagte sich doch die Verkaufsstelle mit Recht, daß sie sich entweder von der Börse unabhängig machen müsse, oder diese auf eine starke, gesunde Grundlage zu stellen habe. Die Verkaufsstelle bemühte sich zunächst, das letztere mit umfassenden Mitteln zu erreichen, indem sie der Börse hinreichende Branntweinmengen zur Verfügung stellen wollte, um die Lokonotiz zu reformieren. Man hätte nun annehmen sollen, daß dieses Anerbieten, das für beide Teile als günstig anzusehen war, von Seiten der Börse mit Freuden begrüßt worden wäre, da es einen Zuwachs von Geschäften und Verkehr bedeutete. Allein die maßgebenden Berliner Börsenkreise lehnten das Angebot der Verkaufsstelle ab. Die Gründe hierfür hat man erst fast 10 Jahre später erfahren. Man sah in der Verkaufsstelle das zukünftige Syndikat, man glaubte nicht, daß dieses es ehrlich meine, man fürchtete, daß es den Großhandel ausschalten und die Händler immer mehr verdrängen würde; schließlich hoffte man, daß die Börse die Zeit der Prüfung überstehen würde, und die Verkaufsstelle binnen Kurzem zusammenbrechen werde. Man kann heute behaupten, daß dieses Mißtrauen gegen die zur Verkaufsstelle vereinigten Spritfabriken der Börse den Untergang bereitet hat. Die Boykottierung der

---

[1]) Geschäftsführer der Zentrale für Spiritusverwertung Untucht-Berlin, anläßlich der Kartell-Enquête.

Verkaufsstelle, die statt einer Annäherung einsetzte, die mannigfachen Schwierigkeiten, die man ihr bereitete, die Angriffe und Verdächtigungen, mit der man ihr zu schaden suchte, sollten ihren Leitern den Börsenverkehr persönlich verleiden. Aber gerade das Gegenteil dessen, was damit bezweckt worden war, wurde erreicht. Der abgewiesene Alliierte entwickelte sich zum grimmigsten Feind und er ruhte nicht eher, bis das Schicksal seiner Gegnerin, der Börse, besiegelt war.

Die Verkaufsstelle deutscher Spritfabriken war in ihrer Stärke von den sie bekämpfenden Börsenkreisen unterschätzt worden. Sie war stark genug, um sich selbst zu helfen. Wollte die für Deutschland allein maßgebende Berliner Börse die Spritfabriken von der Preisbestimmung verdrängen, ähnlich wie dies schon mit den Brennereien der Fall war, sollte nur noch der Handel maßgebend sein, so war nichts naheliegender und nichts natürlicher, als daß Spiritusproduktionsgewerbe und Spiritusrektifikationsgewerbe sich vereinigten.

Der scharfe Wettbewerb der Reinigungsanstalten unter einander, beim Mangel eines einigermaßen auskömmlichen Rektifikationsnutzens — das Versagen der Berliner Börse — die Gefahr der Überproduktion an Rohspiritus — der Wunsch, eine breitere Basis für den Absatz an technisch verwertbarem Spiritus zu finden, führten nunmehr zum Zusammenschluß der gesamten Spiritusindustrie. Anfang 1899 setzten die Vorverhandlungen ein, die mit dem Hauptvertrage vom 29. März 1899 das heutige Syndikat schufen. Statt der in den Vorverhandlungen geforderten Mindestmenge für den Zusammenschluß von zirka 80 Mill. Liter waren um diese Zeit bereits 135 Mill. Liter Brennereikontingent syndiziert, denen noch einige 30 Mill. Liter folgten. Diesen Brennereien, welche im Verwertungsverband Deutscher Spiritusfabrikanten vereinigt sind, steht die Vereinigung der Spritfabriken, die Zentrale für Spiritusverwertung, gegenüber, die am Tage des Vertragsschlusses 72 Spritfabriken, 1908 100 Gesellschafter mit 107 Fabriken zählt. Beide

Kontrahentenverbände bilden das Spirituskartell. Die vereinigten Interessentenverbände werden in den Schriften und Verhandlungen, die sich mit ihnen befassen, bald als „Kartell", „Syndikat". „Ring" oder einfach als „Zentrale" bezeichnet, in welch letzterem Falle man den Namen der Spritfabrikantengruppe zum Namen beider Gruppen stempelte[1]). Das Syndikat beruht auf einer Art Kommissionsgeschäft, indem nämlich die in der Zentrale für Spiritusverwertung vereinigten Spritfabriken den von den Brennereien erhaltenen Spiritus in deren Auftrag gereinigt oder ungereinigt verwerten. Die Brennereien selbst sind verpflichtet, durch den mit der Zentrale abgeschlossenen, von jedem einzelnen, dem Kartell angehörenden Brenner unterzeichneten Hauptvertrag, den gesamten Rohspiritus, welcher in den ihnen gehörenden oder von ihnen verpachteten Brennereien in der Zeit vom 15. September 1899 bis zum 30. September 1908 erzeugt wird, ausschließlich durch die Zentrale, unter den im Vertrage vereinbarten Bedingungen, verwerten zu lassen. Bei diesem Kommissionsgeschäft ist der Beauftragte, nämlich die Spiritusfabrikantengruppe verpflichtet, für alle technischen und finanziellen Betriebsmittel zu sorgen. In technischer Hinsicht geschieht das dadurch, daß die Rektifikationsanstalten, die Gesellschafter der Zentrale (G. m. b. H.), die in ihrem Besitze befindlichen Läger, Kesselwagen, und Gebinde dem Syndikat zur Verfügung stellen, in finanzieller Beziehung erfolgt das durch das von den Spritfabrikanten aufgebrachte Stammkapital von 7527000 Mk., das übrigens nur mit 25 % eingezahlt ist. Der einzelne Brenner kann direkt mit der Spritfabrik verkehren oder die Regulierung des Verkehrs durch einen Händler oder eine Genossenschaft besorgen lassen. Die oberste Geschäftsleitung beider Gruppen ist der Gesamtausschuß, der sich aus dem Brennerausschuß und Aufsichtsrat zusammensetzt.

---

[1]) Wir werden auf die Frage, ob sich die vereinigten Spiritusinteressenten als Kartell, Ring usw. charakterisieren und ähnliche theoretische Erwägungen an späterer Stelle zurückkommen.

Der Brennerausschuß ist siebengliedrig und wird vom Hauptvorstand gewählt. Die Mitglieder des Verwertungsverbandes (die Brennereien) sind nämlich in 11, geographisch den Sektionen der früheren Brennerei-Berufsgenossenschaft angepaßte Abteilungen gegliedert; die Vorstände dieser Abteilungen bilden den Hauptvorstand. Der Aufsichtsrat vertritt die Spritfabriken, er ist achtgliedrig und wird in der Generalversammlung der Gesellschafter der Zentrale für Spiritusverwertung von diesen gewählt. Der Gesamtausschuß trifft über Ein- und Verkauf, sowie über Verwertung und Preis der Ware Bestimmungen. Als beratendes Organ ist dem Gesamtausschuß für die Regelung der Verkaufspreise aus dem Kreise der Abnehmer (Großdestillateure, Likörfabrikanten, Essigfabrikanten, chemische Fabriken etc.) ein Beirat zugeordnet, der das Syndikat auch über Wünsche und Bedürfnisse der Abnehmer unterrichten soll. Die Kontrolle der Spritfabriken wird von den Brennern durch ein besonderes Organ, die Prüfungsstelle, ausgeübt.

Die Folgen der Zentralisierung zeigten sich am deutlichsten an der Berliner Börse. Schon im ersten Geschäftsjahre der Zentrale für Spiritusverwertung wurden in der Zeit vom 15. Oktober 1899 bis zum 30. September 1900 an 291 Börsentagen annähernd 2144000 l oder für jeden Börsentag etwa 7400 l umgesetzt. während die Zentrale im Laufe des Jahres 1899/1900 im Durchschnitt täglich etwa 900000 l effektiv abgesetzt hat, so daß der Börsenverkehr noch nicht 1 % der durch die Zentrale verkauften Quantitäten ausmachte.

Die Börse[1]) verlor ihren Einfluß immer mehr; es gab in späteren Jahren Wochen, in denen überhaupt keine Börsennotiz zustande kam und die an der Börse Handelnden waren immer wieder dieselben 5 oder 6 Verkäufer, denen

[1]) Am 17. Januar 1900 verschwand die amtliche Notierung für Spiritus durch ein Verbot des Oberpräsidenten der Provinz Brandenburg, der auf Antrag der Landwirtschaftskammer dieser Provinz die Feststellung durch vereidigte Makler aufhob, seitdem wird die Notierung durch private Makler vorgenommen.

annähernd dieselbe Zahl der Käufer gegenüber stand. Man handelt heute, wenn man dem „Ring" angehört, nach dessen Preisen und auch wer Outsider ist, richtet sich nach der Kartellnotiz, die er über- resp. unterbietet.

Um den ganzen Einfluß der Zentrale beurteilen zu können, müssen wir ihre Einwirkung auf die einzelnen Glieder des Spiritusgewerbes näher ins Auge fassen. Was zunächst ihre Bedeutung für die Produktionsindustrie anbelangt, so ist folgendes zu sagen. Die Abwicklung des Geschäftes vollzieht sich dergestalt, daß die Zentrale für jeden einzelnen Brenner den Ort bestimmt, nach welchem er den Spiritus zu liefern hat. Bei der Ablieferung erhält die Brennerei den vom Gesamtausschuß vorläufig festgesetzten Abschlagspreis, gewöhnlich innerhalb 3 Tagen nach erfolgter Lieferung. Dieser Abschlagspreis ist vom Gesamtausschuß bis zum 15. November jeden Jahres nach Einholung der Gutachten der Abteilungsvorstände, unter Berücksichtigung des Ergebnisses der Kartoffelernte, der vorhandenen Bestände und der voraussichtlichen Gestaltung des Absatzes im In- und Auslande festzusetzen. Den vollen Preis erhält der Brenner erst am Jahresende nach erfolgter Abrechnung der Zentrale mit dem Verwertungsverbande. Die Abschlagszahlung ist dem Vermittler vom Empfänger der Ware, der diese lombardieren darf, sofort zu vergüten, wenn der Empfänger eine dem Kartell angehörige Spritfabrik ist, anderenfalls leistet die Zentrale die Zahlung. Der Abschlagspreis versteht sich für die Ablieferung des Spiritus in Berlin oder, wie es im Hauptvertrage heißt, für den Paritätsplatz Berlin. Der Spiritus hat nämlich in den verschiedenen Produktionsgebieten nicht den gleichen Wert. In den Gebieten des Produktionsüberschusses ist seine Bewertung geringer, als in den Gebieten, die einer Zufuhr von Ware bedürfen; der Grundsatz, daß man im Norden und Osten Deutschlands im allgemeinen weniger bezahlt, als im Westen und Süden, galt schon vor Begründung des Syndikats, das in der Paritätsplatznotiz das gleiche zum Ausdruck bringt. Der Grundparitätsplatz ist Berlin und die östlich, nordöstlich und nördlich von ihm gelegenen Orte erhalten im allgemeinen ein Untergeld, die in entgegengesetzter Richtung liegenden Plätze genießen dagegen ein Aufgeld; einige mitteldeutsche Städte notieren wie Berlin. Paritätsplätze sind in der Regel Orte, in denen wegen des Bestehens größerer Reinigungsanstalten oder Lagereinrichtungen oder aus allgemeinen Verkehrsrücksichten größere Mengen Spiritus zusammenströmen. Die Fracht von der Brennerei zum Paritätsplatz trägt der Brenner, der dafür auch das Recht hat, sich den Paritätsplatz zu wählen.

Bei einem Abschlagspreis von 36 Mk. Parität Berlin erhält infolge der Paritätsnotiz eine nach Deutsch-Eylau paritierende Brennerei, welches 1,80 Mk. Untergeld hat, nur 34,20 Mk., eine nach Grünwinkel liefernde, das 2,20 Mk. Aufgeld hat, wenn dieses Paritätsplatz der Brennerei: 38,20 Mk., sodaß bei zwei Brennereilieferungen im Osten und Westen eine Preisdifferenz von 4 Mk. verzeichnet werden kann. Diese Differenz stellt allerdings den höchstmöglichen Paritätsunterschied dar.

Nach dieser kurzen Betrachtung der Brennereiabrechnung sei hier folgendes einer Betrachtung der Lage des Brennereigewerbes unter der Herrschaft der Zentrale vorausgeschickt.

Der Kern des ganzen Verwertungsverbandes ist nach der Lage der Brennereientwicklung in Deutschland naturgemäß die Kartoffelbrennerei. Daraus ergibt sich: Wenn wir die Spiritusindustrie, wie sie im Spiritussyndikat verkörpert ist, als eine kartellierte Industrie betrachten, müssen wir uns zuvor klar machen, daß hier nicht rein industrielle Grundsätze zur Geltung kommen, vielmehr ist das landwirtschaftliche Betriebsmoment, die Art und Weise, in welcher der Landwirt wirtschaftet, zu berücksichtigen.

In der Denkschrift der Zentrale für Spiritusverwertung, welche diese über ihre Organisation und Wirksamkeit zur Vorbereitung der kontradiktorischen Verhandlungen im Reichsamt des Innern herausgegeben hat, kommen diese Gedanken zum Ausdruck, wenn es dort heißt: „Das Brennereigewerbe muß deshalb zur Frage einer vertragsmäßigen Umlegung der Erzeugung eine andere Stellung einnehmen als industrieller Betrieb. Der Industrielle kann meist sein Rohmaterial nach Belieben einkaufen und den Umfang seiner Produktion dem Ertrage anpassen. Für den Spiritusproduzenten dagegen muß die Frage der Rentabilität häufig vor der Rücksicht auf den Gesamtbetrieb der Wirtschaft zurücktreten. Ein Vertragsverhältnis, durch welches die feste Verpflichtung zur Lieferung genau bestimmter Mengen übernommen wird, ist für den Industriellen unbedenklich, während es für den Brenner als Regel betrachtet, die größten Schwierigkeiten im Gefolge haben könnte. Aus diesen Gründen hat man bei Abschluß des Hauptvertrages von jeder Produktionsbegrenzung nach oben oder unten abgesehen, und deshalb fehlte es an einer vertragsmäßigen Sicherung gegen eine dauernde Überproduktion. In den ersten beiden Ringjahren zeigte sich eine solche auch nicht notwendig. Im Jahre 1898/99, als dem Jahre vor Entstehung der Zentrale hatte man mit 388 Mill. Liter die größte Erzeugung seit 1887 erreicht. 1899/1900 hielten sich bei einer Minderproduktion von 15 Mill. Liter Erzeugung und Verbrauch im Gleichgewicht. 1900/01 ließ ein vermehrter Absatz ein mäßiges Ansteigen der Bestände ohne Bedenken erscheinen, als mit 1901/02 eine einschneidende Wandlung einsetzte. Am 30. September 1901 war die Brennsteuer abgelaufen und durch einen Zufall (Beschlußunfähigkeit des Reichstages bei Mangel eines Mitgliedes) nicht erneuert worden. Dazu kam nun noch eine äußerst reichliche Kartoffelernte[1]) und ausnahmsweise niedrige Kartoffelpreise. Der Abschlagspreis, der 1900/01 39 Mk. gewesen war, fiel vom 30. September 1901 ab zunächst auf

[1]) Die Kartoffelernte betrug nach Ginsberg a. a. O.

1898	36 730 609	Tonnen
1899	38 486 202	„
1900	40 585 317	„
1901	48 687 361	„
1902	43 462 293	„

35 Mk. und erreichte am 18. November 1901 mit 30 Mk. seinen tiefsten Stand. Trotzdem erzielte die Produktion in diesem Jahre die nie verzeichnete Höhe von 424 Mill. Liter reinen Alkohols. Die Bestände beliefen sich am Ende des Jahres 1902 auf 1 009 826 hl, also nahezu 101 Mill. Liter. Daß unter diesen Umständen von dem Prinzipe der Produktionsfreiheit abgewichen werden mußte, lag auf der Hand, umsomehr, als die niedrigen Preise der Zentrale ohne Wirkung blieben. Man rechnete den Brennern vor, daß, wenn sie statt einer Produktion von 100 % sich mit einer um 18 % eingeschränkten, also nur 82 %igen begnügen würden, sie bei einem Abschlagspreis von 36 Mk. weit besser daran wären, als wenn sie ohne Produktionseinschränkung nur 30 Mk. erhielten. Die Aussichten auf die künftige Gesundung der Geschäftslage und der wirtschaftliche Vorteil einer Produktionsbegrenzung, welcher sich darin ausdrückte, daß eine kleine Erzeugung bei gebessertem Erlös mehr eintrug, als die größte Produktion bei weiter gedrücktem Preise führte dazu, daß der allergrößte Teil des Brennereigewerbes freiwillig sich bereit erklärte, der Produktionseinschränkung beizutreten. Da die Durchführung derselben davon abhängig gemacht wurde, daß mindestens 90 % des Kontingents der landwirtschaftlichen Brennereien ihre Beteiligung zusagte, war eine äußerst intensive Werbetätigkeit notwendig. Wenn nun auch der Vorschlag zur Produktionseinschränkung in seinem Grundgedanken eine überaus lebhafte Zustimmung im Kreise der Interessenten fand, da ja das Projekt sowohl in Hinsicht auf Umfang und Dauer, wie auch auf die vorhergesehene Preiserhöhung durchaus maßvoll gehalten war, so entsprach die günstige Aufnahme anfänglich der praktischen Beteiligung nicht. Es mag sein, daß ein Projekt, das zum ersten Male an das Brennereigewerbe die Anforderung stellte, die Erzeugung der Brennerei schon vor der Ernte zu fixieren, bei den meist sehr konservativen Brennereibesitzern Widerstreben erweckte.

Aus dem Lager der Ringgegner setzte in Süddeutschland eine Gegenagitation ein, während die weitsichtigen norddeutschen Outsider im letzten Stadium der Propaganda durch ein von außenstehenden Brennern gebildetes Komitee unterstützend wirkten. So siegten denn, um mit Ginsberg zu sprechen, zum ersten Male bei der Branntweinproduktion die kaufmännischen Rücksichten über die landwirtschaftlichen, die Produktionsbindung kam zustande. Eine gute Futterernte, welche den Schlempebedarf verringerte, eine ungünstige Kartoffelernte und vorzeitige Fröste erleichterte die Durchführung der Produktionseinschränkung in hohem Maße, und so wurde denn durch das Zusammenwirken der verminderten Erzeugung und einer gesteigerten Ausfuhr das Brennereigewerbe von der schweren Last der übermäßigen Bestände befreit. Die Brennereien erzeugten um 22 Mill. Liter weniger, als sie hätten erzeugen dürfen und so erreichte man Ende September 1903 mit einem Bestand von 30,3 Mill. Liter wieder normale Zustände. Um das regulierende Mittel der Produktionseinschränkung in den Händen zu behalten, wurde diese theoretisch beibehalten, indem man 1903/04 und 1904/05 das Produktionsmaß auf 180 % des fünfjährigen Durchschnitts 1896/97 bis 1900/01 festsetzte. Für 1905/06 war die Grundlage des Produktionsrechts eine 100 % „Fünfjahrdurchschnittsproduktion". Die von der Zentrale gezahlten Preise seit der Produktionsbeschränkung waren nach den vom Kartell gemachten Angaben im allgemeinen sehr günstige für die Brennereien. An ihrer Hand können wir eigentlich erst über die Frage entscheiden, ob das Syndikat dem Brennereigewerbe genützt oder geschadet hat.

Von ringfeindlicher Seite wird bestritten, daß das Brennereigewerbe während der Ringperiode günstigere Resultate erzielt habe. So verfaßte der bekannte Gegner der Spirituszentrale, W i l h e l m K a n t o r o w i c z einen Bericht an Se. Exzellenz den Staatssekretär des Innern, Herrn Grafen von Posadowsky-Wehner, der Berechnungen enthält, welche zu anderen Resultaten führen, als diejenigen sind, welche das Kartell angibt. Unseres Erachtens sind die Berechnungen des Herrn Kantorowicz anfechtbar: Zunächst wird der zehnjährige Durchschnittspreis, der, der Ringaera vorangehenden zehn Börsenjahre ermittelt, indem Kantorowicz einfach das arithmetische Mittel der Preise feststellt, die zu den Preisen abgesetzten Quanten aber unberücksichtigt läßt, ebenso läßt er die Jahre 1887/88 und 1888/89 einfach außer Berechnung, da, wie er sich in den kontradiktorischen Verhandlungen ausdrückte, infolge der Branntweingesetzgebung von 1887 außergewöhnliche Verhältnisse herrschten. Man könnte sich mit dieser Erklärung zufriedengeben, wenn Kantorowicz bei der Durchschnittsberechnung nicht ebenfalls ein Jahr außer acht ließe, in dem ein solch außergewöhnlicher Preis vorhanden war. Bei näherer Betrachtung zeigt sich aber, daß in allen drei Fällen Kantorowicz Zahlen unberücksichtigt läßt, die für die Ringperiode ein günstiges Resultat ergeben hätten, daß er aber z. B. eine Zahl, wie sie sich im Produktionseinschränkungsjahr 1901/02 zu ungunsten der Zentrale ergibt, nicht ausschaltet. Wenn Kantorowicz Maximalzahlen unberücksichtigt ließ, so mußte er, um eine brauchbare Statistik zu gewinnen, unbedingt auch die Minimalzahlen entsprechend behandeln, gleichgültig, ob er dadurch als Folge für die Zentrale günstige oder ungünstige Ergebnisse konstatierte. Kantorowicz kommt durch seine künstliche Rechnung naturgemäß zum gewünschten Resultat, indem er ausrechnet, daß die Brenner früher bedeutend mehr erhalten haben, als seit Bestehen des Kartells. Diesen, wie ausgeführt etwas einseitigen Angaben von Kantorowicz steht eine Berechnung gegenüber, die sich unter den Materialien befindet, welche die Direktoren der Zentrale, Max Bourzutschky und Richard Untucht anläßlich der kontradiktorischen Verhandlungen der Regierung vorlegten und die unseres Erachtens weit mehr Anspruch auf Objektivität machen kann.

Die Berechnungen ergeben folgende Resultate:

a) 12jähriger Durchschnitt der Rohspirituserlöse vor der Begründung der Zentrale und Durchschnitt der ersten 5 Zentraljahre:

Vor der Zentrale	36,57 Mk.
seit „ „	38,56 „
unter der Zentrale mehr .	1,99 Mk.

b) 6jähriger Durchschnitt vor der Begründung der Zentrale und Durchschnitt der ersten 5 Zentraljahre:

Vor der Zentrale	35,80 Mk,
seit „ „	38,56 „
unter der Zentrale mehr .	2,76 Mk.

c) 12jähriger Durchschnitt vor der Begründung der Zentrale und Durchschnitt der bisherigen 6 Zentraljahre:

Vor der Zentrale	36,57 Mk.
seit „ „	41,04 „
unter der Zentrale mehr .	4,47 Mk.

d) 6jähriger Durchschnitt vor der Begründung der Zentrale und Durchschnitt der bisherigen 6 Zentraljahre:

Vor der Zentrale	35,20 Mk.
seit „ „	41,04 „
unter der Zentrale mehr .	5,24 Mk.

Aus diesen Ziffern geht deutlich hervor, daß die Syndizierung den Brennereien materielle Vorteile gebracht hat[1]). Man hat nun oft eingewandt, daß die dem „Ring“ nicht angeschlossenen Branntweinbrenner bessere Preise erzielten, als die angeschlossenen. Wie war dies möglich? Sehr einfach! Die außenstehenden Spritfabrikanten mußten, um überhaupt Rohspiritus zu erhalten, mindestens den Zentralepreis, meist aber mehr bezahlen, sodaß sich für diese folgende Preisformel ergab: Preis = c (unbekannter Zentralepreis, da erst am Ende des Jahres festgestellt) + Ü (bekanntes Übergeld, das der Spritfabrikant zahlt, um über-

[1]) Heute — Ende August 1908 —, wo ich diese vor fast zwei Jahren niedergeschriebenen Partien meiner Arbeit nochmals durchsehe, besteht wohl kein Zweifel mehr, daß die Brennereien während der Ringperiode sehr günstige Resultate erzielt haben.

haupt Ware zu erhalten; selten über eine Mark). Diesen Überpreis konnte der Rektifikateur auch bezahlen, da er ja nicht die Unkosten hatte, welche der Zentrale durch die komplizierte Geschäftsführung, insbesondere aber durch die kostspielige Propaganda für den technischen Spiritus entstanden. Die Politik der außenstehenden Brennereien ist kurzsichtig zu nennen, denn der nicht im „Kartell" befindliche Rektifikateur, der ihre Ware zu höheren Preisen (C + Ü) als die „Zentrale" abnahm, hat auf den preisbildenden Faktor C ja fast keinen Einfluß. Wären aber sämtliche Brennereien im Kartell, so ließe sich ein Preis C^1 erzielen, der mindestens so hoch oder höher als C + Ü wäre.

Wenden wir uns nun den Rektifikationsbetrieben zu, um auch hier die Wirkungen des Kartells zn verfolgen.

Die Spritfabriken sind bekanntlich in der Zentrale für Spiritusverwertung G. m. b. H. vereinigt und haben sich verpflichtet:

1. Während der Dauer des Vertrages mit den Brennern auf den Handel mit Rohspiritus zu verzichten, bei Vermeidung einer Konventionalstrafe von 10 Mk. pro Hektoliter.

2. Bei Vermeidung einer Konventionalstrafe in der doppelten Höhe der von ihnen gemachten Stammeinlagen ihre Etablissements weder zu veräußern, noch zu verpachten.

3. Bei Vermeidung einer Konventionalstrafe von 300000 Mk., im Zuwiderhandlungsfalle, weder einem ähnlichen Unternehmen in Deutschland beizutreten, noch sich direkt oder indirekt daran zu beteiligen.

4. Bei Aufnahme neuer Gesellschaften, bei einer Konventionalstrafe von ebenfalls 300000 Mk., den Brennereiausschuß zu befragen.

5. Den gesamten, von den Brennern abzuliefernden Rohspiritus zu übernehmen, bei der Rektifikation und dem Verschleiß im Interesse der Brenner die Sorgfalt eines ordentlichen Kaufmannes anzuwenden.

Diese im § 11 des Hauptvertrages wiedergegebenen

Pflichten der Gesellschafter finden im § 12 ihre Ergänzung, der die besonderen Pflichten der Spritfabriken behandelt.

Diese sind:

1. Haftung gegenüber der Steuerbehörde für die Verbrauchsabgaben,
2. Rollspesen, Entleerungsunkosten, Gleisspesen usw.,
3. Reinigungs- und Schwundkosten,
4. Feuerversicherung und Verkaufsverluste.

Die Gesellschafter-Spritfabriken haben ferner für das Betriebskapital und die Handlungsunkosten aufzukommen. Die Vergütung der Spritfabriken ist nun folgende: Der aus dem gesamten Absatz auf Grund der vom Gesamtausschuß bestimmten Preise erzielte Erlös wird zunächst um die Syndikatslasten gekürzt. Es verbleibt sodann eine Summe, welche wie folgt verteilt wird. Man berechnet zunächst den Jahresdurchschnittserlös, den die Brenner erhalten. Von diesem Jahresdurchschnittserlös wird die Reinigungsprämie der Spritfabriken auf folgende Weise berechnet:

Wenn der Jahresdurchschnitt pro Hektol. reinen Alkohols beträgt:	so hat die Reinigungsprämie der Spritfabrikation zu betragen: Prozentsatz des Jahresdurchschnittserlöses:	oder in fester Summe:
bis 34 Mk.	7,5 %	bis 2,55 Mk.
34,01—36 Mk.	8,0 „	2,72—2,88 Mk.
36,01—39 „	8,3 „	2,99—3,24 „
39,01—42 „	8,8 „	3,43—3,70 „
42,01—45 „	9,3 „	3,91—4,18 „
45,01—x „	9,6 „	4,32—4,80 „

Die schon öfters zitierte Denkschrift der Zentrale für Spiritusverwertung erläutert die Prinzipien, welche bei der Festsetzung dieser Ziffern, resp. des Anteilverhältnisses zwischen Brennergruppe und Spritfabrikantengruppe durchgeführt wurden. Die Spritfabrikanten sollen an Preisen, die für die Brennereien günstig sind, Interesse haben und darum die aufsteigende Prozentskala, andererseits soll ihnen aber auch die größere Absatzmöglichkeit wünschenswert erscheinen und deshalb hat man ihnen das Interesse an den

Absatz gefährdenden Preisen genommen, indem man im Hauptvertrag festlegte, daß die Höchstprämie von 4,80 Mk. per Hektoliter nicht überschritten werden dürfte. Jede Spritfabrik hat ein sogenanntes Reinigungskontingent, das bei Beginn des Syndikats nach Maßgabe des in den letzten Jahren erfolgten Absatzes an gereinigter Ware festgesetzt wurde. Die Spritfabrik soll dieses Kontingent, wenn möglich direkt in ihrem Verkaufsrayon absetzen, was selbstverständlich Frachtersparnisse mit sich bringt. Der Abrechnungsverkehr zwischen den Spritfabriken und der Zentrale ist ein sehr komplizierter. Erstere müssen täglich Abrechnungen (sog. Nachweisungen) aufgeben, über das, was sie an rektifiziertem und unrektifiziertem Spiritus erhalten und verkauft haben, was bei ihnen denaturiert wurde usw. Diese Berechnungen gehen nach Berlin, wo von der Zentrale ein großes Abrechnungsbureau errichtet worden ist, dem auch das Recht zusteht, die Fabriken und deren Bücher zu kontrollieren. Die von der Zentrale für Spiritusverwertung gezahlten Reinigungsprämien[1]) waren im allgemeinen recht günstige für die dem Syndikat angehörenden Fabriken. Sie beliefen sich im Durchschnitt der ersten 7 Jahre pro Hektoliter auf 4,02 Mk. für Betriebe von mehr als 1 500 000 l, auf 4,22 Mk. für solche von 1 000 000 bis 1 500 000 l, stellte sich auf 4,32 Mk. für Betriebe mit 600 000—1 000 000 und auf 4,82 Mk. für alle kleineren Betriebe.

Kantorowicz schreibt in seiner schon mehrfach erwähnten Denkschrift über die Spiritusindustrie und deren Lage während der Ringperiode folgendes: „Die geschäftlichen Resultate, welche die in Privathänden befindlichen Spritfabriken in der Ringära erzielt haben, entziehen sich naturgemäß der öffentlichen Kenntnis. Man wird indessen berechtigt sein, aus den veröffentlichten Bilanzen der Aktiengesellschaften dieser Industrie kongruente Rückschlüsse auf

[1]) Vgl. Anhang Tabelle XIV. Die Prämien von 1906/07 und 1907/08 gehen über diesen Durchschnitt sogar hinaus.

die Prosperität der gesamten Industrie zu ziehen, wobei allerdings zu berücksichtigen ist, daß die großen Etablissements mit Lagereinrichtungen erheblich besser als die kleinen Fabriken gestellt sind.“ Kantorowicz führt nun folgende Fabriken und die von diesen während der Kartellzeit gezahlten Dividenden an, welche wir hier in einer zusammenfassenden Tabelle wiedergeben [1]).

Im Jahre zahlten Dividende in Prozent	Norddeutsche Spritwerke, Hamburg	Posener Spritaktiengesellschaft Posen	Ges. vorm. G. Sinner Grünwinkel	Breslauer Spritfabrik Breslau	Nordhäuser Spritfabrik Leissner & Ca.
1899/00	8 %	12 %	15 %	12 %	10 %
1900/01	8 „	12 „	18 „ [2])	12 „	12 „
1901/02	8 „	12 „	12 „	12 „	15 „
1902/03	8 „	14 „	12 „	14 „	15 „
1903/04	10 „	16 „	15 „	15 „	15 „
1904/05	10 „	18 „	15 „	15 „	15 „
Durchschnitt	8,65 %	**14 %**	**13,7 %**	**13,3 %**	**13,7 %**
Vor der Ringära:	Arbeitete mit Verlusten und sanierte mit der Ringgründung.	zahlte im Durchschnitt 1891/92—1895/96 7 %, 1896/97—1898/99, wo sie dem ostdeutschen Kartell angehörte: 10 %.	Da auch Brauerei nicht ohne weiteres vergleichbar.	$8^{1}/_{3}$ % $8^{1}/_{3}$ % 10 % 10 %	Hat in den letzten Jahren vor Begründung der Zentrale keine Dividende gezahlt.

Man kann auf Grund dieser Ziffern wohl behaupten, daß die am Syndikat beteiligten Reinigungsanstalten in finanzieller Hinsicht recht gute Erfolge erzielt haben. Sehr wertvoll für diese Fabriken sind aber folgende Tatsachen. Vor Beginn des Kartells waren die Fabriken stets in Gefahr, infolge der Börsenpreisschwankungen mehr oder minder namhafte Verlnste zu erleiden; heute ist dies ausgeschlossen, da die einzelne Fabrik kein Preisrisiko zu tragen hat. Auch die Sorge, genügend Rohware zu erhalten, fällt heute vollkommen fort, während sie vor 1899 eine große Rolle spielte.

---

[1]) Vgl. ferner das im Anhang wiedergegebene umfangreiche Material (Tabelle XII ff.).

[2]) Für 16 Monate. (Im Anhang ausführlicher behandelt).

Die Zahl der Spritfabriken, die dem Kartell nicht angehören, beträgt 30, jedoch handelt es sich in der Mehrzahl um kleine Betriebe im Umfang von je ca. ½ Million Liter Spritkontingent; größere, außenstehende Fabriken finden sich nur in Dresden, Berlin, Tornesch, Peine und München. Der Umfang dieser außenstehenden Betriebe beträgt ungefähr 10 % der dem Syndikat angeschlossenen [1]). Die größten der ringfreien Fabriken entstanden erst mit der Gründung der Zentrale und zwar auf Veranlassung von ringfreien Brennereien und Großdestillateuren. Es war dies die Ostdeutsche Spritfabrik und die Berliner Spritfabrik. Letztere wurde durch ein geschicktes Aktienmanöver der Zentrale resp. eines ihr befreundeten Bankhauses ganz unter die Kontrolle des Rings gebracht und schließlich vollständig lahm gelegt. — „Der anschauliche Beweis von der Zweckmäßigkeit“ des Kartells, der anläßlich der Produktionseinschränkung erbracht wurde, entfachte nicht nur in Brennerkreisen aufs neue die Neigung und das Bedürfnis für den Beitritt, sondern auch bei den außenstehenden Spritfabriken übte er seine Wirkung aus. Die „Zentrale“ schreibt hierüber in ihrem Jahresbericht für das Geschäftsjahr 1902/03 folgendes: „Ebenso deutlich äußert sich der Erfolg bei der Mehrzahl derjenigen Spritfabriken, die bis dahin ihre Vorteile im Wettbewerb mit unserm Unternehmen gesucht hatten. Man mußte sich in diesen Kreisen darauf vorbereiten, daß der Einkauf von Spiritus, der schon bisher und selbst in den Zeiten der Überproduktion nur mit unverhältnismäßig hohem Aufgeld durchzuführen war, sich noch schwieriger und teurer gestalten würde, sobald die Brennereien sich erst an eine festere Begrenzung ihrer Erzeugung gewöhnt hätten. Gegen eine derartige Verschärfung der Geschäftslage bot sich der wirksamste Schutz in einer Anlehnung an unser Unternehmen. Ein Teil der Spritfabriken trat unmittelbar der Zentrale für Spiritusverwer-

---

[1]) Diese Angaben beziehen sich für die Zeit vor dem 1. Oktober 1908. Nach diesem Zeitpunkt sind, wenn auch nicht sehr wesentliche, Veränderungen eingetreten.

tung als Gesellschafter bei. Mit anderen Fabriken, die sich zu einer bestimmten Bindung ihrer Spritproduktion verpflichteten, wurde ein dauerndes, auf vertraglicher Grundlage beruhendes Einvernehmen erzielt.“ Die Folgen dieser Verständigung charakterisiert der Jahresbericht in einem weiteren Absatz, in welchem es heißt: „Damit entfiel für die außerhalb unseres Unternehmens verbleibenden Interessenten die Veranlassung außenstehenden Spiritus mit so hohen Aufgeldern wie in den Vorjahren zu bezahlen. Umgekehrt minderte sich mit dem verringerten Aufschlage für außenstehende Brennereien der Reiz, dem Verwertungsverbande fern zu bleiben. So wurde unter der Wechselwirkung der zurückgehenden Nachfrage und des nachlassenden Angebots am offenen Markt der Anschluß von Produzenten, wie von Spritfabriken an unser Unternehmen außerordentlich begünstigt.“

Nach den hier vorgeführten Tatsachen können wir behaupten, daß die beiden Interessentengruppen, die das Kartell bilden, mit dessen Wirkungen zufrieden sein können; die Vollständigkeit aber verlangt es, daß wir die Einwirkung des Kartells auf die noch nicht behandelten Teile der Spiritusindustrie beleuchten.

Bevor wir nun zum Verhältnis zwischen den Konsumtionsbetrieben und dem Kartell übergehen, müssen wir uns mit der Stellung des Kartells zu den von ihm beschäftigten und abhängigen Arbeitskräften und zur Stellung des Syndikats zu den sogenannten Spiritushändlern befassen.

Die erstere Frage: „Hat das Kartell auf die Arbeiter und Lohnverhältnisse der syndizierten Betriebe Einfluß gehabt?“ wurde als Punkt IX in der Kartellenquete behandelt. Die Antwort ist, soweit sie Fabrikarbeiter usw. betrifft, einfach zu verneinen. Es hängt dies wohl mit der Tatsache, daß man im Spiritusgewerbe nur einiger wenig qualifizierter Arbeitskräfte bedarf, zusammen. Etwas anders liegen die Verhältnisse mit dem kaufmännischen Personal. Die Errichtung des Zentralbureaus in Berlin erforderte 3—400 kaufmännische Beamte, die mit der Arbeit wenigstens einigermaßen vertraut sein sollten. Diese wurden größtenteils von den angeschlossenen Spritfabriken abgegeben. Für letztere trat teilweise eine Ersparnis an Reisenden, Agenten usw. ein, da das Syndikat einen großen Teil dieser Sorte von Arbeitskräften überflüssig machte. Andererseits benötigten die Fabriken nun Angestellte, die mit der Abrechnung, wie sie zwischen der Zentrale und den Gesellschaftern erfolgte, vertraut waren. Da diese Abrechnung eine ziemlich komplizierte ist, so entwickelte sich bald eine Kategorie von Bureaubeamten, die als besonders qualifiziert galt und anderen Kräften vorgezogen wurde [1]). Für ihr großes Personal hat die Zentrale eine Reihe von Fürsorgeeinrichtungen getroffen. So wurde den Angestellten in den Wintermonaten meist ein Frühstück gratis gereicht, welches aus einer warmen Fleischspeise bestand. Die Arbeitsräume entsprechen vollkommen allen sanitären Anforderungen, die Arbeitszeit beträgt acht Stunden, die Urlaubsverhältnisse sind günstig. Am 1. Oktober 1904 schließlich hat die Zentrale eine Fürsorgeeinrichtung ins Leben gerufen, welche in fast allen Fällen, die nicht unter § 63 des Handelsgesetzbuches, resp. der Kranken- und Unfallversicherungsgesetze fallen, in Geltung tritt. Speziell hat sie den Zweck, eine Versorgung für Arbeitsunfähigkeit, infolge von Invalidität oder Alter, zu schaffen und den Hinterbliebenen für den Fall des Todes ihres Ernährers zu helfen. An dieser Versicherung, welche sich als Invaliditäts-, Alters- und Hinterbliebenenfürsorge charakterisiert, können auch versicherungstechnisch „nicht einwandsfreie Angestellte" gegen Zuschlagsprämie teilnehmen. Für diejenigen Angestellten, welche an der Versicherung nicht teilnehmen können, wurde eine Spareinrichtung geschaffen. Die Zentrale selbst hat sich verpflichtet, bis zum 30. September 1908 zu dieser Einrichtung 540 000 Mk. zuzusteuern. Während die Einrichtungen der

[1]) Man lese nur den Inseratenteil der Fachzeitschriften der Spiritusindustrie, hier werden wiederholt Angestellte die „mit der Abrechnung der Zentrale vertraut sind" gesucht.

Zentrale sich nur auf deren Beamte erstrecken und von diesen Zuschüsse erheischen, haben verschiedene Gesellschaftsspritfabriken Institutionen ähnlicher Natur getroffen, bei welchen jedoch die Arbeiter (nicht immer auch die Beamten) Beitragsbefreiung genießen[1]). Von Klagen, daß seit Entstehung der Zentrale die Lage der Beamten oder Arbeiter in der Spiritusindustrie schlechter geworden sei, ist dem Verfasser nichts bekannt.

Wenn man im Spiritusgewerbe von den „Spiritushändlern“ spricht, so meint man im allgemeinen nicht diejenige Gruppe von Personen, welche den denaturierten oder rektifizierten Spiritus weiter veräußert, sondern vielmehr jene Zwischenpersonen, welche zwischen Brennerei und Spritfabrik vermitteln. Ein Teil dieses Zwischenhandels, der vor Entstehung der „Zentrale“ in Blüte war, hat mit ihrer Bildung seine Bedeutung verloren. Es sind dies jene Händler, deren Hauptaufgabe die Börsengeschäfte waren. Als verteuernde Faktoren konnte man mit dem Entstehen des Kartells Makler, Händler und Kommissionäre, die nicht in direktem Verkehr mit den Produzenten standen, als vollkommen überflüssig ausschalten.

Eine andere Sorte von Händlern sind jene, welche die direkte Vermittlung des Rohspiritus zwischen Brennerei und Spritfabrik bewirken. Es sind dies zirka 200 Personen, welche eine einheitliche Organisation nicht bilden, sondern vielmehr einzeln mit der Zentrale kontrahiert haben. Die Bedeutung dieser Gruppe von Zwischenpersonen ist eine untergeordnete; sie haben der Brennerei die Fässer zu stellen, eventl. Vorschüsse zu geben und zu sorgen, daß der Spiritus dahin weitergeht, wo die Zentrale die Ware hindisponiert. Die Vergütungen, welche diese Händler erhalten, sind geringe, sie belaufen sich auf 30—40 Pfg. per Hektoliter[2]). Ein großer Teil dieser Händler würde nach

[1]) Vergleiche hierüber den Anhang.

[2]) Wie ich einem Aufsatze des Berliner Tageblattes entnehme, sind allerdings auch Ausnahmen gemacht worden, z. B. erhielten drei Berliner Großfirmen 60 Pfg. pro Hektoliter für Vermittlung von

den Ausführungen von Kantorowicz auf die Tätigkeit für die Zentrale verzichten, wenn nicht die anderen Beziehungen zu den Produzenten [1]) sie nötigen würden, auch das Spiritusgeschäft weiter zu betreiben.

Da es im Wesen der Kartellbildung liegen muß, unproduktive Zwischenglieder auszuschalten, so kann man es der Zentrale nicht verdenken, wenn sie die Machtstellung dieser Zwischenhändler gebrochen hat und ihnen heute eine untergeordnete Stellung zuweist; vielleicht ist ihre gänzliche Ausschaltung nur noch eine Frage der Zeit.

Wir haben gesehen, daß Rektifikationsgewerbe und Produktionsgewerbe in der Spiritusindustrie sich vereinigt haben, um wirtschaftlich bessere Resultate zu erzielen. Der dritte Faktor des Spiritusgewerbes jedoch, die Konsumtionsindustrie, war uneinig geblieben und mußte wohl in diesem Zustand ausharren, da Zahl und Verschiedenheit der Betriebe eine Einigung fast unmöglich machen dürfte.

Die am 8., 9. und 10. Februar 1906 stattgefundenen kontradiktorischen Verhandlungen über die Verbände in der deutschen Spiritusindustrie haben sich in eingehendster Weise mit der Einwirkung der „Zentrale“ auf Industrie und Handel befaßt. Die Verhandlungsprotokolle mit den verschiedenen Denkschriften der einzelnen Interessentengruppen bilden ein ebenso interessantes, wie umfangreiches Material für die Behandlungen des vorliegenden Abschnittes.

Es würde weit über den Rahmen dieser Arbeit hinausgehen, wenn wir im weiteren Verlauf dieser Studie, wie dies anläßlich der Kartellenquete der Fall gewesen ist, die einzelnen relativ oft unbedeutenden Konsumtionsgewerbe eingehend behandeln wollten.

Wir können hier vielmehr nur in großen Zügen uns die Prinzipien vor Augen führen, von welchen die Zentrale bei der Regelung des Absatzes ausging.

---

ca. 30 Millionen Liter Spiritus pro Jahr. Handelszeitung des Berliner Tageblattes vom 18. April 1897, Nr. 195.

[1]) Es sind meist Getreidegroßhändlerfirmen und ähnliche Geschäfte, die als Nebenzweig den Spiritushandel betreiben.

Der Absatz, das muß vorweg bemerkt werden, scheidet sich in vier Hauptgruppen von Verwendungsarten. Diese sind:

1. Trinkverbrauch;
2. Verbrauch an unvollständig denaturiertem Branntwein.
3. Verbrauch an vollständig denaturiertem Branntwein:
4. Export.

Die Tendenzen, von welchen sich die Zentrale leiten ließ, waren nun folgende:

1. Die Zentrale wollte sich den auf ethischem Gebiete liegenden Bestrebungen zur Minderung des Branntweinkonsums nicht entgegenstellen und enthielt sich darum jeden Einflusses, der den Trinkverbrauch hätte fördern können.

2. Beim Verbrauch von unvollständig denaturiertem Branntwein handelt es sich bekanntlich um eine ganze Reihe von Industrien, bei welchen mit Ausnahme der Essigindustrie, von der Preisgestaltung der Spiritus wenig abhängt. Wie die Zentrale in ihrer Denkschrift berichtet, hat sie „einer Reihe von chemischen Fabriken wesentliche Preisermäßigungen für die Branntweinbezüge zu Ausfuhrfabrikaten in solchen Jahren gewährt, in denen eine Entlastung des inländischen Branntweinmarktes durch Ausfuhr angezeigt erschien". Die Gärungsessigindustrie hat die Zentrale nach Kräften zu unterstützen versucht.

3. Auf dem Gebiete der Brennspiritusindustrie hat die Zentrale die wesentlichste und die einzig bedeutende Absatzmöglichkeit noch weiterer größerer Quanten erblickt und darum gesorgt,

a) daß eine gleichmäßige gute Ware zu billigen stabilen Preisen vorhanden ist;
b) daß der letzte Konsument, unbeschadet eines angemessenen Zwischengewinns, für den Handel die billigen Preise der Zentrale genießt;
c) daß auf dem Gebiete der Spiritusapparatindustrie die Technik sich bemüht, durch geeignete Apparate die Verwendung und die Absatzmöglichkeit von Spiritus immer weiter zu heben, und somit eine

Steigerung des Konsums für die Verwendung zu Heiz-, Koch-, Leucht- und Kraftzwecken herbeiführt.

4. Der Export wird von der Zentrale nur insoweit forciert, als der Absatz auf dem Gebiete der Verwendung des Spiritus zu technischen Zwecken nicht imstande ist, etwaige Überschüsse der Produktion aufzunehmen, da die Zentrale kein Interesse hat, zu unlohnenden Preisen das Ausland zu versorgen.

Die Preispolitik der Zentrale, welche die Durchführung dieser Tendenzen ermöglichen sollte, verlangte nun zeitweise, um die Brennspirituspreise auch in ungünstigeren Erntezeiten usw. niederzuhalten, eine Preisfestsetzung nach dem Differenzierungsprinzipe, indem nämlich der Brennspiritus billiger verkauft wurde, als seine Produktionskosten es erlaubten und dagegen zum Ausgleiche der Trinkspiritus höher gehalten wurde. Die Zentrale konnte selbstverständlich dieses Verfahren nur dann durchführen, wenn sie sicher war, nicht ausgenützt zu werden, denn die außerhalb des Ringes befindlichen Spritfabriken verzichteten gern auf den in Zeiten hoher Spirituspreise verlustbringenden Verkauf von denaturiertem Spiritus zu den Zentralepreisen. Es kam nun vor, daß die Großdestillateure, Likörfabrikanten, Spiritusgrossisten usw. den billigen Brennspiritus von der Zentrale kauften, den Trinkspiritus aber von den Outsidern eindeckten, welche den Brennspiritusverkauf vermeidend, in der Lage waren, Trinkspiritus billiger zu liefern als die Zentrale. Ja, diese Outsider bezogen teils, weil sie Bedarf hatten, teils weil sie die Zentrale schädigen wollten, solchen vom „Ring" künstlich niedrig gehaltenen Brennspiritus häufig unter irgend einer Deckflagge vom Kartell, resp. dessen Abnehmern. Um nun nicht in dieser Weise ausgenützt zu werden, mußten sich die Abnehmer der Zentrale für Spiritusverwertung verpflichten, bis zum Jahre 1908 ihren g e s a m t e n Bedarf an Spiritus aller Art von der Zentrale zu beziehen, welche dafür andererseits ihren Abnehmern einräumte,

1. sie mit genügender Ware jederzeit zu versorgen,

2. keinesfalls höhere Preise zu stellen, als sie solche laut ihrer Preislisten gleichzeitig am Wohnsitze der Handlung bei der Verwendung des Branntweines zu gleichen Zwecken und unter den gleichen Bedingungen ihren regelmäßigen Abnehmern stellt, sowie

3. für die ganze Dauer dieses Vertrages einen Rabatt zu gewähren.

Dieser Rabatt hat den Zweck, die Umsätze anzuspornen. Da die Zentrale in ihrer Preispolitik somit den Absatz als Ganzes ins Auge fassen muß, wäre es eigentlich notwendig, daß die einzelnen Absatzsummanden auf einander Rücksicht nehmen, wenn die Gesamtentwicklung der Industrie eine einigermaßen günstige sein soll. Derartige Rücksichtnahme ist aber in der Tat ausgeschlossen, denn die Vertreter der einzelnen Abnehmerkreise beobachteten immer nur die Nachteile, die sie allenfalls aus einer bestimmten Maßnahme haben, ohne die Berechtigung des Nutzens für die Gesamtindustrie anzuerkennen. Man kann dies vom Standpunkte des Unternehmers aus auch gar nicht verdenken, aber man muß sich unbedingt andererseits den schwierigen Standpunkt der Zentrale ihren Abnehmern gegenüber klar machen, welch letztere ohne Rücksicht auf die anderen Gewerbe, leichten Herzens in der Enquete die ihnen subjektiv am günstigsten erscheinende Preisregelung fordern konnten, während die Zentrale doch allen Abnehmern gegenüber eine gleichmäßige Würdigung ihrer Wünsche, die oft auf Kosten anderer gestellt waren, zu beobachten hatte. Die erste in der Enquete behandelte Industrie war das Gährungsessiggewerbe. Hier war es ein technischer Faktor, der dieses Konsumgewerbe zeitweise der Spiritusindustrie entfremdet, nämlich die Essigessenz, die seit einigen Jahren siegreiche Fortschritte machte.

Der Verband deutscher Essigfabriken wurde bei der Zentrale vorstellig und erbat deren Hilfe für die bedrängte Industrie. Auf Grund dieser Tatsachen ließ sich die Zentrale herbei, für die Verwendung von Branntwein zur Essigbereitung besondere Vergünstigungen zu gewähren. Diese sind in dem sogenannten Essigrabattvertrag enthalten, welchen die meisten Gährungsessigfabriken mit der Zentrale abgeschlossen haben:

In dem Vertrage heißt es:

Der Essigrabatt[1]) (d. h. die oben erwähnten dem Essiggewerbe zugestandenen Spezialvergünstigungen) setzt ein:

a) für den mit Essig und Wasser denaturierten Branntwein, sobald der dem Empfänger gestellte Kaufpreis den Stand von 44 Mk. übersteigt und beträgt 5 Pf. für jede 10 Pf., um welche sich der Preis über 44 Mk. erhebt.

b) für den mit Tiröl zwecks Herstellung von Essig und Bleiweiß und Bleizuckerfabrikation denaturierten Branntwein, sobald der dem Empfänger in Rechnung gestellte Kaufpreis den Stand von 40 Mk. für das Hektoliter reinen Alkohols übersteigt und beträgt 5 Pf. für jede 10 Pf., um welche sich der Preis über 40 Mk. erhebt.

Allerdings wurde der Rabatt davon abhängig gemacht, daß der betreffende Essigfabrikant sich verpflichtete, seinen Bedarf an Spiritus aller Art bis zum 30. September 1908 ausschließlich bei der Zentrale zu decken. Die Essigfabrikanten haben nun anläßlich der kontradiktorischen Verhandlungen diesen Rabatt für ungenügend erklärt und darauf hingewiesen, daß als Wirkungen der hohen Spirituspreise 1903/04 und 1904/05 35—40 Konkurse von Essigfabrikanten zu melden seien. Auch Qualitätsklagen hat die Enquete gezeitigt. Schließlich wurde eine recht „kartelltypische“ Angelegenheit zur Sprache gebracht. Der Bundesrat hatte ab 15. Juli 1901 die Einstellung sämtlicher Brennsteuervergütungen verfügt. Die Zentrale war, wie der stellvertretende Vorsitzende des Verbandes deutscher Essigfabrikanten, Eugen Sternenberg, ausführte, zufolge ihrer genaueren Orientierung in der Lage, eine Vorabfertigung größeren Stils vor Einstellung der Vergütungen durchzuführen, die nach dem Geschäftsbericht von 1900/01 Mengen umfaßte, welche den Bedarf für ein Vierteljahr zu

---

[1]) Kartellenquete S. 561.

decken vermochten. Diese Rückvergütungen in der Höhe von zirka 3 Mill. Mk., welche infolge dieser Maßnahmen größtenteils dem Verwertungsverbande zuflossen, stellen eine Benachteiligung des Exportes und der Essigindustrie dar, die in der brennsteuerlosen Zeit, für welche sie nicht vorgesorgt hatten, leer ausgingen.

Auf alle diese Klagen hat nun der Vertreter der Zentrale zu entgegnen versucht. Dabei zeigt sich die Auffassung, welche die Zentrale vom Essiggewerbe hat, in folgenden Worten: „Herr Sternenberg hat behauptet, die Verarbeitung des Alkohols zu Essig sei sehr erweiterungsfähig. Meine Herren, das bezweifle ich nicht. Es kommt nur darauf an, zu welchen Preisen die Erweiterung herbeizuführen ist. Infolge der Konkurrenz der Essigessenz müßte man, wenn man wirklich den ganzen Verbrauch des Essigs nur durch Alkoholessig decken wollte, sehr niedrige Preise stellen, und ob das alsdann gelingen würde, ist mir am letzten Ende doch noch zweifelhaft, es ist nicht abzusehen, wie alsdann für den essigsauren Kalk, das Rohmaterial für die Essigessenz, die Preise gestellt würden.“ Darin drückt sich wohl der Gedanke aus, daß die Spiritusindustrie nicht immer Interesse hat, die Erweiterung eines Gewerbes zu wünschen, das zu gewissen Zeiten nur mit großen Opfern einem technisch überlegenen Feind, der Essigessenz, ein Paroli zu bieten vermag[1]).

Die Denaturierungen der Zentrale, die dem Brennspiritusgewerbe zugute kamen, entsprechen ganz den früher entwickelten Tendenzen zur Hebung des Bedarfs an vollständig denaturiertem Spiritus. Auch die Qualitätsklagen zeigten eine für die Zentrale nicht ungünstige Lösung.

Es wäre verfehlt, auf die Spezialklagen einzelner Industrieller hier näher einzugehen; nicht unerwähnt möge jedoch bleiben, daß eine, dem Syndikat sehr nahestehende Persönlichkeit, Kommerzienrat Robert Sinner, Kampfpreise

[1]) In jüngster Zeit (1908) ist eine kaiserliche Verordnung ergangen, welche sich gegen die Essigesssenz insofern richtet, als sie den Detailverkauf dieses gefährlichen Artikels erschwert.

von seiten des Rings für berechtigt erklärte. Die Grundklage, welche die ganze Enquete beherrschte, war immer die über den teuren Spirituspreis. Wie in der Essigindustrie, so ertönte sie auch in der Lackindustrie. Dabei beschwerte sich der Vertreter des Schutzverbandes der Lack- und Farbindustrie, daß die Zentrale große Mengen Spiritus „zu Spottpreisen" in das Ausland gesandt habe, die alsdann die deutschen Exportverhältnisse für die Lacke bedeutend erschwerten. Da man im Auslande deutschen Sprit und auch Auslandsprit billiger kaufen konnte, verlegten sogar einige Unternehmer ihre Fabriken in das Ausland. Die Fabriken der Lackfabrikation haben übrigens zugegeben, daß die heutigen Preise als normal gelten; es handelt sich also nur um zeitweise Klagen dieser Betriebe. Die meisten chemischen Industrien und die ihnen verwandten Gewerbe wiederholten gleichfalls dieselben Beschwerden, die der Vertreter der Parfümerieindustrie wie folgt präzisierte:

Die Parfümerieindustrie klagt über

1. die unverhältnismäßig hohen Preise,
2. die unmotiviert hohen Preisschwankungen,
3. die Ungleichmäßigkeit in der Qualität der gelieferten Ware,
4. den Umstand, daß die Zentrale, ohne Rücksicht auf ihre Abnehmer, nur um die durch den auf dem deutschen Markte geringer gewordenen Bedarf an Spiritus hervorgerufene Überproduktion loszuschlagen, nach dem Ausland hin den Spiritus zu einem billigeren Preise abgab, als er im Inland auf den Markt kam.

Bei den chemischen Fabriken verschiedener Art wurde besonders der hier zitierte 4. Beschwerdepunkt immer wieder vorgebracht und z. B. konstatiert, daß deutscher Spiritus, den das Ausland billig bezogen hatte, in Zelluloid verwandelt, nahezu zollfrei wieder nach Deutschland kam und so der ausländische Zelluloidfabrikant seinen deutschen Kollegen mit Erfolg bekämpfen konnte, da er im deutschen Exportspiritus ein billigeres

Rohmaterial hatte, als sein Konkurrent im Inland. Die den Trinkverbrauch fördernden Gewerbe beklagten sich nicht nur über die Preispolitik, sondern auch über die Machtstellung der Zentrale, so führten sie an, daß die Zentrale den Großdestillateuren, die ja auch meist Spiritusgroßverkäufer sind, verbiete, Mengen von über 300 l Sprit unbearbeitet weiter zu verkaufen; daß sie einen Rabattvertrag unterzeichnen müßten, in dem nicht nur sie, sondern auch eventuelle Nachfolger verpflichtet würden, ihren Bedarf an Sprit aller Art beim Kartell zu decken. Auch hier fielen Worte wie „Kampfpreise" und „schwarze Liste" [1]); die Exportlikörfabriken beklagten sich darüber, daß sie mit dem Ausland nicht konkurrieren könnten. Mit den Klagen der Likörfabrikanten hatten die Beschwerden der Brennspiritushändler große Ähnlichkeit, welche hervorhoben, daß sie gezwungen seien, mit einem ganz unzureichenden Verdienst den Brennspiritus weiterzugeben. Neben den bekannten Klagen betonten sie die Machtstellung der Zentrale, welche sich auch besonders darin zeige, daß der „Ring" berechtigt sei, jederzeit in die Bücher des Brennspiritusabnehmers Einsicht zu nehmen. Wer einen Revers, der diese Rechte der Zentrale zugestand, nicht unterzeichnete, müsse den Brennspiritus bedeutend teurer bezahlen. Alle diese Erscheinungen beweisen den hervorragenden Einfluß, welchen die Organisation auf ein Gewerbe haben kann.

Die Zentrale für Spiritusverwertung umfaßt, wie schon oben ausgeführt, nur zwei der Hauptgruppen unseres Gewerbes. Sie ist sowohl im Sinne der Liefmannschen [2]) als auch der Pohle'schen [3]) Definition ein Kartell, kann aber nicht, wie das so oft geschehen ist, als Ring bezeichnet werden. Denn ein Ring ist nach Baumgarten-Meszlény eine Vereinigung von Unternehmern, „die trachten, durch massenhaften An-

[1]) Liste der von der Zentrale boykottierten Spiritusverbraucher.

[2]) Liefmann, Unternehmerverbände S. 17.

[3]) Pohle, Die Kartelle der gewerblichen Unternehmer, Leipzig 1898, S. 11.

kauf der Waren die Preise in die Höhe zu schrauben und durch dieses spekulative Manöver dieselben mit Gewinn abzusetzen". Auch in der Van der Borght'schen Ringdefinition spielt das Moment der Spekulation die Hauptrolle. Beim Spirituskartell kommt dieses Moment wohl kaum in Frage. Es sollen auskömmliche Preise erzielt werden, das ist die eine Forderung, die das Kartell aufstellte. Die Hauptursache der Gründung lag aber in der Produktionsregelung. Die richtige Gestaltung der Erzeugungs- und Absatzverhältnisse, der Erweiterung der Absatzmöglichkeiten sind die treibenden Faktoren bei der Gründung gewesen. Das Spirituskartell ist, um mit Kleinwächter zu sprechen, ein „Kind der Not" oder in Anwendung eines Brentano'schen Wortes, „ein Fallschirm, dessen sich die zu hoch geflogene Produktion bediente, um wieder auf den Boden zu gelangen"; daß die dritte Gruppe des von uns behandelten Gewerbes nicht in der Lage war, in die Kartellorganisation einzutreten, mag damit zusammenhängen, daß einerseits die Kartellgründung bei den ersten beiden Gruppen dadurch wesentlich erleichtert worden ist, daß es sich hier um Industrien handelte, welche Massenwaren gleicher Qualität erzeugen, während die dritte Gruppe individuell verschiedene, vom Geschmack oft abhängige, Produkte herstellt und zu zahlreiche Betriebe verschiedenster Art aufweist.

Pohle erwähnt als Methoden und Arten der Kartellbildung deren fünf: 1. Preisfeststellung, 2. Aufteilung des Absatzgebietes, 3. Kartellierung der Produktion, 4. Gewinnausgleichung, 5. Absatzkartellierung.

Wir finden, wenn wir die Produktionseinschränkungsmaßregeln unter Punkt drei rubrizieren, eigentlich alle diese Merkmale beim Spirituskartell vor.

Im Archiv für soziale Praxis stellt Schoenlank die Behauptung auf, daß ein gut geleitetes Kartell für die Unternehmer eine günstige Wirkung habe. Der Beweis wird durch Vergleichung der Dividenden vor und nach der Kartellierung erbracht. Auch wir haben an ähnlichen

Tabellen (Rohspirituspreise und Dividendenstatistiken) für das Spirituskartell zu beweisen versucht, daß die Kartellunternehmer günstige Resultate erzielt haben[1]). Was aber für die gesamte Wirtschaft von höchster Bedeutung sein muß, ist die Planmäßigkeit, mit der produziert und distribuiert wird. Es muß unbedingt anerkannt werden, daß in einer planmäßigen, kartellierten Produktion, einer richtigen Verteilung, im Gegensatz zu der so oft vorhandenen und im Spiritusgewerbe vor 1899 dann und wann sich zeigenden Anarchie des freien Wettbewerbes, ein wesentlicher ökonomischer Fortschritt zu sehen ist. Wenn es auch dem Spirituskartell nicht immer geglückt ist, diese Regelung der Verhältnisse durchzuführen, so kann man doch nicht ernsthaft bestreiten, daß es stets der Wille des Kartelles war, geregelte Verhältnisse zu schaffen. In der Zeitschrift für die gesamte Staatswissenschaft weist Friedrichowitz darauf hin, daß die Kartellbildung neben anderen Gefahren auch eine aufweise, der die Unternehmer selbst ausgesetzt seien: daß nämlich die größere Ausbreitung der Kartellbewegung das Aufsaugen der kleinen Unternehmen von Seiten der Großen nach sich ziehe. Beim Spirituskartell ist dies bis jetzt noch nicht der Fall gewesen. Ob allerdings wie bei der Kartellenquete gesagt wurde, „die Konzentration der Betriebe nicht angestrebt werde“, ist fraglich. Die Brennereien können bei der heute bestehenden Kontingentierungsgesetzgebung zwar in einem gewissen Maße zu Genossenschaften sich zusammenschließen, jedoch ist eine Konzentration in unserem Sinne in wirklich bedeutendem Maße zur Zeit nicht gut möglich. Anders ist es in der Spritindustrie. Hier sehen wir bald da und dort eine Fusion von Betrieben (so z. B. in letzter Zeit die Vereinigungs-Bestrebungen der Nordhäuser Spritfabrik A. G. mit der Breslauer Spritfabrik etc.). Allerdings kann in dieser Form der Konzentration bis heute noch kein Nachteil erblickt werden, da die jeweils fusionierten, oder um mit

[1]) Vgl. den Anhang.

Friedrichowitz zu reden, „aufgesaugten" Unternehmer meist günstige Bedingungen stellen konnten. Sicher mit die schwierigste Frage für das Kartell war die der Stellung zum Konsumenten, die in sich die Fragen der Preispolitik und Exportpolitik schließt.

Wir haben vorhin einige Bilder aus den kontradiktorischen Verhandlungen anläßlich der Kartellenquete entrollt. Wir können aus diesen Verhandlungen konstatieren, daß die Abnehmer des Kartells nicht immer mit den Maßnahmen des Ringes zufrieden waren. Nun hatte man seiner Zeit diesen Abnehmern einen gewissen Einfluß auf die Preise zugestanden und im § 26 des Hauptvertrages festgelegt, daß ein aus 7 Mitgliedern bestehender Beirat der Abnehmer zu bilden sei, der jedesmal zu hören wäre, wenn die Verkaufspreise eine Regelung erfahren. Von Seiten der Abnehmer wurde bemängelt, daß dieser Beirat nur einen rein dekorativen Charakter habe, daß er auf die Exportpreise z. B. einflußlos sei, insbesondere aber, daß man ihm keine beschließenden, sondern nur beratende Rechte zuerkannt hätte. Nun haben zwar die Vertreter der Zentrale für Spiritusverwertung die Behauptung, der Beirat sei nur ein Dekorationsstück, energisch zurückgewiesen, indem sie betonten, daß die Geschäftsführung der „Zentrale" auf die Mitwirkung des Beirats stets großen Wert gelegt habe. Allein man muß bei objektiver Betrachtung der Dinge sagen, viel geleistet scheint dieser Beirat nicht zu haben. Daß die Gründe hierfür in der Verfassung des Kartells liegen, kann nicht so ohne weiteres bejaht werden. Man muß erstens konstatieren, daß die Abnehmer ihre Rechte nicht in entsprechender Weise ausgestaltet haben, haben sie doch sogar dahin gewirkt, daß bedeutende Interessenverbände der Konsumenten, wie z. B. der Verein deutscher Spiritusinteressenten schroff Stellungnahme gegen die Beiratsinstitution proklamierten und rundweg erklärten, sie wollten im Beirat nicht vertreten sein. Als das Kartell den Beirat geschaffen hatte, war es als erstes Unternehmen mit einer derartigen Institution heraus getreten, die einen Versuch darstellte, Abnehmer und Kartellverwaltung in organischen Kontakt zu bringen, allerdings hätten sodann die Befugnisse und der Einfluß des Beirats eine weitere Ausdehnung erfahren müssen. Allein das persönliche Moment, das in einem Nähertreten und Kennenlernen der maßgebenden Persönlichkeiten zu suchen ist, hätte auch für sich allein großen Nutzen haben können.

Ob die schwierigen Fragen der Exportpolitik und der Preisfestsetzung durch das Abstimmungsrecht des Beirats zu erledigen gewesen wären, scheint fraglich, besonders wenn man die Auffassung der Abnehmer über diese Punkte mit derjenigen der Zentrale vergleicht.

Das Exportproblem ist eben im Spiritusgewerbe ein außerordentlich schwieriges. Nachdem der Export nach Spanien 1892 infolge der ausländischen Gesetzgebung sein Ende erreicht hatte, waren die Bestrebungen des Spiritusgewerbes, den Gesamtexport Deutschlands wieder auf die alte Höhe zu bringen, fast ohne Erfolg. Spanien war unwiederbringlich verloren, Rußland, Österreich und Schweden traten in stark fühlbaren Wettbewerb. Einem Export von 866020 hl im Jahre 1882 steht ein solcher von 105168 hl im Jahre 1894 gegenüber. Um der Zuvielerzeugung Absatz nach ausländischen Märkten zu verschaffen, wurden nun die Erträgnisse der Brennsteuer, die seit 1895 besteht, teilweise in Gestalt einer offenen Ausfuhrprämie dem Gewerbe wieder zugeführt. Allerdings mit wenig Erfolg. Erst in der Epoche des Spirituskartells beginnen wieder bedeutende Exporte. So wurden z. B. 1907 nach Meldungen der Presse allein 13,5 Mill. l nach Rußland exportiert und zwar zu verhältnismäßig günstigen Preisen.

Nicht immer ist es möglich gewesen, solche Preise zu erzielen. Gerade dem Spirituskartell hat man darum oft eine antinationale Export-Preispolitik vorgeworfen und erst jüngst den Export in den früheren Kartelljahren als unlohnend und darum volkswirtschaftlich nicht in Betracht kommend bezeichnet. Daß auch ein „unrentabler“ Export für die Volkswirtschaft in Betracht kommt, ist selbstverständlich.

Aber die Behauptung, daß der Export der Spirituszentrale unlohnend gewesen sei, ist nicht einmal zutreffend. Gewiß muß es demjenigen, der die Exportpreise oberflächlich betrachtet, so erscheinen, als ob ein niederer Exportpreis gegenüber höherer Inlandsnotierung eine falsche Taktik bedeute. Leicht kann man hier zur Vermutung kommen, daß die heimischen Interessenten auf Kosten des Auslandes geschädigt werden. Im allgemeinen freilich hat auch die „Zentrale“ kein Interesse daran, auf dem Ausfuhrmarkte mit seinen meist unlohnenden Preisen Absatzerweiterungen anzustreben; aber es gibt Zeiten, in welchen Exportbeziehungen erwünscht sind und darum müssen sie auch dann aufrecht erhalten werden, wenn die Preise weniger lohnend sich gestalten. Nun würden diese Erwägungen allein die Behauptung, daß der Exportpreis niederer sein darf, als der Inlandspreis, noch in keiner Weise rechtfertigen. Es ist vielmehr ein anderes Moment, das in weit stärkerem Maße unsere Behauptung zu stützen geeignet ist. Ein in der Kartellenquete erwähntes Beispiel sei unserer Beweisführung vorausgesandt; 1893/1894 ergab die Spiritusproduktion Deutschlands einen Überschuß von 20 Mill. l. Das kann keineswegs als bedrohlich bezeichnet werden, dennoch sank der Preis auf 31 Mk. Wären von diesen 20 Mill. aber 10—12 Mill. exportiert worden, so hätte man eine reguläre Geschäftslage verzeichnen können und sicher statt 31 Mk. per Hektoliter einen solchen von 36 Mk. erzielt. Von welch großer Bedeutung eine richtige Exportkalkulation für den Spiritusproduzenten ist, mag daher folgende Aufstellung zeigen:

I. Situation (ohne Export).

Die Produktion sei: 310 Millionen Liter. Da kein Export stattfindet und im Inland nur 290 bis 300 Millionen Liter Verbrauch vorhanden ist, bleibt ein nicht verkäuflicher Rest, der den Preis auf **31** Mk. per 100 l herabdrückt (z. B. 1893/94).

II. Situation (mit Export).

Produktion wie bei I: 310 Millionen Liter. Die im Inland nicht verkäuflichen 10 Millionen Liter werden um 10 Mk. unter dem Inlandspreis an das Ausland verkauft. Dadurch wird im Inland ein regulärer Preis von **36** Mk. per 100 l erzielt.

Daraus ergibt sich folgende Verkaufsbilanz:

I.	II.	
310 Millionen Liter Produktion à 31 Mk.	300 Millionen Liter à 36 Mk., ...	108 000 000 Mk.
	10 Millionen Liter exportiert à 36 Mk. — 10 = 26 Mk.	2 600 000 Mk.
Erlös **96 100 000** Mk.		**110 600 000** Mk.

Vergleich:

Der Erlös bei Export von 10 Mill. Liter ist . . .	110 600 000 Mk.
Der Erlös ohne Export	96 100 000 „
Ein Export von 10 Mill. Liter läßt also selbst bei 10 Mk. Abschlag einen Mehrerlös von . . .	**14 500 000** Mk.

Man sieht, der „unrentable“ Export kann von recht günstigen Folgen sein. Voraussetzung ist, daß der Export klein ist und nur eine Art Ventil darstellt, welches die Verhältnisse nach Bedarf regeln soll. Das ist aber beim Spiritusgewerbe der Fall. Der Export ist nur $2^1/_2$—$3^1/_2$ % der Produktion. Darum ist z. B. ein Vergleich des Spiritusexportes und der Spiritusexportpolitik mit der Zuckerexportpolitik verfehlt. Die Exporte von Zucker waren vor der Brüsseler Konvention oft höher als der Inlandsverbrauch.

Das Problem der Exportpolitik wird darum sicher oft algebraisch zu lösen sein.

Setzt man: die Produktion = p; das Exportquantum = e,
den Inlandpreis im Falle I (kein Export) = M,
„ „ II (mit Export) = M'; M' > M,
den Preis, welchen das Exportquantum löst (oben 26 Mk.) = M' — a;

wobei M' immer kleiner als M und a der Abschlag ist, der beim Export vom regulären Preis M' (Inlandpreis) eingebüßt werden muß, so ergeben sich folgende Beziehungen:

$$\text{I.}\quad p \cdot M < (p - e)\, M' + e \cdot (M' - a)$$

oder wenn man den Erlös im Falle II (mit Export) mit E bezeichnet,

$$\text{II.}\quad p \cdot M < E;\ \text{wobei}\ E = (p - e)\, M' + e\, (M' - a).$$

Da man nun e begrenzen kann, wie dies in der vorstehenden Berechnung geschieht, indem e als zwischen

$^{25}/_{1000}$ und $^{35}/_{1000}$ p angenommen wird, so ergibt sich erklärlicherweise auch ein begrenztes M'. Ist nämlich M' zu hoch angenommen, so wird p—e im Inland nicht verkäuflich sein, der Wert M' dadurch aber sinken müssen bis p—e verkäuflich ist. M' ist aber größer als M und darum unsere Formel $p \cdot M < E$ ungünstigsten Falles: $p \cdot M = E$ (Produktion mit Exportverkäufen). Ihren integrierenden Bestandteil muß stets die Voraussetzung

$$e = p \frac{25}{1000} \text{ bis } p \frac{35}{1000} \text{ bilden.}$$

Die Kombination von Exportpolitik und Kartellpolitik eröffnet uns eine Reihe von neuen Problemen. Sicher aber ist, daß ein Kartell im allgemeinen den Inlandspreis vom Auslandspreis trennen kann, nicht so der freie Markt. Dieser ist, wenn Überschüsse vorhanden sind, auf die Ausfuhr angewiesen und damit wieder in der Preislage für das ganze Erzeugnis vom Erlöse für den Export abhängig. Das Kartell ermöglicht der heimischen Industrie Unabhängigkeit vom Ausland. Darum ist es von höchster Bedeutung für den deutschen Spiritusexport, daß der Spiritusring seine Verlängerung beschlossen hat.

Die Spiritus konsumierenden Industrien sind sehr zahlreich. Dies läßt daher leicht die Vermutung aufsteigen, das Ausland, das unseren Spiritus zeitweise billiger erhält als unsere Inlandskonsumenten, könne dann auf Grund des billigeren Rohstoffes bzw. Halbfabrikats erfolgreiche Konkurrenz bieten. Es muß daher die Aufgabe der Spirituszentrale sein, regulierend einzugreifen. Wenn, wie es ja der Fall war, Fabriken der chemischen Industrie unter den billigen Auslandspreisen leiden, so ist es nur recht und billig, wenn man ihnen denselben Preis gewährt wie den ausländischen Konkurrenten. Denn es darf auf keinen Fall zugegeben werden, daß derartige Industrien zur Errichtung von Auslandsfabriken gezwungen werden. Diesen Übelständen auf dem Wege der Gesetzgebung entgegenzutreten, wie es vom Verband deutscher Spiritus- und Spirituoseninteressenten in einer Denkschrift anläßlich der Kartellenquete gewünscht wurde, halten wir nicht befürwortenswert. Sicher aber ist, der Export soll dem Produzenten von Nutzen sein und den Konsumenten nicht schädigen.

Nun ist aber noch folgendes zu erwägen: Österreich und Rußland exportieren oft viel größere Quanten als Deutschland und haben höhere Exportprämien, machen daher deutschen Spiritusexporteuren oft scharfe Konkurrenz und würden, wenn eine deutsche Gesetzgebung uns billige Exportnotizen verbieten sollte, einfach an unserer Stelle Spiritus liefern und damit also weiterverarbeitende Exportindustrien, z. B. die chemische Industrie, Parfümerieindustrie usw., welche Spiritus gebrauchen, ebenso schädigen, wie wenn Deutschland Spiritus geliefert hätte. Die Morgenroth'sche Schrift [1]) erwähnt eine Feststellung aus den kontradiktorischen Verhandlungen, wonach die Odolfabrik Liegner für ihre Londoner Filiale deutschen Sprit zu einem außerordentlich billigen Preis bezogen habe. Ja, hätte diese Firma nicht von der deutschen Spirituszentrale gekauft, so würde sie (wie in einem Jahre, wo z. B. Deutschland nichts exportiert) aus einer anderen ausländischen Quelle bezogen haben und der Fall wäre für deutsche Konkurrenzfabriken des Liegner der gleiche gewesen. Für diese Industrien ist es ja gleichgültig, woher das billige Rohprodukt der Auslandskonkurrenz stammt, einzig und allein maßgebend ist, daß sie ein solches erhält. Eine Gesetzgebung, die also diese Exporte aufzuheben gedächte, indem sie für Deutschland eine derartige Exportpolitik unmöglich macht, würde nur Ursachen ändern (Rußland liefert an Stelle Deutschlands usw.), nicht aber Wirkungen beseitigen (Versorgung des Auslandes mit billigem Sprit). Gerade dieser Umstand wird von denjenigen, die sich wissenschaftlich mit diesem Problem befassen, nur zu oft allzusehr vernachlässigt.

Wie ist nun das Problem zu lösen? Uns dünken zwei Wege möglich. Eine Steigerung des Inlandsverbrauchs an

---

[1]) Morgenroth, Die Exportpolitik der Kartelle, Untersuchungen über die handelspolitische Bedeutung des Kartellwesens, Leipzig, 1907.

Sprit ist der eine. Gelingt es, in Deutschland den Konsum gewaltig zu heben, so zu heben, daß auch in guten Kartoffelerntejahren keine nennenswerten Überschüsse verbleiben, so werden bei größeren Umsätzen die Produzenten mit billigeren Spirituspreisen bestehen können und damit den deutschen Konsumenten Rohmaterial zu überlassen imstande sein, das nicht zu teuer ist. Die andere Lösung ist: das internationale Kartell. Morgenroth schreibt hierüber folgendes: Diesen Weg (nämlich die Bildung von internationalen Kartellen usw.) beschreiten denn auch immer mehr Kartelle. Die Zahl der internationalen Trusts nimmt beständig zu. Wie staatliche Behörden sehen wir die Vertreter von immer mehr Industrien von Land zu Land über solche Gemeinschaften verhandeln. Die Einigung vollzieht sich ähnlich wie die staatliche beim Zucker 1902. Mit dem Schienenkartell, dem Pulvertrust, dem Schiffahrtstrust begannen die größten Gruppen, es folgte der internationale Stahltrust, das Kohlensyndikat hat sich mit Belgien verständigt und in der Elektrizitätsindustrie finden wir ebenfalls Bestrebungen, international zu wirken. Die Bildung eines internationalen Spirituskartells (inwieweit sie überhaupt möglich ist, soll hier nicht untersucht werden) würde vom nationalen Gesichtspunkte aus nicht zu begrüßen sein. Das Interesse des Staates dringt auf Wahrung der Vorteile des Inlandes. Ob dies bei internationalen Wirtschaftsverbänden immer möglich sein würde, muß dahingestellt bleiben. Wir haben schon festgestellt, Spiritus wird von Deutschland nur dann zu Preisen exportiert, welche für den inländischen Verarbeiter nicht ganz gefahrlos sind, wenn die Überproduktion es notwendig macht. Derartige Exporte, die Morgenroth in gewissen Fällen sehr richtig als „Krisenexporte“ bezeichnet, sind unseres Erachtens am besten zu vermeiden durch das zuerst angeführte Mittel der Inlandskonsumsteigerung. Auf diesen Bahnen hat sich auch immer die Preispolitik der Zentrale für Spiritusverwertung bewegt, die erst in jüngster Zeit ihren Kartellvertrag um zehn Jahre verlängert hat. Konsumsteigerungen lassen sich jedoch nicht in wenigen Jahren herbeiführen und darum würde es unrichtig und ungerecht sein, heute schon darüber zu urteilen, ob das Syndikat auf den erwähnten Gebieten erfolgreich gearbeitet hat. Aus dem Gesagten ist jedenfalls ersichtlich, daß das Kartell auf die gesamte Wirtschaft großen Einfluß gehabt hat. Aber die Organisation der Spiritusindustrie hat nicht nur die Wirtschaft beeinflußt, sie hat ebenso wie z. B. die Steuergesetzgebung die Technik in andere Bahnen gelenkt. Im Brennereigewerbe freilich nicht. Hier mag eingeschaltet werden, daß ein amerikanisches Branntweinkartell die Destilling Company of America seinerzeit zur Verbesserung der Produktionstechnik der amerikanischen Brennereien beigetragen hat. Nach einer Notiz von Baumgarten Meszleny vermochte dieses Kartell die Quantität des aus einem Büschel Mais erhältlichen Branntweins von 3 1/2 Gallons auf 4 3/4 Gallons zu erhöhen, was zurzeit einen um 1/2 Gallon größeren Ertrag bedeutet als der Durchschnitt des Produktionsertrages der übrigen Raffinerien der Vereinigten Staaten. Dagegen können wir beim deutschen Rektifikationsgewerbe feststellen, daß hier das Kartell für die technische Entwicklung der Betriebe nicht ohne Einfluß war. Die Zentrale für Spiritusverwertung hat nämlich bei der Berechnung der „Rektifikationsprämie“ (vgl. S. 99) sowohl auf die Betriebsgröße als auch auf Qualitätsmomente Rücksicht genommen. Was zunächst das Quantitätsmoment betrifft, so erhalten kleinere Spritfabriken nach § 23 des Hauptvertrages dieser Gesellschaft mit den syndizierten Brennereien folgende Prämien:

1. Bei einer Jahresrektifikation von weniger als **600000** l reinen Alkohols die allgemeine Prämie plus **80** dl. pro 100 l reinen Alkohols.

2. Bei einer Jahresrektifikation von mehr als **600000** l aber weniger als **1000000** l reinen Alkohols die allgemeine Prämie plus **40** dl. pro 100 l reinen Alkohols.

3. Bei einer Jahresrektifikation von mehr als **1000000** l aber weniger als **1500000** l reinen Alkohols die allgemeine Prämie plus **20** dl. pro 100 l reinen Alkohols.

Alle Fabriken mit einer Jahresrektifikation über **1500000** l reinen Alkohols erhalten nur die allgemeine Prämie. Es ergab sich somit folgende Vergütung an Rektifikationsprämien für die dem Spirituskartell angehörenden Fabriken während der Kartellperiode (1899/1900—1904/05).

Im Geschäftsjahre per 100 l r. A.	Für Fabriken mit weniger als **600000** l r. A	Für Fabriken mit weniger als **1000000** aber mehr als 600000 l r. A.	Für Fabriken mit weniger als **1500000** aber mehr als 1000000 l r. A.	Für alle[1]) größeren Fabriken über **1500000** r. A.
	Mk.	Mk.	Mk.	Mk.
1899/00	4.88	4.48	4.28	4.08
1900/01	4.47	4.07	3.87	3.67
1901/02	3.40	3.—	2.80	2.60
1902/03	4.83	4.43	4.23	4.03
1903/04	5.48	5.08	4.88	4.68
1904/05	5.47	5.07	4.87	4.67
d. i. im Durchschnitt 1899/1900 1904/05	**4,755**	**4,355**	**4,155**	**3,955**

Mit diesen Prämien mußte der Spiritusfabrikant allerdings nicht nur den reinen Unkostenaufwand für die Reinigung, sondern vielmehr auch einen Teil seiner „Generalunkosten“ d. h. seiner gesamten Handlungsunkosten bezahlen. Wenn jedoch die syndizierten Spritfabriken im Jahre 1901/02 sich mit einer Prämie von 2.60 begnügen konnten und dabei große Aktienspritbetriebe im allgemeinen noch immer recht anständige Dividenden zu zahlen vermochten[2]), so beweist das, daß diese Vergütung für den Reinigungsprozeß recht reichlich bemessen ist, den Unkosten für die Rektifikation

[1]) Diese Statistik ist aus verschiedenen Beilagen zu den a. a. O. genannten „kontradiktorischen Verhandlungen über die Zentrale für Spiritusverwertung“ zusammengestellt. Im Anhang ist die Tabelle in erweiterter Form durchgeführt.

[2]) Im Jahre 1901/02 resp. 1902 zahlten an Dividende folgende dem Syndikat angehörenden Aktiengesellschaften

Norddeutsche Spritwerke	8 %
Posener Spritaktiengesellschaft . .	12 „
Gesellschaft Sinner Grünwinkel . .	12 „
Breslauer Spritfabrik A. G.	12 „

also in jedem Falle entspricht [1]). Das Qualitätsmoment berücksichtigt das Syndikat insofern, als die Prämie sich für den sog. Fein- oder Primasprit versteht, für Alkohol meist ein Abzug von 1 Mk. per 100 l gemacht wird, für Weinsprit und andere besonders gereinigte Spritmarken ein Zuschlag von 3—5 Mk. zur allgemeinen Prämie erfolgt. Was schließlich das Rohstoffmoment betrifft, so findet sich zur Regelung dieser Frage in der zwischen den Gesellschaftern der Zentrale für Spiritusverwertung und der Zentrale abgeschlossenen Übereinkunft folgender Absatz: „Auf allem einem Gesellschafter zur Reinigung zugewiesenen und von demselben rektifizierten Melasse- und Lufthefe-Spiritus wird demselben eine Vergütung von 50 dl. per Hektoliter reinen Alkohols als Zuschlag zur Rektifikationsprämie gewährt."

Ausdrücklich muß hier konstatiert werden, daß das Syndikat keinen Unterschied macht, ob dieser oder jener Rektifikationsapparat verwendet wird und demgemäß höhere oder niedere Prämiensätze bewilligt.

Bevor wir uns in abschließender Weise über die Einwirkung der Organisation auf Technik und Wissenschaft aussprechen können, ist die Einschaltung des in der Kapitelüberschrift angekündigten Anhangs nötig, der, wie wir sehen werden, mit den vorstehenden Ausführungen innig verbunden ist.

Die Konsumindustrien.

Im nachstehenden soll nun zunächst kurz die Spirituosenindustrie und deren technische Entwicklung beleuchtet werden, da sie die direkte Fortsetzung des Brennerei- und Rektifikationsgewerbes ist, insofern als sie den aus Rohspiritus gewonnenen Sprit trinkreif macht. Die Spirituosenindustrie wird dieser Aufgabe dadurch gerecht, daß sie ihn einesteils in Liköre und Trinkbranntweine und andernteils in feinere Spirituosen, wie Rum, Arac und Kognak verwandelt oder mit diesen Erzeugnissen verschneidet. Bei der Likörfabrikation aus reinem Spiritus finden sich

[1]) In den vom Kartell zur Erneuerung des Syndikats vorgelegten Verträgen ist der Prämiensatz wesentlich geringer angesetzt.

nicht gerade große technische Schwierigkeiten. Meist wird der Likör auf kaltem Wege dargestellt, indem der vom Großindustriellen gelieferte Sprit in entsprechender Weise verdünnt wird, einen Zusatz von Zucker und Essenzen erfährt und gehörig vermischt in den Handel gelangt. Es kann sich bei der Likörfabrikation nicht darum handeln, durch technische Verbesserungen — wenn solche möglich wären — ein bestimmtes Ziel zu erreichen. Der Preis der Spirituosen hängt vielmehr meist vom Spritpreise ab, und nur einige wenige Warensorten, sogenannte „Qualitätsmarken" behalten immer ihren Preis, da sie gewöhnlich von nur einer Fabrik hergestellt werden, die für dieses Produkt sozusagen ein Gewohnheitsmonopol besitzt. Auch werden sie meist schon mit so hohem Aufschlag verkauft, daß selbst ernstliche Preisschwankungen auf dem Spritmarkte für sie belanglos bleiben. Bei diesen feinen Marken spielen jedoch nicht technische Vorteile, die eine Fabrik vor anderen besitzt, eine Rolle, es sind vielmehr alte Mischungsrezepte, der alte renommierte Namen und der Ursprungsort, welche das Publikum verleiten, manche Spirituosenmarken weit über ihren Herstellungswert zu bezahlen. Mit einem Worte: von einem Einfluß der Technik der Spirituosenindustrie auf die Spiritusindustrie kann im allgemeinen nicht gesprochen werden. Was Kognak, Arak und Rum betrifft, so ist hier folgendes zu erwähnen: Kognak [1]) ist Weinbranntwein, der, um seine Farbe zu erhalten, in Eichenfässern lagern muß; Arak ist ein aus vergorenem Reis entstandenes Produkt, Rum ein solches aus vergorener Rohrzuckermelasse. Auch hier spielt die Technik eine relativ geringe Rolle und auch hier müssen wir ihren geringen Einfluß auf die Industrie konstatieren. In neuerer Zeit tauchen allerdings in Gestalt der sogenannten Essenzen

---

gegeben; die Verlängerungsverhandlungen haben bekanntlich zur Erneuerung geführt.

1) Die Bedeutung der Kognakindustrie für das Spiritusgewerbe in Deutschland mag man aus folgenden Ziffern ersehen:

Es erzeugten:

chemisch-technische Erzeugnisse auf, welche mit Weingeist, resp. Sprit vermischt werden, um sogenannten Verschnittrum Verschnittarak aus Essenz herzustellen. Daß diese Erzeugnisse nur ganz minderwertige Ersatzmittel sind, denen der feine Geschmack und das angenehme Aroma abgeht, liegt auf der Hand; allerdings haben sie einen gewissen Einfluß auf die Spiritusindustrie, da der Konsum an rektifiziertem Sprit bei Verwendung dieser Essenzen eine Steigerung erfährt, die bis jetzt jedoch noch keine nennenswerte ist.

Von größerer Bedeutung für die Spiritusindustrie ist dagegen die technische Entwicklung der Essigindustrie. Die Essigerzeugung beruht auf einem chemischen Vorgange, nämlich einer Oxydation des Alkohols [1]. Die Kenntnis

1895/96	108	Kognakbrennereien	2396	hl reinen Alkohols
1896/97	124	„	2535	„ „ „
1897/98	108	„	2081	„ „ „
1898/99	136	„	2432	„ „ „
1899/00	126	„	2505	„ „ „
1900/01	133	„	3562	„ „ „
1901/02	151	„	3572	„ „ „
1902/03	164	„	2844	„ „ „
1903/04	131	„	1773	„ „ „

(M. Student in der Zeitschrift: Die deutsche Essigindustrie.) Die Verschiedenheit der Jahreserzeugung resultiert aus dem Gebrauche die Kognaks immer einige Jahre lagern zu lassen; man produziert aber nur dann auf Vorrat, wenn die Rohproduktpreise niedrig sind.

[1]) Außer den schon öfters zitierten grundlegenden größeren chemischen Werken sind hier noch zu nennen: C. C. P. in Nr. 33—37 des Königsberger Frag und Anzeiger Nachr. v. 1757. Untersuchung, ob Hannibal bey seinem Übergange über die Alpen die glüend gemachten Felsen durch Essig gesprenget habe. — Von der Essigbrauerey in Prof. Beckmanns Anleitung zur Technologie (Göttingen 1777). — Franz Josef Borr: auf Erfahrung gegründetes Gutachten, wie sich der Wein in Essig verwandelt und ob der Essig durch Wärme oder durch Kälte entstehe im 2. Jahrgang des allgemeinen Magazins der Natur, Kunst und Wissenschaft, S. 271. — Von der Bereitung des Essig siehe Geh. R. Darjes erste Gründe der Cameralwissenschaft, Jena 1756, S. 289—299. — Joh. Jac. Rosenstengels verneuerter Essigkrug oder die Kunst, auf vorteilhafteste Art Essig zu brauen und aufzusetzen. Nebst freyen Auszügen aus den neuesten ökonomischen Schriften, worinnen von dieser Wissen-

dieses chemischen Prozesses, der übrigens nur unter gewissen Voraussetzungen erfolgt, scheint alt zu sein, wenn auch der wissenschaftliche Nachweis und die genauere Untersuchung erst zu Anfang des 19. Jahrhunderts einsetzt. 1837 hat bereits der bedeutende Algologe Kützing den Gärungsprozeß bei der Essigfabrikation zu erklären versucht. Diese Versuche wurden dann später von Pasteur und E. Chr. Hansen fortgesetzt. Die Essigfabrikation erfolgte nun bis zum Aufblühen der chemischen Großindustrien größtenteils durch Verwendung des gewöhnlichen Handelsspiritus, der soweit verdünnt wurde, daß er nur noch 10 % Alkohol enthielt, und den man dann in Essig überführte. Das dabei angewandte Verfahren ist bei uns in Deutschland meist das sogenannte Schnellessigfabrikationsverfahren, das 1823 zum ersten Male von Schützenbach in Eudingen im Breisgau angegeben wurde. In Frankreich, wo mehr Wein als Spiritus zur Essigbereitung dient, findet sich vielfach eine Verwendung der sogenannten Orleansmethode. In neuer Zeit treten an die Stelle dieser beiden Bereitungsarten automatische Verfahren, die durch Ersparung von Arbeitskräften eine Verbilligung der Essigfabrikation herbeiführen. Die Verwendung von Spiritus zur Essigerzeugung erfährt nun in letzter Zeit eine nicht unbedeutende Einbuße durch die Verwendung von Essigessenz. Die Essigessenz enthält 80 % Essigsäure und wird durch trockene Destillation von Holz gewonnen.

---

schaft gehandelt wird. Sorau 1724. (Diese 5 Werke haben selbstverständlich nur historisches Interesse und keinerlei technisch-ökonomischen Wert). — Die deutsche Essigindustrie, Wochenschrift für das Gebiet der Alkoholessigfabrikation, bes. hervorzuheben Nr. 33, IX. Jahrg., Essigbereitung und Essigrezepte vor zwei Jahrhunderten. — Otto, Lehrbuch der rationellen Praxis der landwirtschaftlichen Gewerbe, Bd. 2, (6. Aufl., Braunschweig 1868). — Derselbe in Bollays Handbuch Technologie (1868). — Fontenelle, Handbuch der Essigfabrikation (6. Aufl., Weimar 1875.) — Dr. D. P. Hoyer, Beiträge zur Kenntnis der Essigbakterien, Berlin. Kützing, Die Chemie und ihre Anwendung auf das Leben, Nordhausen 1838.

Welchen erfolgreichen Kampf die Essigessenz mit dem Alkoholessig führt, mögen folgende Zahlen beweisen. Nach den Vierteljahrsheften zur Statistik des Deutschen Reiches waren die zur Herstellung von Essig verwendeten Branntweinmengen, im Betriebsjahre:

1887/88	132400	hl reinen Alkohols
1890/91	138884	„ „ „
1891/92	134957	„ „ „
1892/93	145026	„ „ „
1893/94	154937	„ „ „
1894/95	150270	„ „ „
1895/96	166354	„ „ „
1896/97	162470	„ „ „
1897/98	160309	„ „ „
1898/99	163629	„ „ „
1899/1900	161672	„ „ „
1900/01	171264	„ „ „
1901/02	164062	„ „ „
1902/03	155838	„ „ „
1903/04	152468	„ „ „

Wir sehen, daß von 1900/01 an eine starke Abnahme einsetzt, mit welcher, wie die nachstehenden Ziffern zeigen, eine steigende Zunahme des Imports von zur Essigessenzbereitung verwendetem essigsauren Kalk parallel läuft. Nach dem Jahrbuch des Vereins der Spiritusfabrikanten in Deutschland betrug

	die Einfuhr an essigsaurem Kalk	die Ausbeute an Essigsäure in Millionen kg	das entspricht einer Menge von 10% Essig in Mill. Litern
1900	123373 dz	6,863	68,63
1901	181056 „	9,632	96,32
1902	165151 „	8,786	87,86
1903	197325 „	10,521	105,21
1904	182088 „	9,687	96,87
1905	205096 „	10,881	108,81

Die Beeinflussung des Essigmarktes durch diese chemischen Erzeugnisse gibt nachstehender Bericht deutlich wieder: „Aus den Kreisen der Essigfabrikanten wird fortgesetzt lebhafte Klage darüber geführt, daß der Absatz von Gährungsessig in zunehmendem Maße durch die Konkurrenz der Essigessenz bedroht wird und daß die zur Niederhaltung dieses Wettbewerbes angerufene Unterstützung durch die Gesetzgebung bisher versagt bleibt[1]). Wir haben bei dem ansehnlichen Interesse, welches das Branntweingewerbe an der Erhaltung der Gährungsessigindustrie hat, den von Beginn an gewährten Essigrabatt seit dem 1. Oktober vorigen Jahres allgemein erhöht[2])." Diese Klagen haben in letzter Zeit immer mehr zugenommen. Trotz der den Essigfabrikanten zugestandenen Rückgewährung der Brennsteuer und trotz der vom Spirituskartell gewährten wesentlichen Rabatte[3]) ist es dem Essiggewerbe zeitweise nicht möglich gewesen, die Essigessenzindustrie erfolgreich zu bekämpfen, deren Rohmaterial eine freie Einfuhr vom Auslande genießt.

In welch bedeutendem Maße einzelne Essigindustrielle unter diesen Zuständen leiden, beweisen die anläßlich der Enquete über das Spirituskartell vorgelegten Zahlen eines bedeutenden Essigindustriellen der Rheinlande, welche einen Rückgang an Alkoholverbrauch für Essigerzeugung um 29 % in einem Zeitraum von nur 5 Jahren aufweisen.

In den Hebebezirken des genannten Essigfabrikanten wurden in den Betriebsjahren 1898/99—1904/05 folgende Branntweinmengen zur Herstellung von Essig denaturiert[4]).

1898/99	8300,75 hl	= 100 %
1899/00	8330,50 „	= 100,4 %

[1]) Wie schon früher erwähnt, ist im Juli 1908 eine kaiserliche Verordnung erschienen, welche den Kleinhandel mit Essigessenz erschwert.

[2]) Aus dem Jahresbericht der Zentrale für Spiritusverwertung für das Geschäftsjahr 1902/03.

[3]) Auf diese Institution ist bereits an anderer Stelle hingewiesen worden.

[4]) Anlage XII der kontradiktorischen Verhandlung über die Zentrale für Spiritusverwertung; die Prozentziffern sind von uns berechnet.

1900/01	8571,66 hl =	**103**%	Differenz zwischen Maximal- u. Minimal-Ziffer, 29%,
1901/02	6847,98 „ =	83%	
1902/03	6704,98 „ =	80,5%	
1903/04	6653,46 „ =	80,1%	
1904/05	6133,53 „ =	**74**%	

Das Essiggewerbe. soweit es Alkoholessiggewerbe ist, verspürt also den Einfluß der Technik, der in der Konkurrenz der Essigessenz zum Ausdruck kommt, in empfindlicher Weise. Die Essigessenz bedeutet eine Emanzipation vom Spiritus und wir müssen daher den technischen Faktor in der Essigindustrie als einen relativ mächtigen bezeichnen, der seine Wirkung auch auf das Gebiet der Spiritusindustrie ausdehnt.

Eine Konsumindustrie des Spiritusgewerbes, die ebenfalls sich von diesem zu emanzipieren sucht, ist die Lackindustrie. Bei dem Kapitel „Lackindustrie“ in der Spirituskartellenquete berichtete der Vorsitzende des Verbandes deutscher Lackfabrikanten, daß es durch das fortgesetzte Bemühen der Wissenschaft gelungen sei, ein Ersatzmittel für Spiritus zu schaffen in Gestalt des Benzins, welches aus Naphta gewonnen wird und welches man jetzt geruchlos zu machen versteht, Wenn auch die Lackindustrie einen nur verhältnismäßig kleinen Bedarf an Spiritus zu verzeichnen hat, so wäre es aus nationalen Gründen doch zu bedauern, wenn sie die ausgestossenen Drohungen wahr machen würde und ausländischem Benzin den Vorzug vor deutschem Spiritus gäbe.

Der Einfluß der übrigen Konsumindustrien ist kein sehr großer, erwähnenswert erscheint jedoch, daß die deutschen Pulverfabriken zu den bedeutendsten Abnehmern des Spiritusgewerbes gehören, da bekanntlich das rauchlose Pulver einer chemischen Verbindung entspricht, welche mit Alkohol erzeugt wird [1]). Von größter Bedeutung für das Branntweingewerbe sind aber diejenigen Bestrebungen, welche die

[1]) Der Jahresbedarf der Pulverfabrik in Rottweil ist ca. 65 Kesselwagen pro Jahr, was ca. 750000 l Spiritus entspricht.

Schaffung neuer Konsumindustrien für das Spiritusgewerbe bezwecken. Von der Ansicht ausgehend, daß das Trinkkonsum weder eine weitere Steigerung erfahren kann, noch eine solche erfahren darf, hat man sich nach einer anderen Absatzmöglichkeit umgesehen, als die durch den Trinkverbrauch es ist, indem man die Verwendung des Spiritus, und zwar des untrinkbar gemachten denaturierten Spiritus, zu steigern versuchte. Die hervorragende Tätigkeit der Zentrale für Spiritusverwertung auf diesem Gebiete haben wir kurz erwähnt, ebenso wie an anderer Stelle die einschlägigen gesetzgeberischen Maßnahmen eine Behandlung fanden.

Brennspiritus oder vollständig denaturierter Spiritus ist solcher, der dem Publikum zur freien Verfügung ohne weitere steueramtliche Aufsicht überlassen wird, da man annimmt, daß er eben vermöge seiner vollständigen Denaturierung eine Verwendung zum menschlichen Genuß, die eine Steuerhinterziehung darstellen würde, von vorneherein ausschließt. Dieser Brennspiritus wird nun, abgesehen von den geringen Mengen, die in der Tischlerei zu Politurzwecken benutzt werden, fast ausschließlich zum Heizen von Kochapparaten und Heizöfen, als Betriebsmittel für Motoren aller Art und zur Beleuchtung verwendet.

Wir haben demgemäß unsere Betrachtungen über drei Gruppen zu erstrecken:

a) über den Brennspiritusverbrauch zu Heiz- und Kochzwecken,

b) über den Brennspiritusverbrauch zu Leuchtzwecken,

c) über den Brennspiritusverbrauch zu motorischen Zwecken.

a) Verbrauch zu Heizzwecken.

Die Verwendung von Spiritus zu Heizzwecken ist nicht neu, da man schon seit geraumer Zeit den Heizwert des reinen Alkohols auszunutzen versteht. Früher benutzte man Systeme, bei welchen der Spiritus unmittelbar verbrannte. Hierdurch bleibt aber ein großer Teil des Heizwertes unausgenützt. Die neueren Apparate wirtschaften nun in weit ökonomischerer Weise, indem der Spiritus vorher verdampft und mit Luft gemischt wird. Die Folge ist die Erzielung einer sparsamen und besonders heißen Flamme. Auch tritt bei den neuen Konstruktionen der bei den früheren Apparaten bemerkte unangenehme Geruch zurück.

Die heute in den Handel kommenden Spiritusgaskocher weisen zwei Typen auf. Einen Typ, welcher sparsame Ausnützung, vielseitige Anwendbarkeit und gute Regulierbarkeit ermöglicht und für größere Haushaltung bestimmt ist. Diese vollendeten Apparate sind aber auch entsprechend teuer, sie kosten zirka 6 Mk. Da man aber das Bestreben hatte, den Heizkonsum in rationeller Weise zu fördern, so mußte es sich darum handeln, einen Kocher zu konstruieren, der in Preis und Ausstattung den großen Volksmassen entsprach, d. h. der sich als Massenartikel qualifizierte. In einem Berichte aus dem Jahre 1899/1901 der Zentrale für Spiritusverwertung über die dabei gemachten Erfahrungen heißt es: „. . . der bedeutendste Verbrauch von Spiritus zu Kochzwecken liegt erfahrungsgemäß in den kleinen Haushaltungen, wo die Frage, ob ein solcher Kocher 1 Mk. oder 6 Mk. kostet, von erheblichem Einflusse ist. Unsere Beobachtungen haben uns gezeigt, daß in den Bezirken mit dem großen Konsum überall nur die billigsten und einfachsten Apparate den Gegenstand eines Massenabsatzes bilden, während Apparate, welche im Preise nur wenig teurer als 1 Mk. sich stellen, bereits als Luxusartikel angesehen werden und in den Kreisen, für welche sie eigentlich bestimmt sind, zunächst Eingang nicht finden. Der Kleinkonsument zieht in erster Linie einen billigen Kocher vor, falls er nur einigermaßen den Anforderungen genügt. Erst in dem Maße, wie er unter Benutzung dieses einfachen Gerätes sich an die Verwendung von Spiritus zu Kochzwecken gewöhnt hat und die Vorteile und Bequemlichkeit desselben schätzen gelernt hat, gewinnt er später Interesse für die besseren, vollkommeneren und infolge ihrer Dauerhaftigkeit schließlich auch billigeren Apparate.“ Der Absatz an solchen Apparaten hat sich infolge der Anlage von Verkaufsläden, einer wohl organisierten Reklame und ähnlicher Maßnahmen von seiten des Kartells bedeutend gesteigert und damit beigetragen, den Konsum an denaturiertem Spiritus zu heben.

b) Verbrauch zu Leuchtzwecken.

Spiritus verbrennt bekanntlich mit nicht leuchtender Flamme. Man versuchte deshalb schon lange, denselben mit kohlenstoffreichen Körpern zu vermischen, um ihn für die Beleuchtung verwendbar zu machen. Allein weder das in Frankreich erfundene „Alkolumine“, noch ein ähnliches deutsches Präparat genügte den gestellten Anforderungen. Mit der Erfindung der Auerschen Glühlichter beginnt die eigentliche Aera des Spirituslichtes. Die Erfindung Auers beruht auf der Tatsache, daß die sogenannten seltenen Erden Thorium, Cerium, Zirkon und andere beim Erhitzen weißes glänzendes Licht ausstrahlen. Nun verwendet Auer einen Strumpf, welcher mit den Salzen dieser seltenen Erden imprägniert ist und in einer nichtleuchtenden Bunsenflamme aufgehängt wird. Das Prinzip Auers war es also, mit einem nichtleuchtenden Stoffe die Auerlampe zum Glühen zu bringen. Hierfür eignete sich aber der Spiritus ganz vorzüglich, insbesondere, wenn man ihn vorher in Dampf überführte und in geeigneten Brennern mit Luft vermischte.

Im Jahre 1895 kamen die ersten Spiritusglühlichtlampen, die sich die Auersche Erfindung zunutze gemacht hatten, in den Verkehr. Bald folgten ihnen neue Konstruktionen. Der wesentlichste Teil an der Lampe ist die Vergasvorrichtung, welcher die Aufgabe zufällt, den flüssigen Spiritus in Dampf zu überführen, der mit Luft gemischt das mit farbloser heißer, nicht rußender Flamme verbrennende Spiritusgas darstellt.

Wir unterscheiden heute drei Hauptgruppen von Lampen, die für Innenbeleuchtung als Tisch- und Hängelampen, aber auch für Außenbeleuchtung von Straßen, Plätzen, Hallen und Bahnhöfen dienen.

Die mit Freibeleuchtung gemachten Erfahrungen sind gute, wenigstens haben die bei verschiedenen deutschen Staatseisenbahnverwaltungen gemachten Versuche günstige Resultate gezeitigt[1]).

Die Bestrebungen der interessierten Kreise zielen darauf ab, durch Schaffung einer billigen Spirituslampe dem denaturierten Spiritus ein Absatzventil zu schaffen. Letzthin soll die Spirituslampe überall da angewandt werden, wo Gas und Elektrizität nicht oder nicht billig zu haben sind, jedenfalls aber soll der heimische Spiritus das fremdländische Petroleum verdrängen.

Wenn nun auch, wie Märcker[2]) schreibt, es vollkommen feststeht, daß:

1. das Spiritusglühlicht schon jetzt technisch vollendet ist und jede Forderung erfüllt, welche seitens der Hausbeleuchtung für eine Lichterzeugung, als auch für die glänzendsten Lichteffekte gefordert werden kann, und daß die Spiritusglühlampen absolut explosionssicher sind, absolut geruchlos brennen und ein schöneres Licht als dasjenige der Petroleumlampen aufweisen, mit einem Wort, sich als höchst angenehme Lichtspender qualifizieren;

2. sich in sanitärer Beziehung entschieden der Petroleumlampe weit überlegen erweisen, indem sie ein helles, angenehmes und dem Auge wohltuendes Licht verbreiten;

3. angenehmer und leichter zu behandeln sind als die Petroleumlampen,

so ist es doch bis heute noch nicht gelungen, die Spiritusbeleuchtung in der angestrebten Weise zu fördern. Der Grund ist folgender. Die Spiritusbeleuchtung hat zur Basis

[1]) So findet sich in der Zeitung des Vereins deutscher Eisenbahnverwaltungen von 1901 Nr. 91 folgender Bericht der Bayrischen Staatsbahnen über Spiritusbeleuchtung. „Die bei dieser Verwaltung seit geraumer Zeit in Verwendung stehende Spiritusglühlichtbeleuchtung hat nach den Berichterstattungen der Eisenbahnbetriebsdirektion ergeben, daß die Spiritusglühlichtlampen für die Freibeleuchtung hinsichtlich ihrer Leuchtkraft vollständig befriedigen.“

[2]) Märcker a. a. O., 7. Auflage.

einen konstanten Brennspirituspreis, der natürlich nicht zu hoch sein darf. Untersuchungen haben ergeben, daß die Spirituslampe bei Preisen von 25—30 dl. pro Liter Spiritus à 90 Volumenprozent dem Petroleum mindestens gleichwertig, wenn nicht sogar überlegen ist. So haben die von Professor Hayduck ausgeführten vergleichenden Versuche über die Lichtstärke des Spiritusglühlichts gegenüber der Petroleumlampe das Resultat ergeben, daß gleiche Volumina Brennspiritus von 86 % dem Petroleum bei gleicher Lichtstärke um ein Drittel überlegen sind, d. h. wenn der Spiritus ebensoviel als das Petroleum kostet, erhält man durch das Spiritusglühlicht ein Drittel mehr Licht und der Spiritus würde unter diesen Verhältnissen zur Lichterzeugung billiger und vorteilhafter sein, oder anders ausgedrückt, der 86 % Brennspiritus darf einen Preis von 26—27 Pf. haben, wenn das Liter Petroleum einen solchen von 20 Pf. besitzt. Die Verwendung einer neuen Brennerkonstruktion der sogenannten Amorbrenner läßt für den Spiritus sogar noch günstigere Resultate erzielen. So schreibt der Vorstand des brennereitechnischen Instituts für Bayern, Professor Dr. Max Bücheler hierüber in einem Gutachten über eine ihm vorgelegte Lampe:

„11. Leuchtkraft: 40 Hefner Kerzen. — Konsum: 90 ccm Spiritus pro Stunde. — Kosten: bei 25 Pf. Preis pro Liter 90 % Spiritus 2,24 Pf. pro Stunde.

12. Der Brenner ist auf jedes vorhandene Bassin von Petroleumlampen von 14‴ Durchmesser aufschraubbar. Auch Glasbassins eignen sich, da Wärmeübertragung und Erhitzung derselben ausgeschlossen ist. Der Amorbrenner gibt etwa doppelt so viel Licht wie eine gute Petroleumlampe; da die Brennkosten in beiden Fällen annähernd gleiche sind, folgt hieraus die Überlegenheit dieser Spiritusbeleuchtung über die Petroleumbeleuchtung[1]).“ Was nun den Brennspirituspreis betrifft, so war dieser vor dem Jahre 1899 ein

[1]) Der Amorbrenner ist inzwischen durch bessere Konstruktionen ersetzt worden.

derartig schwankender, daß ein Teil der Lampenfabrikanten ihre Tätigkeit eingestellt hätte, wenn nicht das 1899 auftauchende Spirituskartell die Lampenindustrie auf eine gesunde Basis gestellt und durch ziemlich konstant bleibende niedere Brennspirituspreise (mit Ausnahme der Preise 1904/05) den Lampenfabriken einen genügenden Absatz gewährleistet hätte.

Allein, wenn auch das Interesse weiterer Kreise an der Benutzung von Spiritusglühlicht wegen seiner vielseitigen Überlegenheit über das Petroleumlicht ein unverkennbares ist, so hat sich doch gezeigt, daß die Modelle, welche dem Publikum bisher angeboteu wurden, noch zu teuer waren, um einen Massenabsatz, wie er geplant war, herbeizuführen. Um die Lampenindustrie zu fördern, wurden daher Preisausschreiben erlassen, welche die Herstellung von Modellen geeigneter Art bezweckten. Diese Preisausschreibungen wurden von der Zentrale für Spiritusverwertung mit 15000 Mk., von den preußischen Landwirtschaftskammern mit 5000 Mk. und von der Deutschen Landwirtschaftsgesellschaft mit 1000 Mk. dotiert, Se. Maj. der Kaiser stiftete ebenfalls einen Ehrenpreis. Die Ausschreiben hatten einen guten Erfolg, indem sich 10 Fabrikanten mit 15 Modellen beteiligten. Prämiiert wurden die bekannten Fabrikate der Spiritusglühlichtgesellschaft „Phöbus“, ferner der Amorbrenner, die „Säkularlampe“, der „Spiritusglühlichtbrenner“ einer Berliner Aktiengesellschaft und der „Rustikus“-Brenner. Wenn die prämiierten Lampen auch noch nicht vollkommen das gesteckte Ziel erreichen, so tragen sie doch wesentlich mit dazu bei, den Absatz an Leuchtspiritus zu heben und üben so auf das ganze Spiritusgewerbe einen merklichen Einfluß aus.

c) Verbrauch zu motorischen Zwecken.

Flüssige Brennstoffe für den Antrieb von Motoren zu verwenden hat man bereits 1864 versucht, in welchem Jahre ein Franzose Lenoir die ersten, aber noch sehr unvollkommenen Verbrennungsmotoren herstellte und in den Handel brachte. 1873 wurde dann von Julius Hock der erste Benzinmotor konstruiert. Die ersten Versuche mit Spiritusmotoren wurden im Jahre 1895 von Professor W. Hartmann in der Zeitschrift des Vereins deutscher Ingenieure veröffentlicht. Im gleichen Jahre befaßte sich dann Professor Slaby an der technischen Hochschule in Berlin mit derartigen Versuchen, welche günstige Resultate ergaben. Die Körtingsche Maschinenfabrik konstruierte nun verschiedene Motore, über welche Gutachten von Ingenieur Haag und Ingenieur Goslich vorliegen. Endlich haben wir aus dem Jahre 1901 Versuchszahlen, welche von Professor Eugen Mayer von der technischen Hochschule zu Charlottenburg an einem Spiritusmotor der Gasmotorenfabrik Deutz und drei Motoren der Motorenfabrik Marienfelde gemacht worden sind. Diese Versuche ergaben ein äußerst günstiges Resultat für den Spiritusmotor. Als notwendig erweist es sich dabei allerdings, daß der Spirituspreis ein gleichmäßiger und billiger ist. Es ist ein Verdienst des Spirituskartells gewesen, daß es auch in Zeiten von Spiritusknappheit und hohen Preisen den Motorspiritus stets billig an den Konsumenten abgegeben hat.

Auch in der Motorspiritusindustrie hat man durch Preisausschreiben und durch Ausstellungen die Industrie angespornt und mit vielem Erfolg die Verwendung von Spiritusmotoren gefördert. Wir werden in der statistischen Übersicht, welche sich als zusammenfassender Überblick über die Entwicklung der Brennspiritusindustrien auf die Spiritusindustrie an diesen Abschnitt anreihen wird, zahlenmäßig die Entwicklung der Spiritusmotorenindustrie beleuchten. Die Motorenindustrie steckt heute noch in den Kinderschuhen; welch enorme Bedeutung aber die Industrie in der Zukunft haben kann, ersieht man am deutlichsten aus den Berechnungen Prof. Dr. N. Wenders, der in seinem Werke, die Verwertung des Spiritus für technische Zwecke, folgendes schreibt: „Bei einer allgemeinen Verwendung von Spiritus zu motorischen Zwecken läßt sich eine wirtschaftliche Umwälzung voraussagen, deren Folgen garnicht abzusehen sind. Bedenkt man, daß eine zehnpferdige Lokomobile bei zehn stündiger Arbeitszeit an 300 Tagen im Jahre nahezu 14000 l Spiritus erfordert, so kann man ermessen, welch ein Absatz an Spiritus sich ergeben wird. wenn auch nur im gleichen Tempo wie bisher fortgeschritten wird.“

Überblicken wir die Brennspiritusindustrien und ihre Entwicklung, so können wir konstatieren, daß *Brennspiritusindustrietechnik und Spiritusgewerbe sich gegenseitig beeinflußt haben*; die Technik, indem sie den Verbrauch an Spiritus gesteigert hat, die Industrie, indem sie eine leistungsfähige Technik aufgemuntert hat, Apparate zu konstruieren die ihre Produkte konsumieren sollen.

Folgende Zahlen mögen diese Behauptungen noch erläutern und beweisen.

Nach den Vierteljahrsheften zur Statistik des deutschen Reiches wurden mit allgemeinem Denaturierungsmittel versetzt, also zu technischen, Koch-, Heiz-, Leucht- und Motorzwecken bestimmt: [1])

	Hektol. Alkohol		Hektol. Alkohol
1887/88 . . .	**137 900**	1897/98 . . .	528 764
1890/91 . . .	243 725	1898/99 . . .	609 765
1891/92 . . .	274/881	1899/1900 . .	655 022
1892/93 . . .	315 254	1900/01 . . .	782 295
1893/94 . . .	363 586	1901/02 . . .	704 729
1894/95 . . .	414 298	1902/03 . . .	870 735
1895/96 . . .	478 766	1903/04 . . .	**931 406**
1896/97 . . .	528 196		

d. h. der *Verbrauch* hat sich *seit 1887/88 nahezu versiebenfacht.*

Der Absatz an Lampen, Apparaten usw. läßt sich leider nicht genau angeben, da nur von Seiten der Zentrale für Spiritusverwertung eine Statistik über die von ihr verkauften Apparate existiert; weitaus die meisten Apparate aber von den Fabriken usw. direkt bezogen werden dürften; allerdings werden die Ziffern der Zentrale mit denen des Ge-

[1]) Vergleiche hierüber auch die Tabellen des Anhangs.

samtabsatzes harmonieren und insofern sich als Maßstab eignen, als sie prinzipielle Zunahmen oder Abnahmen konstatieren.

Nach den Jahresberichten der „Zentrale" betrug deren Umsatz an technischen Apparaten (außer Motoren)

1901/02 . . .	**766000** Mk.
1902/03 . . .	1954000 „
1903/04 . . .	**1353000** „

Abgesetzt wurden:

	1901/02	1902/03	1903/04	1900/01
Handkocher	73000	**94300**	—	**28300**
billige, einfache Handkocher	9300	**11650**	—	**1700**
bessere, einflammige Handkocher	8000	**8900**	—	**2200**
zwei und dreiflammige Handkocher	5330	**7300**	—	**1688**
Plätteisen	19000	**29000**	—	**2300**
Heizöfen	**600**	**3000**	—	—
Lampenbrenner und Hängelampen	21850	37500	**67000**	**1710**

Am wichtigsten ist natürlich die Vermehrung des Lampenabsatzes, da man durchschnittlich auf jede Spirituslampe einen Spiritusverbrauch von 100 l jährlich rechnen kann, so daß immer 10000 Lampen einem regelmäßig wiederkehrenden Jahresabsatz von etwa einer Million Liter Spiritus entsprechen.

Was den Absatz an Spiritusmotoren und Motorspiritus betrifft, so geben hierfür folgende Tabellen Aufschluß.

Der Verbrauch von Motorspiritus war:

1901/02	**1,3** Millionen Liter
1902/03	2,4 „ „
1903/04	**3,6** „ „

Die Zahl der im Betriebe befindlichen Spiritusmotore betrug nach den Jahresberichten der Zentrale:

1900/01 ungefähr	**450**
1901/02 „	1000

1902/03 ungefähr 1600
1903/04 „ **2000**

Interessant für die vielseitige Verwendbarkeit dieser Motore ist eine Statistik der Zentrale über 1146 Spiritusmotore, deren Verwendung zu ihrer Kenntnis gelangte. (Siehe Anhang Tabelle VIII.)

Schließlich sei hier noch ein von Wender[1]) angestellter Vergleich einer 10 P.S. Dampf- und 10 P.S. Spirituslokomobile bei 1000 Betriebsstunden im Jahre wiedergegeben.

A) Allgemeine Jahreskosten in Mark.

	Dampf-lokomobile	Spiritus-lokomobile
1. Amortisation	280	277,50
2. Verzinsung	280	277,50
3. Bedienung (1 Mann bei der Dampflokomobile pro Tag 2,50 Mk.) .	250	125
4. Schmiermittel	68	68
5. Abschreibungen (Versicherungsgebühren 1 %)	182	180,38
Unterhaltungskosten (Reparaturen) 1,85 %, Putzmittel usw. 0,40 % = 3,25 %.		
Summe A	**1060** Mk.	**928,38** Mk.

B. Kosten des jährlichen Bedarfs an Brennmaterial und Wasser in Mark.

Für die Dampflokomobile täglich	428	kg Kohlen
pro Jahr	42800	„ „
dazu zum Anlassen jährlich	5000	„ „
zusammen jährlich	47800	kg Kohlen

Für die Spirituslokomobile täglich 57 l, im Jahre 5700 l, Benzol-Spiritus, dazu zum Anlassen 83 l Benzin jährlich.

6. Wenn einschließlich der Fracht bis zur nächsten Eisenbahnstation kosten:

---

[1]) Die Verwertung des Spiritus für Technische Zwecke a. a. O.

100 kg Kohlen	2,07	Mk.
100 l Benzin	36,—	„
100 l Spiritus (90 %)	17,—	„
100 l Benzol	21,50	„
100 l Benzolspiritus	17,90	„

so kostet der angegebene Jahresbedarf

	f. d. Dampf-lokomobile	f. d. Spiritus-lokomobile
	989,46 Mk.	**1050,18** Mk.
7. Die Fracht für das Brennmaterial pro Jahr von der Bahn bis zum Wirtschaftshofe	180,— „	9,— „
8. Für die Zufuhr von Kohlen und insbesondere von Wasser zur Dampflokomobile ist zu rechnen (täglich 6.30 Mk.)	630,— „	—,— „
Summe B	**1799,46** Mk.	**1059,18** Mk.
Eine effektive Pferdekraftstunde kostet	**28,59** „	**19,88** „

Die Spirituslokomobile spart somit täglich 8,71 Mk. oder pro Jahr 871 Mk.

Fassen wir unser Urteil über den Einfluß der Technik der Konsumtionsindustrien auf das Spiritusgewerbe zusammen, so kommen wir zu folgendem Resultat:

Die Spirituosenindustrie bedarf im allgemeinen nur geringer technischer Hilfsmittel; sie steht zum großen Teile noch auf einer Wirtschaftsstufe der Tradition, wo Herkommen und Ursprungsort das Gewerbe beeinflussen und dem Produkte seinen Preis vorschreiben. In der Essigindustrie hat es die Technik verstanden, ein Mittel zu finden, das vom Spiritus emanzipiert und somit in negativer Weise die Spiritusindustrie beeinflußt. Von größerer Bedeutung als die Technik dieser Gewerbe und die mancher kleinen Konsumindustrien der Branntweinindustrie sind die

Brennspiritusgewerbe. Ihre technische Entwicklung ist zwar noch sehr jung, aber sie hat gleich mit großen Schritten eingesetzt und sie wird, wenn nicht mißliche Verhältnisse das Spiritusgewerbe wieder in die alte Uneinigkeit zurückwerfen, in Zukunft von der größten Bedeutung sein, denn der Weg, den wir heute gehen, ist der von der Schnapsflasche zur Brennspiritusflasche. „Die wachsende Spiritusproduktion soll nicht als Trinkbranntwein, sondern in Wärme, Licht und Kraft umgesetzt, das Petroleum verdrängend, zu technischen Zwecken Verwendung finden. Gegen das ausländische Petroleum will die Kartoffel und schließlich, in Spiritus umgesetzte Sonnenwärme eingetauscht werden." Diese Worte hat Prof. Dr. M. Delbrück in einem Vortrag vor Mitgliedern aller Parteien des Reichtages am 28. Februar 1901 gesprochen. Sie zeigen uns, welche Aufgaben der Technik noch harren; sie zeigen uns, wo die Technik einzusetzen hat, sie zeigen uns, daß es die dritte Gruppe unseres Gewerbes die Konsumindustrie und zwar hauptsächlich die Spiritus verbrauchenden Gewerbe sind, deren technische Entwicklung in Zukunft dem gesamten Gewerbe von allergrößter Bedeutung sein werden. Wenn wir bedenken, daß noch vor 50 Jahren, abgesehen von einer unbedeutenden Verwendung des Spiritus zu Heizzwecken, die anderen Verwendungsarten so gut wie unbekannt waren, so kann man die Entwicklung, welche der Spiritusverbrauch zu Heiz-, Beleuchtungs- und Kraftzwecken genommen hat, geradezu als staunenswert bezeichnen. Es muß hier unbedingt anerkannt werden, daß das Kartell es gewesen ist, welches die Verbrauchssteigerung auf diesem Gebiete zu erzielen vermochte. Eine Betrachtung des Spirituskartells muß daher, wenn sie objektiv sein will, an diesem Punkt einsetzen, denn letzthin sind es ja doch unsere steigenden Kartoffelernten gewesen, welche das Brennereigewerbe gezwungen haben, die gemeinsame wirtschaftliche Gefahr, welche jede Überproduktion in sich birgt, zu überwinden. Es ist notwendig, für eine volkswirtschaftlich nützliche Verwendung der überschüssigen Kartoffelmengen zu sorgen. Wir sagen mit Behrend:

1. den technischen Spiritus verarbeitenden Gewerben liegt die Aufgabe der Verwertung dieser Mengen ob.

2. Nicht die Herstellung von Trinkbranntwein, sondern die Herstellung von Spiritus zu technischen Zwecken ist das Gebiet, auf dem die Erweiterungsfähigkeit unseres Gewerbes liegt.

Der Kampf, der hier geführt wird, ist der Kampf des nationalen Bodens, der Kampf der deutschen Landwirtschaft gegen ausländische Erdprodukte, gegen das Petroleum. Dieser Kampf kann rationell nur geführt werden von einem syndizierten Gewerbe, das in der Lage ist, die Produktion zu regeln, die Technik zu fördern und den Kampf mit wirksamen Waffen zu führen. Wenn nun auch das Spirituskartell nicht immer in dieser Richtung erfolgreich gewesen ist, so beweist das noch nicht, daß es nicht den Willen gehabt hat, der nationalen Volkswirtschaft nützliche Dienste zu leisten. Es wäre ungerecht, nur nach dem Erfolge sein Urteil zu fällen.

Daß die deutsche Landwirtschaft in ihrer Mehrheit aber eingesehen hat, von welch großem Nutzen ihr die Kartellierung ist, beweist die Erneuerung des Spirituskartells, welche am 11. Juni 1907 erfolgt ist.

Als der Vertragsentwurf für die Verlängerung des Kartelles erschien, setzte bald eine starke Opposition ein. Denn im neuen Entwurf hat die Brennergruppe die dominierende Stelle. Anstelle der hohen Rektifikationsprämien gewährte sie den Spritfabrikanten bedeutend geringere Sätze und auch sonst hat man den Raffinerien die Entschädigungen für Lagerungen, Faßmiete usw. nicht unbeträchtlich geschmälert. Eine Reihe von süddeutschen Spritfabriken machte den Versuch, das Zustandekommen des neuen Kartells zu vereiteln, denn dieses sollte nur dann erneuert werden, wenn sich in Bayern, Württemberg und Baden 10 Millionen Liter, im übrigen Reich weitere 160 Millionen Liter Kontingentspiritus zum Zusammenschluß finden würden.

Im März 1907 erreichte die Agitation ihren Höhepunkt, Se. Königl. Hoheit Prinz Ludwig von Bayern trat mit seiner Brennerei selbst an die Spitze der Landwirte, die auf das energischste für die Erneuerung des Spiritussyndikats tätig waren. Am 13. Juni 1907 konnte der Verwertungsverband deutscher Spiritusfabrikanten verkünden, daß sein Werben nicht vergeblich gewesen war, 162 434 455 Literkontingent hatten sich in Norddeutschland, 11 049 939 Literkontingent in Süddeutschland angeschlossen, die Bedingungen für den Abschluß des neuen Hauptvertrages mit den Spritfabriken waren erfüllt.

Wir sehen, wie die Organisation der Spiritusindustrie einen einschneidenden Einfluß auf die Technik von Konsumtionsgewerben auszuüben vermag und wie andererseits die verbesserte Technik die Wirtschaft beeinflussen kann, indem sie einen Absatz da ermöglicht, wo früher andere Produkte verwandt worden sind, wie sie nach neuen Quellen sucht, die die gesteigerte Produktion abführen sollen.

Bevor wir jedoch unsere Betrachtungen schließen und die einzelnen Faktoren und ihre Wirkungen auf dieses Gewerbe einem Vergleiche unterziehen, wollen wir in einem kurzen Kapitel den Einfluß einer Bewegung schildern, welche dem Trink-Spiritusgewerbe feindlich gegenüber steht. Gemeint sind alle jene Bestrebungen, welche wir als Antialkoholbewegung zu bezeichnen haben.

Viertes Kapitel.

Die Antialkoholbewegung und ähnliche Bestrebungen in ihren Wirkungen auf Technik und Wirtschaft.

Literatur.

Die Literatur der früheren Kapitel ist teilweise mitbenützt, hier jedoch nicht mehr eigens aufgeführt.

XI. Internationaler Kongreß gegen den Alkoholismus, Stockholm, August 1907. Berichte der Frankfurter Zeitung. — V. Deutscher Abstinententag zu Flensburg, Ende Juli 1907. Berichte der Frankfurter Zeitung. — Handwörterbuch der Staatswissenschaften, Bd. 7, Artikel Trunksucht von W. Bode, II. Aufl. — Reichsarbeitsblatt, 4. Jahrg. 1906, Nr. 1–6, Beiträge zur Alkoholfrage. — Hoppe, Alkohol und Kriminalität 1906, Wiesbaden. — Aschaffenburg, Das Verbrechen und seine Bekämpfung, Heidelberg 1906. — Rubensohn, Das Gothenburger System und seine Anwendung, Stockholm 1907. — Bertillon, L'alcoolisme et les moyens de le combattre jugés par l'experience, Paris 1904. — Wassermann, Beruf, Konfession und Verbrechen, München, 1907. — Bergmann-Kraut, Geschichte der Antialkoholbewegung, Hamburg 1904. — Lombroso, Die Ursachen und Bekämpfung des Verbrechens 1902, Berlin.

Als nicht zu unterschätzenden Faktor müssen wir in unserer Untersuchung diejenigen Bestrebungen einer wenn auch nur kurzen Betrachtung unterziehen, die sich als Maßregeln gegen den Alkoholmißbrauch, insbesondere aber gegen den Verbrauch von Trinkbranntwein richten.

Von der Ansicht ausgehend, daß der Alkohol, in ganz hervorragendem Maße aber die aus Spiritus erzeugten Getränke in gesundheitlicher, wie in moralischer Beziehung einen großen wirtschaftlichen Schaden verursachen können und teilweise auch verursachen, haben weite Kreise eine Propaganda ins Leben gerufen, die jener „Immoralität" entgegentreten will.

Wir bezeichnen diese Propaganda als Antialkoholbewegung und machen es uns nun hier zur Aufgabe, in beschreibender Weise ihre Art des Auftretens zu schildern und ihren Einfluß auf die Spiritusindustrie zu untersuchen. Es kann gewiß nicht bestritten werden, daß der übermäßige Genuß geistiger Getränke, ganz besonders aber derjenige hochprozentiger Spirituosen gesundheitlich sehr schädlich wirkt und die durch übermäßigen Genuß bei einzelnen herbeigeführten Rauschzustände zu unethischen und unmoralischen Handlungen führen können; auch ist Degeneration in Trinkerfamilien eine ziemlich bewiesene Tatsache. Eine große Anzahl von Schriftstellern, meist medizinischer Fakultät haben nun auf statistischem Wege versucht, fast alle menschlichen Handlungen unter dem Gesichtswinkel des Alkoholgenusses zu betrachten und sind dabei zu oft ganz absurden Resultaten gelangt. So enthält das gewiß sonst ganz vortreffliche Buch von Hoppe — Alkohol und Kriminalität — die Behauptung, daß die besondere Stellung, welche die Juden in der Kriminalitätsstatistik einnehmen, bedingt sei durch die größere Alkoholabstinenz ihrer Rasse[1]). Ein weiterer Mangel in der Behandlung der schädlichen Wirkungen des Alkohols liegt darin, daß zuviel Detailstatistik getrieben wird, indem meist nur kleine Personengruppen beobachtet werden, die ausnahmsweise viele Trinker unter sich haben. Die angestellten Enqueten haben aber auch deshalb oft recht zweifelhaften Wert, da der oft sehr wenig gebildete Befragte sich leicht Dinge suggerieren läßt, die meist gar nicht, oder in viel geringerem Umfange zutreffend sind.

---

[1]) Rudolf Wassermann, Beruf, Konfession und Verbrechen. München, 1907. weist diese Behauptung mit Recht zurück.

Auch die amtlichen Erhebungen, welche die Beziehungen zwischen Alkohol und Kriminalität beleuchten, leiden unter dem Mangel an genügendem Material. Eine sehr eingehende Behandlung, vielleicht die beste amtlich statistische Darstellung dieser Frage gibt wie so oft die belgische Kriminalstatistik [1]).

Die *Gesetzgebung* hat in Erkenntnis der schädlichen Wirkungen des übermäßigen Alkoholgenusses sich fast in allen Staaten an denjenigen Bestrebungen beteiligt, welche eine Einschränkung des Alkoholmißbrauches bezwecken. Dies ist entweder unmittelbar geschehen, indem man auf die Herstellung alkoholiger Getränke hemmend eingewirkt oder mittelbar, indem sich die Regierung der Antialkoholbewegung dienstbar erwiesen hat, z. B. durch Bestrafung der Trunkenheit, die Entmündigung Trunksüchtiger usw.

Die Verminderung des Alkoholangebots kann die Regierung auf dreierlei Arten verfolgen:

1. Sie kann Herstellung und Verkauf vollständig untersagen (sogenannte Prohibition);

2. den Ausschank an gemeinnützige Gesellschaften übertragen (Gothenburger System) oder die privaten Gewerbe durch ein Staatsmonopol ausschalten;

3. das private Schankwesen mit hohen Sondersteuern belegen, resp. für die Schankstellen staatliche oder gemeindliche Konzessionierung fordern.

Die *Prohibition* findet sich in einer Reihe von amerikanischen Staaten, das Staatsmonopol in den Vereinigten Staaten, Südkarolina, Rußland und der Schweiz; in den Staaten Nordkarolina, Georgia und Alabama sind die Gemeinden Träger des Monopols. In Skandinavien herrscht vorwiegend das *Gothenburger System*, welches das privatwirtschaftliche Erwerbsinteresse ausschaltend, das Schankrecht gemeinnützigen Gesellschaften überträgt.

---

[2]) Reichsarbeitsblatt Nr. 4, IV. Jahrg. 1906. Bedauerlicherweise enthält diese Statistik einige sinnentstellende Druckfehler, welche in Nr. 6 des Reichsarbeitsblattes eine Berichtigung gefunden haben.

Die deutsche Regierung sorgt für Verminderung des Alkoholangebots auf die dritte mögliche Art, indem sie wie die meisten europäischen Staaten das Konzessionsystem eingeführt hat. Die Konzessionsbedingungen sind in § 33 der Reichsgewerbeordnung enthalten, welche den Kleinhandel von Branntwein oder Spiritus von einer Erlaubnis abhängig macht. Diese Erlaubnis kann in einer Anzahl von im Gesetz näher bezeichneten Fällen verweigert werden. Neben dem Reichsgesetze sind den Landesregierungen in Deutschland noch eine Reihe von beschränkenden Maßregeln freigestellt, schließlich steht in den meisten Bundesstaaten den Polizeibehörden auf Grund landesrechtlicher Befugnisse das Recht zu, gewissen Personen durch Verbot der Verabfolgung von Spirituosen und des Aufenthalts in Schankstätten, den Alkoholgenuß zu erschweren oder unmöglich zu machen.

Außer diesen unmittelbaren Maßnahmen sind es noch eine Reihe oben schon erwähnter mittelbarer, welche in den verschiedenen Ländern angewandt werden. An erster Stelle ist hier die Steuergesetzgebung anzuführen. In Deutschland machen die aus Getränkeabgaben herrührenden Staatseinnahmen (1903) 9,7 % der gesamten Staatseinnahmen aus, was zwar absolut viel, im Verhältnis zu anderen Staaten aber nicht sehr hoch erscheint[1]).

Die deutsche Gesetzgebung befaßt sich an verschiedenen

---

[1]) Die Einnahmen aus Getränkeabgaben betragen in Prozent der Gesamtstaatseinnahmen

in Großbritannien und Irland 1903	26,9 %
„ den Vereinigten Staaten von Nordamerika 1903	26,7 „
„ den Niederlanden 1903	16,9 „
„ Canada 1903	15,2 „
„ Belgien 1902	11,9 „
„ Frankreich 1903	10,7 „
„ Deutscchland 1903	9,7 „

Vgl. ferner die von uns angestellten neueren Berechnungen in den Annalen des Deutschen Reichs, Heft IV und Tabelle XXXIII des Anhangs.

Stellen mit der Trunkenheit und Trunksucht, wegen letzterer kann sogar Entmündigung eintreten.

Einen äußerst weitgehenden Antrag auf dem Gebiete der Antialkoholgesetzgebung brachte am 1. Mai 1902 Graf Douglas im preußischen Abgeordnetenhaus ein.

Der Wortlaut dieses Antrags sei hier wiedergegeben:

„Das Haus der Abgeordneten beschließt, die königliche Staatsregierung aufzufordern:

1. Nach dem Vorgange der Gesetzgebung süddeutscher Staaten schon in nächster Tagung einen Gesetzentwurf zur Verhütung und Einschränkung des schädlichen Genusses alkoholischer Getränke vorzulegen, durch welchen insbesondere Gast- und Schankwirten, sowie Kleinhändlern untersagt wird, Branntwein an Kinder unter 14 Jahren überhaupt an Personen vom 14. bis 16. Lebensjahre zum eigenen Gebrauch, sowie geistige Getränke zu verabreichen an Betrunkene und solche Personen, die von der Polizeibehörde den Gast- und Schankwirten als Trunkenbolde bezeichnet sind;

2. durch geeignete Veröffentlichungen den weitesten Kreisen des Volkes zu Bewußtsein zu bringen, welche schädlichen Wirkungen der übertriebene Alkoholgenuß auf die körperliche und geistige Gesundheit, die Nachkommenschaft, die Erwerbstätigkeit, das Anwachsen der Verbrecher hat;

3. Erhebungen über die für Trinker bestehenden Heilanstalten und sonstige Einrichtungen anzustellen und die Unterbringung von Trinkern in geeignete Anstalten, sowie die Fürsorge für sie zu fördern, insbesondere auf die Einrichtung öffentlicher Anstalten zur Unterbringung der wegen Trunksucht Entmündigten Bedacht zu nehmen und zwar bei unbemittelten Trunksüchtigen nach Maßgabe des Gesetzes vom 11. Juli 1891 und des Gesetzes vom 2. Juli 1900;

4. in Wartesälen, Wartezimmern der Behörden und sonstigen öffentlichen Räumen, in welchen das Publikum zu verkehren pflegt, durch bildliche Darstellungen und geeignete Belehrungen die schädlichen Wirkungen des über-

triebenen Alkoholgenusses, insbesondere auch auf die Organe des menschlichen Körpers zu veranschaulichen;

5. darauf zu halten, daß die Jugend in der Schule über die schädlichen Folgen des übertriebenen Alkoholgenusses aufgeklärt wird und zwar in den höheren Klassen der oberen Lehranstalten durch Ärzte;

6. in allen staatlichen und der staatlichen Aufsicht unterstellten Betrieben mustergültige Einrichtungen zu schaffen, die Bestrebungen der Privaten und der Vereine zur Bekämpfung der Trunksucht zu fördern und ebenso in erhöhtem Maße die Einrichtung von Volksbibliotheken, Lesehallen und anderen Aufenthaltsräumen ohne Trinkzwang sowie Spielplätzen zu fördern;

7. ferner auf den Erlaß von Polizeiverordnungen hinzuwirken, durch welche nach Lage der örtlichen Verhältnisse der Ausschank und Verkauf von geistigen Getränken in den späten Abendstunden und frühen Morgenstunden, sowie während des Hauptgottesdienstes an Sonn- und Festtagen verboten wird und zwar tunlichst durch Festsetzung von Polizeistunden für Schänken;

8. bei dem Bundesrat dahin vorstellig zu werden, daß eine Verordnung erlassen wird, nach welcher es den Gast- und Schankwirten sowie den Kleinhändlern untersagt wird, Branntwein in anderem, als reinem, von gesundheitsschädlichen Stoffen freien Zustande zu verabreichen;

9. beim Bundesrat eine Novelle zum Strafgesetzbuch einzubringen, die bestimmt, daß Trunkenheit nur dann, wenn sie unter starkem äußeren Zwange entstanden, als strafmildernd und strafmindernd angesehen werden darf;

10. bei den verbündeten Regierungen auf den Erlaß eines Gesetzes zur Bekämpfung der Trunksucht hinzuwirken, welches die Konzessionspflicht im Sinne des Gesetzentwurfes zur Bekämpfung der Trunksucht vom 15. Januar 1892 regelt, ferner auch die Vorschriften der §§ 2, 3 und 10 des Gesetzentwurfes enthält;

11. bei den verbündeten Regierungen auf Erlaß eines

Gesetzes hinzuwirken, nach welchem Bier unter 2 % Alkoholgehalt steuerfrei ist;

12. nach Analogie der Kommission zur Bekämpfung der Krebskrankheiten und Tuberkulose eine Landeskommission zur Bekämpfung der Trunksucht einzusetzen.

Der Antrag wurde im Hause der Abgeordneten, wie auch im preußischen Herrenhaus angenommen. Wenn auch noch kein Gesetz, so hat er doch eine Reihe von Verordnungen in seinem Sinne gezeitigt, die von den verschiedenen Ministerien z. B. in Gestalt von Alkoholverboten während des Dienstes, Aufklärung der Rekruten im Landheer und Marine, erlassen wurden. (Vgl. z. B. den gemeinsamen Runderlaß der preußischen Ministerien, betreffend die Bekämpfung übermäßigen Alkoholgenusses vom 28. April 1903 M.Bl. S. 204).

Alle diese Erlasse, die mehr aufklärend und warnend als verbietend wirkten, haben selbstverständlich durchgreifende Erfolge nicht gezeitigt.

Neben der Gesetzgebung, neben den Ministerien, den gemeindlichen und staatlichen Behörden hat die Selbsthilfe zu wirken versucht.

Die Geschichte der Mäßigkeits- und Enthaltsamkeitsvereine ist eine fast hundertjährige. Die im Staate Newyork liegende Stadt Moreau hat den ersten Enthaltsamkeitsverein in ihren Mauern gründen sehen (1808), es folgten dann an bedeutenden Institutionen die American Temperance Society zu Boston (1826), der bereits 1813 die in gleicher Stadt entstandene Gesellschaft von Massachusetts zur Unterdrückung der Unmäßigkeit vorausgegangen war.

Das Jahr 1833 sah den ersten Temperenzkongreß zu Philadelphia. — Wir entnehmen aus der von Bergmann-Kraut verfaßten Geschichte der Antialkoholbestrebungen[1], daß in einem Zeitraum von sieben Jahren über 6000 Temperenzvereine entstanden waren, die über eine Million

[1]) Hamburg 1904.

Mitglieder zählten, daß 2000 Brennereien ihren Betrieb, 5000 Kaufleute den Spirituosenhandel eingestellt hatten. Bergmann-Kraut berichtet weiter, wie Heer und Marine das Alkoholgift bannten und erwähnt, daß 5000 Säufer dem Genusse alkoholischer Getränke entsagt und achtbare und nützliche Menschen geworden seien. Der amerikanischen Bewegung folgten bald ähnliche Erscheinungen in der alten Welt. Und wenn diese organisierte Bekämpfung des Alkoholismus auch meist nur vorübergehend einen bedeutenderen Aufschwung annahm, wenn wir nach den fünfziger Jahren des vorigen Jahrhunderts ein merkliches Nachlassen, ja teilweise ein gänzliches Aufhören konstatieren können, so muß hier dennoch eine kurze, historische Betrachtung dieser Erscheinungen vorgenommen werden, deshalb schon, weil sich jene Antialkoholbewegung wesentlich von den neueren Bestrebungen ähnlicher Natur unterschied, indem erstere sich in der Hauptsache gegen den Branntweingenuß richtete, während letztere alle alkoholischen Getränke befehdet.

Die Temperenzvereine in Irland, Schottland und England, die Ende der zwanziger und zu Anfang der dreißiger Jahre des 19. Jahrhunderts entstehen und die rasch große Anhängerzahlen aufzuweisen vermögen, treten für vollständige Enthaltsamkeit vom Genuß von Branntwein ein, aber sie gestatten den mäßigen Genuß gegorener Getränke. Die Propaganda dieser Institutionen war eine äußerst lebhafte. Sie wurde unterstützt durch geeignete Druckerzeugnisse und deren Verbreitung in den weitesten Kreisen; ein Mittel, das auch heute noch eine große Rolle spielt. (Man denke nur z. B. an das in nahezu einer Million Exemplaren abgesetzte Alkoholmerkblatt des Kaiserlichen Gesundheitsamtes). Um auf dem europäischen Festlande für die amerikanische Bewegung Anhänger zu gewinnen, ließ man von Seiten der amerikanischen Temperenzgesellschaft 1835 ein in französischer Sprache abgefaßtes Werk erscheinen, betitelt: „Histoire des sociétés de tempérance des Etats unis d'Amérique (Paris 1835). 1835 kam ein Vertreter jener

Temperenzgesellschaft nach Europa. Es war der Verfasser jener Geschichte der Mäßigkeitsgesellschaft in den Vereinigten Staaten von Amerika, ein gewisser Robert Baird. König Friedrich Wilhelm III. hatte seine Entsendung veranlaßt. Er ließ auch sein Buch ins Deutsche übersetzen (Berlin 1837) und in 30000 Exemplaren auf seine Kosten verteilen. Die Geistlichen des Landes erhielten den Befehl, das Volk aufzuklären und Bestrebungen gegen den Alkohol in die Wege zu leiten. Eine rege Agitation in Wort und Schrift setzte ein. Außergewöhnliche Erfolge begleiteten sie. Bereits 1845 gab es in Norddeutschland 1072 Mäßigkeitsvereine mit 425552 Mitgliedern, die Gesamtzahl der Mitglieder aller Mäßigkeitsinstitutionen belief sich auf 1650000. 1844 wurden in Schlesien 500000 Männer und Frauen für die Enthaltsamkeit von Branntwein gewonnen. In einzelnen Städten mit großen Mäßigkeitsvereinen ist zeitweise ein Rückgang des Schnapskonsums zu beobachten. Nach Bode gewann der Enthaltsamkeitsverein der Stadt Osnabrück vom 27. Februar bis Juni 1840 2342 erwachsene männliche Mitglieder, am 1. Mai 1841 gehörten in Stadt und Land 5913 Mitglieder dazu. Der Branntweinkonsum hatte in der Stadt 1839 164192 Quart betragen, 1840 betrug er nur noch 113421 Quart. In einem Jahre bedeutet dies eine Einsparung von 15000 Taler Schnapsgeld. Allein diese ältere deutsche Antialkoholbewegung hat keinen dauernden Bestand. Unzureichende Organisation der Vereine, das Versagen der Führer, die Ablenkung des Interesses infolge politischer Ereignisse ließ die rasch erblühte Bewegung fast vollständig von der Bildfläche verschwinden.

In den siebziger und achtziger Jahren des 19. Jahrhunderts beginnen dann jene Erscheinungen, welche man als die zweite deutsche Mäßigkeitsbewegung bezeichnet hat. Diese ist nur eine Teilerscheinung, denn die heutige Antialkoholbewegung ist eine internationale. Die Institutionen, welche sie in sich schließt, sind Verbände, die sich über die ganze Welt verbreiten, so z. B. die Heilsarmee (Salvation Army), das „Blaue Kreuz“, der „Weltbund abstinenter

Frauen“ (World Woman's Christian Temperance Union) und andere.

Für uns in Deutschland kommen neben den Logen des aus Amerika stammenden Guttemplerordens (Indepedent Order of Good Templars) und den seit 1884 sich ausbreitenden Vereinigungen des „Blauen Kreuzes“ in Betracht, der Verein gegen Mißbrauch geistiger Getränke (am 29. März 1883 in Kassel gegründet) und die Zentralorganisation der Enthaltsamkeitsvereine Deutschlands, die den Namen: „Allgemeiner deutscher Zentralverband zur Bekämpfung des Alkoholismus“ führt und seit 1904 besteht. Neben diesen großen Vereinigungen, die Tausende von Mitgliedern zählen, gibt es noch viele kleinere Organisationen, wie z. B. den Verein abstinenter Ärzte (Heidelberg), Verein abstinenter Studenten, Verein abstinenter Lehrer, den deutschen abstinenten Frauenbund usw. Die Zahl der organisierten Abstinenten dürfte sich auf 40—50 000 in Deutschland belaufen.

Die Tätigkeit dieser Organisation ist eine doppelte. Einerseits verpflichten sie ihre Mitglieder, selbst dem Alkohol, insbesondere aber dem Branntwein zu entsagen, andererseits suchen sie durch eine wirksame Propaganda noch außenstehende Kreise für ihre Ideen zu gewinnen.

Die Antialkoholbewegung hat im allgemeinen nur geringe Wirkungen auf die Spiritusindustrie in den einzelnen Ländern auszuüben vermocht. Sie hat wohl einmal in den achtziger Jahren die amerikanische Whiskyindustrie bedroht, aber außer in den Ländern, die das Gothenburger System eingeführt haben, eine merkliche Reduktion des Alkoholgenusses nicht erzielen können. Dieser Trinkverbrauch betrug in Deutschland im Durchschnitt der Jahre

1888/99 . . .	219,1	Millionen Liter Spiritus (r. A.)
1893/98 . . .	223,2	„ „ „ „
1898/1903 . .	238,0	„ „ „ „

Diejenigen Berechnungen, welche den Verbrauch pro Kopf der Bevölkerung angeben, begehen den Fehler, daß sie den Alkoholverbrauch nicht mit der trinkmündigen, erwachsenen

Bevölkerung, sondern mit der Gesamtbevölkerung in Beziehung setzen. Es ist dies ebenso unrichtig, wie wenn man die Geburtenzahl mit der Gesamtbevölkerung in Verbindung setzen wollte, statt, wie es heute als richtig anerkannt wird, mit der Zahl der gebärfähigen Mütter. Ein weiterer Fehler der deutschen Statistik ist, daß sie berechnet, wie viel Liter à 100 % reinen Alkohols auf den Kopf der Bevölkerung kommt; die französischen Statistiker berechnen die Literzahl à 50 %. Beides gibt Anlaß zu Fehlresultaten. Der Trinkspiritus (Likör, Branntwein usw.) enthält meist 30—35 % reinen Alkohol. Der Trinker kann jedoch kaum merken, wenn der Alkoholgehalt um 5 % reduziert wird. Dies ist aber in den Jahren hoher Spirituspreise (1902/03, 1903/04, 1904/05, 1905/06) sicher geschehen, da man im Verkaufspreis nicht hinaufgehen wollte, also, um sich schadlos zu halten, geringergrädige Waren bieten mußte. Die Antialkoholbewegung könnte von Erfolgen sprechen, wenn Tausende von Hektolitern nicht getrunken werden, da die Trinker auf ihren Genuß verzichten, weil sie die Schäden des Alkoholgenusses erkennen. Dies ist aber nicht der Fall: Die Trinker haben in den letzten Jahren sicher quantitativ ebensoviel getrunken, wie früher, da aber die Quantität qualitativ minderwertiger war, haben sie unbewußt weniger Liter reinen Alkohols genossen. Der Rückgang in der Literzahl auf den Kopf der Bevölkerung (von 4,2 1901/02 auf 3,8 1905/06) ist daher in erster Linie den erhöhten Spirituspreisen und nur zu ganz geringem Teil in den Wirkungen der Antialkoholbewegung zu suchen.

Und dennoch hat diese Bewegung Einflüsse auszuüben vermocht auf Wirtschaft und Technik des Branntweingewerbes. Die überzeugenden Darstellungen hervorragender Gelehrter von den schädlichen Folgen des Alkoholgenusses haben den Leitern der Spiritusindustrie, den Unternehmern, eine moralische Pflicht auferlegt. Sie durften die Zukunft ihres Gewerbes nicht mehr in der Steigerung der Verwendung von Trinkspiritus sehen. An Stelle von Bestrebungen, die auf eine Absatzerweiterung von Trinkspiritus hinzielen, traten deshalb jene großzügigen Maßnahmen zur Verbreitung des Spiritus für technische Zwecke. So kann man trotz unserer früheren Ausführung sagen, die Antialkoholbewegung ist von Einfluß gewesen auf die Entwicklung der gesamten Spiritusindustrie und deren Technik und deshalb hat sie auch hier Erwähnung finden müssen[1]).

[1]) In allerjüngster Zeit ist eine Änderung der Verhältnisse eingetreten, die darin besteht, daß die Antialkoholbewegung nunmehr einen Grad erreicht hat, der nicht mehr gebilligt werden kann und der geeignet ist, alle beteiligten Faktoren (Landwirtschaft, Gewerbe, Absatzindustrie und Fiskus) zu schädigen. Muß man naturgemäß jeder vernünftigen Mäßigkeitsbewegung das Wort reden, so darf doch nicht verkannt werden, daß die Behauptungen der Abstinenten geradezu groteske Übertreibungen enthalten. (Vgl. Zeitschrift für Spiritusindustrie, Jahrg. 1908). Im Institut für Gärungsgewerbe in Berlin sind, wie uns Herr Geheimrat Prof. Delbrück mitteilt, nunmehr aus diesen Gründen zwei neue Abteilungen ins Leben gerufen worden: 1. eine für Likörindustrie, welche die Technik der Likörfabrikation nach allen Richtungen hin durch Forschung und Unterricht fördern will und die hofft Deutschland den übrigen Likörexportländern (England, Frankreich, Holland) einst ebenbürtig an die Seite zu stellen. 2. eine ernährungs-physiologische Abteilung, welche die Aufgabe hat, festzustellen, welche Beschaffenheit und Form des Branntweins erwünscht erscheint, um die schädigende Wirkung möglichst gering zu gestalten. Branntwein, sagt sie, ist ein diätetisches Genußmittel von sehr hoher Bedeutung, dessen Verwendung — immer das Mäßigkeitsprinzip an die Spitze gestellt — man wohl zu fördern berechtigt ist.

Fünftes Kapitel.

Schlufsfolgerungen.

In der Entwicklung des Spiritusgewerbes lassen sich drei Perioden konstatieren. Die Periode der aufblühenden Technik, der Steuergesetzgebung und der Konzentrationsbewegung. Das soll nicht heißen, daß, wenn die eine Epoche aufhört, sofort ein neuer Zeitabschnitt beginnt, der vom vorhergehenden nichts weiß, und daß die vorhergegangene damit vollständig abgetan wäre. Vielmehr ist es stets ein Nebeneinanderwirken von Technik, Steuer und Organisation gewesen, welches dieses Gewerbe ausgezeichnet hat. Derjenige Faktor, der bei unserer Einteilung den Namen für die Periode abgibt, tritt nur in der betreffenden Periode besonders stark hervor und beeinflußt in derselben das Gewerbe in bedeutendem Maße. So können wir denn sagen, der Einfluß der Technik auf die Wirtschaft unserer Industrie war zeitweise ein großer, aber es kommen Zeiten, in denen andere Faktoren wie Wirkungsausschalter funktionieren und durch ihre starke influenzierende Tätigkeit für die Spiritusindustrie von größerer Bedeutung werden als die Technik.

Die Technik ist ein bewährtes, vielleicht das beste Mittel, den Menschen vom Naturzwang zu befreien. Dieser Naturzwang besteht darin, daß durch die natürliche Ausstattung jeder Erdstelle „Naturstoffe und -kräfte in ganz bestimmter Menge und Qualität an ganz bestimmten Orten und zu bestimmten Zeiten gegeben sind“. Nach Ort und

Zeit, nach Menge und Qualität zwingt die Natur und befreit die Technik. Die Förderung der modernen Naturwissenschaften, die großen Entdeckungen und Erfindungen auf chemisch-physikalischem Gebiete beeinflussen selbstverständlich alle Gewerbe, welche in ihren Wirkungs- und Tätigkeitsbereich fallen. Das Ende des 18. Jahrhunderts, das beginnende 19. Säkulum ist die Periode, in der die Chemie in ein neues Stadium eintritt. 1794 wird von Pristley der Sauerstoff entdeckt, jene wichtige Entdeckung, auf der die Lavoisier'sche Oxydationsidee sich aufbaut. Um jene Zeit lebt auch Gay-Lussac. Und so ist das ausgehende Jahrhundert Friedrichs des Großen, die Zeit, in der Napoleon I. auf der Bildfläche erscheint, in welcher die meisten Gewerbe jenen Schritt unternehmen, den man als den Übergang von der Stufe der Tradition zur Stufe der Wissenschaft bezeichnet hat, jene Periode, in der die wissenschaftliche Forschung beginnt, für die Praxis maßgebend zu werden. In diese Zeit fällt das Aufblühen unseres Gewerbes, in dieser Zeit beginnen die ersten hervorragenden Entdeckungen in unserer Industrie und in ihr sehen wir den hervorragenden Einfluß, den eine hochentwickelte Technik auf ein Gewerbe haben kann.

Die Technik macht zunächst vom Ortszwang frei. Sie führt unsere Industrie auf das Land, um nunmehr die kaum 100 Jahre in Deutschland heimische Kartoffel zu verwerten. Die Technik ermöglicht erst den Großbetrieb, erfordert ihn aber auch in gewissem Sinne. Bald sehen wir auch eine Einwirkung des technischen Faktors auf die Dauer des Betriebes, die verringert wird, auf die Arbeiterzahl und auf die angewandten Hilfskräfte der Natur. Dampf und Maschine verdrängen die Handarbeit. Aber nicht nur Arbeitsform und Arbeitsweise ändern sich, auch das Arbeitsresultat wird ein anderes. Ersparnisse an Rohmaterialien, Qualitätsverbesserungen, verminderte Betriebsverluste, größere Ausbeuten bringt uns jene Periode, in der die Entwicklung der Spiritustechnik so rasch und zielbewußt vorwärts schreitet.

Doch es sind nicht nur Resultate rein materieller Natur, die eine hochentwickelte Technik im Wirtschaftsleben schaffen kann. Die hochentwickelte Technik bringt es mit sich, daß der Praktiker den Theoretiker, der im Laboratorium für ihn schafft, schätzen lernt und daß der Gelehrte den Gewerbetreibenden hört, um sich seines praktischen Erfahrungsschatzes zu bedienen. So treten zwischen Praxis und Theorie innige gegenseitige Beziehungen ein, eine Arbeitsgemeinschaft und Arbeitsteilung, die der Gesamtheit nützt. Die Technik verlangt von Gewerbetreibenden eine entsprechende Vorbildung, um die Naturgesetze zu verstehen, deren sie sich bedient. Sie erzieht so den Menschen zur geistigen Arbeit, hebt dann auch seine soziale Stellung und wirkt kulturfördernd. Für alle diese Behauptungen haben wir im Verlaufe unserer Darstellungen Beweise zu erbringen versucht, und so gezeigt: Die Spiritusindustrie hat eine hochentwickelte Technik, welche die Wirtschaft des Gewerbes in hervorragendem Maße beeinflußt hat und heute noch beeinflußt.

Auf die Periode der technischen Entwicklung folgt diejenige der Steuergesetzgebung. Das heißt jene Epoche, in der die steuergesetzlichen Maßnahmen einen derartig bedeutenden Einfluß auf das Gewerbe ausüben, daß sie alle anderen Faktoren in ihrer Einwirkung auf die Spiritusindustrie übertreffen. Wir haben gesehen, daß diese Einwirkung nicht plötzlich erfolgt ist. Lange ringen Technik und Steuer miteinander, da die erstere immer wieder versucht, die erhöhten Abgaben durch bessere Ergebnisse wett zu machen. Und wenn wir weiter oben eine Veränderung des Produktionsstandortes in den zwanziger und dreißiger Jahren des vorigen Jahrhunderts auf das Konto der Technik und ihrer Entwicklung geschrieben haben, so müssen wir an dieser Stelle ergänzend konstatieren, daß auch die Steuergesetzgebung an dieser Platzwechslung ihren Anteil hat.

Doch, was waren eigentlich die Ziele, welche der Staat mit seiner Steuerpolitik anstrebte? Die Steuergesetzgebung ist von jeher von drei Motiven geleitet gewesen; vom fiskalischen, volkswirtschaftlichen und hygienischen. Die Branntweinbesteuerung hat damit oft einen Widerspruch in sich selbst gezeitigt. Der Geldbedarf des Reiches verlangt ausgiebige Einnahmen, hohe Erträge. Die Öffentlichkeit wünscht eine Eindämmung des Alkoholgenusses. Dieselbe Steuer, die also dem Staat reiche Mittel zu verschaffen hat, soll dazu dienen, die Quelle jener Mittel, den Alkoholkonsum zu beschränken. Das volkswirtschaftliche Motiv mußte leiden, wenn das fiskalische überwog. Mit Nebengesetzen versucht man helfend einzuschreiten. Schutz dem kleinen Manne, Schutz der Landwirtschaft, Förderung der Technik lautete die Parole. Es ist wieder der Kampf gegen den Naturzwang, den der Staat hier aufnimmt; den Kampf gegen die Natur, die mit ihren oft unberechenbaren Ernten dem Gewerbe so ungeheuer geschadet hat. Die richtige Beziehung zwischen Produktion und Konsum herzustellen ist das einzige Lösungsmittel, hier liegt die Möglichkeit einer Emanzipation vom Zwange der Natur. Der Staat greift ein, er fördert die Technik, er erleichtert den Export und die Verwendung zu technischen Zwecken und versucht der Überproduktion zu steuern (Brennsteuer). Doch der Erfolg ist kein voller und darum bilden sich nun aus dem Gewerbe heraus neue Institutionen, um den Staat zu unterstützen und um mit ihm den Kampf gegen die Abhängigkeit von der Natur aufzunehmen. Es sind dies die behandelten Konzentrationsbestrebungen. Das Spirituskartell erscheint auf der Bildfläche und der Organisationsfaktor wird zum dominierenden Einflußmoment im Gewerbe. Die ursprüngliche Brennereitechnik und Spritfabriktechnik ist hoch genug entwickelt, man wendet sich anderen Gebieten zu. Es beginnt eine Periode neuen Aufblühens der Technik, aber derjenigen der Abnehmergewerbe unserer Industrie, der Technik des Brennspiritusgewerbes. Nur eine geeinte Industrie kann Bedeutendes leisten, durch rechtzeitige Produktionseindämmung, durch geeignete Exporte der Übererzeugung ein Paroli bieten. Der Staat und die kartellierte Industrie sehen in der Förderung der Technik ein bewährtes Hilfsmittel, das der Allgemeinheit zu nützen vermag. Wer den Kampf mit der Natur zu einem für den Menschen siegreichen gestalten will, muß die vom Naturzwang befreiende Technik fördern. Indem er sie fördert, beeinflußt er gleichzeitig die gesamte Wirtschaft. Aber die Wirtschaft, die so den technischen Einfluß immer und immer wieder verspürt, läßt nichts auf sich einwirken ohne zu reagieren. Und so sehen wir denn in der heutigen Zeit sich eine Technik entwickeln, die vielleicht, ja wahrscheinlich wieder einmal zum Dominieren des technischen Faktors führen kann. Allein die zweite Periode des technischen Fortschritts ist grundverschieden von der vorhin behandelten, sie ist die schon erwähnte Technik der Brennspiritus konsumierenden Betriebe. Auch die Antialkoholbewegung hat ihren Anteil an ihrer Entwicklung.

Der einzelne ist nicht in der Lage, die Technik nach dieser Richtung hin zu fördern. Darum ist die Vereinigung und Konzentration nur zu begrüßen. Wenn es der dritten Gruppe unseres Gewerbes, den Konsumindustrien nicht gelungen ist, sich zu vereinen, so kann man ihnen nur wünschen, daß sie geeignete Wege finden mögen, die auch ihnen ermöglichen, an den großen Aufgaben mitzuwirken, die der Spiritusindustrie noch harren. Die Zukunft der Spiritusindustrie wird in der Absatzerweiterung für den technischen Spiritus zu suchen sein und dieser Gesichtspunkt wird in Zukunft maßgebend sein müssen für alle Staatsmaßnahmen, die dieses Gewerbe betreffen. Der Brennspiritus liefert keinen Steuerertrag. Erhöhung der Verbrauchsabgaben für den Trinkbranntwein bedeutet Rückgang des Konsums. Aus diesen und mannigfachen andern Gründen darf man sich auch von einem Branntweinmonopol keine allzu optimistischen Erwartungen machen und sich Mehreinnahmen für die Reichsfinanzen[1]) vorläufig nur in

[1]) Vgl. den Artikel des Verfassers in Nr. 423 (1907) der M. N. N., welcher sich mit dem Problem des „Reichsalkoholmonopols“ befaßt.

beschränktem Maße versprechen. Doch es ist zweifellos, daß auch der Staat auf Mehreinnahmen hoffen darf, wenn er die Beziehungen zwischen Produktion und Absatz zu regeln versteht, der deutschen Kartoffel nutzbringende Verwendung sichert. Wenn der gesteigerte Konsum der Brennspiritusindustrien zu mäßigen aber auskömmlichen Preisen, eine große und damit relativ billige Produktion erlaubt, kann der Trinkspiritus ruhig höher belastet werden, denn der Rückgang des Trink-Branntweinkonsums ist ja dann durch die Steigerung des Brennspirituskonsums ausgeglichen. Das gefestigte Gewerbe allein vermag dauernde und gleichmäßige Steuerquelle zu sein.

Menschenkräfte und Naturgewalten müssen sich vereinen, um dem Gewerbe Gedeihliches zu bringen. Der Faktor Technik ist ein bedeutender, in seiner Einwirkung auf die Wirtschaft. Um diese Einwirkung beurteilen zu können, ist es notwendig gewesen, das ganze Gewerbe und alle auf es einwirkenden Faktoren zu betrachten. Nur so ist es möglich zu erkennen, wie die Technik wirkt und mit welchen Hindernissen und Förderungsmitteln der technische Faktor zu rechnen hat.

Vgl. ferner den Anhang. Vorliegendes Kapitel ist noch vor Bekanntwerden der Regierungsvorlage niedergeschrieben.

Anhang.

Literatur.

Die Literatur des Hauptteils ist teilweise mitbenutzt und darum hier nicht eigens aufgeführt.

Entwurf eines Gesetzes über den Zwischenhandel des Reichs mit Branntwein. — Statistik des Deutschen Reichs. — Statistische Jahrbücher für das deutsche Reich, speziell 1888, S. 193, 1906 (27. J.), 1907 (28. J.). — Monatshefte zur Statistik des deutschen Reichs, speziell 1887, XI., S, 66, 1889, VII., S. 30. — Zeitschrift für Spiritusindustrie, XXX. Jahrgänge. — Handelsarchiv, seit 1887. — Vierteljahrshefte zur Statistik des deutschen Reichs, besonders 1903, I., 1896, I., 1901, Heft II, 1905, S. 2. — Jahrbücher des Vereins der Spiritusfabrikanten in Deutschland, seit 1901. — Berichte der Zentrale für Spiritusverwertung G. m. b. H., Berlin, seit 1899. — Alcoholic Beverages, 1905. — Rauchberg, Berufs- und Gewerbezählung im deutschen Reich vom 14. Juni 1895, Berlin 1901. — Handbuch der deutschen Aktiengesellschaften, Bd. II, 10. Aufl., Berlin und Leipzig 1906. — Salings Börsenjahrbuch 1907/08. — Monatliche Nachweise über den auswärtigen Handel (seit 1892 monatlich). Vergleiche ferner die auf den Tabellen angezogene Literatur.

I.

Der Entwurf eines Gesetzes über den Zwischenhandel des Reichs mit Branntwein.

Am 5. November 1908 ist dem Reichstag der „Entwurf eines Gesetzes über den Zwischenhandel des Reichs mit Branntwein“ zugegangen. Das projektierte Gesetz, das wir im nachfolgenden als Branntweinmonopolentwurf bezeichnen, umfaßt in 7 Abschnitten 167 Paragraphen.

Der erste Abschnitt ist überschrieben: Allgemeine Vorschriften. Er legt die Grundzüge des Monopoles dar. Aller im Inlande hergestellter Branntwein, soweit er nicht von Abfindungsbrennereien und Qualitätsbrennereien hergestellt ist, wird vom Reiche zu einem im Entwurf näher beschriebenen Preise gekauft, und dann in einer vorgeschriebenen Beschaffenheit zum „Branntweinverkaufspreise" für des Reichs Rechnung verkauft (§ 1).

Unter den im Deutschen Reich bestehenden 65405 Brennereien gibt es 57852, die zusammen nur ca. 30000 hl erzeugen (Betriebe unter 10 hl Produktion), ferner 1778, die zusammen 50000 hl herstellen (Betriebe mit 10—50 hl Produktion), weiter 881 Brennereien, die besondere Branntweinsorten produzieren, Qualitätsbranntweinbrennereien genannt, die 250000 hl reinen Alkohols herstellen. Diese drei Brennereigruppeu fallen nicht in den Bereich des Monopols. Sie sollen wie bisher, eine bestimmte Abgabe an den Staat entrichten und von der Lieferung an das Reich entbunden sein; ihre im einzelnen unbedeutende Produktion also im freien Verkehr absetzen dürfen (§ 15, 18).

Diesen 330000 hl stehen 3500000 hl Alkohol gegenüber, welche dem Reiche von ca. 5000 Brennereibetrieben geliefert werden (genau 4894 Brennereien, worunter 4580 landwirtschaftliche und 314 gewerbliche).

Die Branntweinablieferung an das Reich ist Pflicht und ein Dritter, der ein Recht an den abzuliefernden Branntwein hat, kann dieses Recht nicht geltend machen, wenn durch dasselbe die Ablieferung an das Reich oder die Weiterveräußerung durch das Reich verhindert oder beeinträchtigt werden sollte (§ 3).

Die Verwaltungsstelle, welche als Zentralorgan des staatlichen Zwischenhandels fungiert und denselben einheitlich leiten soll, heißt Vertriebsamt und hat die Ablieferung des Branntweins aus den Brennereien, den Versand, die Lagerung, Reinigung, vollständige Denaturierung und den Verkauf des Branntweins zu regeln, die Reinigungsanstalten und Branntweinlager betriebstechnisch zu beaufsichtigen und den Verrechnungsverkehr mit dem Reich vorzunehmen (§ 5). Das Kaiserliche Vertriebsamt untersteht direkt dem Reichskanzler; es wird von einem Vorstande, bestehend aus einem Vorsitzenden und zwei Mitgliedern geleitet. Wie bisher sollen die Beamten der Landesregierungen gewisse im Gesetz näher bezeichneten Überwachungstätigkeiten ausüben (§ 7). Reichsbeamte des Vertriebsamtes sind die in den vom Reiche etwa angekauften Spritfabriken angestellten Beamten, ferner die kaufmännischen Leiter der Vertriebsbezirke, in welche das deutsche Reich eingeteilt werden soll. Diese Leiter werden im Einvernehmen mit den Landesregierungen ernannt.

Dem Vorstand des Vertriebsamtes, bestehend aus drei Personen, von denen nach der Begründung zum Entwurfe einer Kaufmann sein soll, ist ein Beirat zur Seite gestellt, der in wichtigeren Fällen (z. B. Produktionseinschränkung, Preisfestsetzung usw.) zur gemeinsamen Beschlußfassung mit dem Vorstande zusammentritt (§ 6).

Der Beirat besteht aus 20 Mitgliedern. Fünf ernennt der Bundesrat, fünf der Reichstag, fünf werden aus den Kreisen der landwirtschaftlichen Brenner und fünf auf Vorschlag des Vertriebsamtes vom Reichskanzler berufen. Unter den letzteren müssen sich auch Vertreter der gewerblichen Brennereien, der den Branntwein verarbeitenden Gewerbe und des Handels befinden.

Diese verschiedenartige Zusammensetzung ist auf den Wunsch zurückzuführen, die beteiligten Kreise mögen im Beirat ihre Interessen berücksichtigt sehen und deshalb Vertrauen zu ihm hegen. Die zu treffenden näheren Bestimmungen über den Beirat sind im allgemeinen dem Bundesrat überlassen.

Der zweite Abschnitt des Gesetzentwurfes handelt in seinem ersten Teil von der Herstellung des Branntweins.

Der Entwurf legt zunächst fest, daß eine im Gesetz näher bestimmte Menge reinen Alkohols jährlich von den Brennereien erzeugt werden dürfe und vom Reiche zum regelmäßigen Branntweinankaufspreise zu übernehmen sei (§ 23).

Diese Menge, das Gesamtbrennrecht aller Brennereien, berechnet sich nach dem durchschnittlichen Inlandsverbrauch an Alkohol in Deutschland, während der Jahre 1904/05, 1905/06, 1906/07 und beläuft sich demgemäß auf 3 702 000 hl reinen Alkohols. Branntwein, der außerhalb des Brennrechts hergestellt wird, führt den Namen „Überbrand" und wird vom Reich nur zu herabgesetzten Preisen übernommen. Das Gesamtbrennrecht zerfällt in so viel Einzelbrennrechte, als es Brennereien gibt. Die Einzelbrennrechte lassen sich wieder in zwei Gruppen trennen. I. Die Brennrechte der bestehenden Brennereien aller Art; II. die Brennrechte der neu entstehenden landwirtschaftlichen Brennereien und der gewerblichen Kleinbrennereien. Bei den zur Gruppe I gehörenden Brennereien ist bei Bemessung des Brennrechtes nun wieder zu unterscheiden:

a) der reguläre Fall;

b) die im Gesetz bezeichneten Ausnahmekategorien.

Ia. Die Brennerei erhält prinzipiell ein Brennrecht, das dem Betriebsumfange angemessen erscheint (§ 24). Die Hektolitermenge berechnet sich nach dem Durchschnitt der von der Brennerei in den Jahren 1897/98—1906/07 erzeugten Menge. Die höchste und die niederste Jahresziffer werden bei dieser Berechnung weggelassen; Jahre, in welchen ein Betrieb nicht stattfand, bleiben außer Ansatz. Wie wir früher ausführten, hat in einzelnen Jahren, welche der Brennrechtsbemessung zugrunde gelegt werden, durch die Zentrale für Spiritusverwertung angeregt, eine freiwillige Produktionseinschränkung der Mehrzahl der Brennereien stattgefunden. Um nun Brennereien, die an dieser Produktionseinschränkung seinerzeit nicht teilgenommen haben, nicht zu bevorzugen, ist im § 25 des Entwurfes bestimmt, daß als Jahresziffern bei der Berechnung nur die Mengen anzusetzen sind, die sich ergeben würden, wenn die genannten Brennereien seinerzeit ihren Betrieb eingeschränkt hätten.

Gewerbliche Brennereien, und solche welche mehr als 200 hl Brennrecht zu beanspruchen haben, müssen sich bei der Berechnung eine Kürzung gefallen lassen, die evtl. bis zu 5 % der in Rechnung zu stellenden Menge beträgt.

Ib. Eine Ausnahme gegenüber der vorerwähnten Brennereiart machen:

1. gewerbliche Betriebe, die nach dem 30. September 1902 betriebsfähig hergerichtet sind, resp. solche, die in den letzten Jahren infolge der hohen Spirituspreise ihren Betrieb wesentlich ausgedehnt haben (gewerbliche Hefebrennereien § 26). Da diese Betriebserweiterung in letzter Linie auf die Produktionseinschränkung der landwirtschaftlichen Brennereien zurückzuführen ist, so erscheint es den Verfassern des Entwurfs sachlich gerechtfertigt und billig, das Brennrecht dieser Brennereien zwar nach der oben erwähnten Methode zu berechnen, aber wesentliche Kürzungen eintreten zu lassen.

2. Landwirtschaftliche Brennereien, die nach dem 30. September 1902 „betriebsfähig hergerichtet“ sind, sollen mindestens 90 % der in Rechnung zu stellenden Jahresmenge, aber nicht mehr als 800 hl Alkohol erhalten (§ 24,3, 27). Die Begründung bemerkt, daß diese Brennereien nach dem geltenden Branntweinsteuergesetz nicht mehr zu erwarten berechtigt seien.

3. Landwirtschaftliche Brennereien, die zwar vor dem 1. Oktober 1907 betriebsfähig hergerichtet waren, bei denen aber in den letzten Jahren hinsichtlich der landwirtschaftlich genutzten Fläche Veränderungen wesentlicher Natur vorgekommen sind. Hier ist bei der Bemessung des Brennrechtes ein besonderes Sachverständigenverfahren vorgesehen; maßgebend ist im allgemeinen der Betriebsumfang (§ 27).

4. Gewerbliche Brennereien, die zwischen dem 1. Oktober 1905 und 1. Oktober 1907 entstanden sind,

werden hinsichtlich des Brennrechtes nach näheren Bundesratsbestimmungen behandelt, jedoch soll auch hier der Betriebsumfang von ausschlaggebender Bedeutung sein (§ 28).

5. Kleinbrennereien erhalten mindestens ein halbes Hektoliter Brennrecht (§ 4).

Besondere Härten bei der Brennrechtsbemessung kann der Bundesrat beseitigen (§ 31).

II. Hinsichtlich des Brennrechtes, der neuentstehenden Brennereien ist zu bemerken, daß nur zwei Brennereikategorien ein solches beanspruchen können

a) landwirtschaftliche,
b) gewerbliche Kleinbrennereien (Obst, Beeren, Wein und Treesterbetriebe).

Die Kategorie IIb. erhält pro Brennerei im Höchstfalle 10 hl Brennrecht, die Kategorie IIa. pro Brennerei im Höchstfalle 600 hl (§ 32, 36).

Das Gesamtbrennrecht der neuentstehenden Brennereien richtet sich nach der Menge von Spiritus, welche in den Inlandsverbrauch gelangt, da nur die überschießende Alkoholmenge über das bestehende Brennrecht zur Hälfte genommen das neue Gesamtmehrbrennrecht rechnerisch ergibt (§ 32).

Über das Brennrecht folgen nun eine Reihe von Details, aus welchen wir folgende hervorheben:

A. Geht eine landwirtschaftliche Brennerei zum gewerblichen Betriebe über, so verliert sie ihr Brennrecht zur Hälfte (§ 37).

B. Die Vereinigung von Brennrechten landwirtschaftlicher Brennereien ist unter gewissen Voraussetzungen angängig (§ 38).

C. Kleinbrennereien können, wenn sie es als vorteilhaft erachten, das Brennrecht für 10 Jahre auf einmal abbrennen und zur Ablieferung bringen (§ 41).

D. Das Reich kann für Brennereien über 10 hl im Falle einer Überproduktion eine zeitweilige Produktionseinschränkung anordnen (§ 44).

Der zweite Teil des zweiten Abschnittes des Entwurfes ist überschrieben: Sicherung und Überwachung der Branntweinerzeugung. Es bringt in den §§ 45 bis 70 wenig neues, da, wie die Begründung bemerkt, die bisher bestehenden Verschluß- und Überwachungseinrichtungen im allgemeinen ausreichen. § 35 ermächtigt den Bundesrat Brennereien, die Wein, Obst, Beeren u. dgl. verarbeiten, gewisse Erleichterungen hinsichtlich der Einrichtungen zu gestatten. Da die Monopolverwaltung ein Interesse an Frachtersparnissen hat, so übernimmt das Reich die erstmalige Anschaffung von Sammelgefäßen usw. auf seine Kosten, wenn die Gefäße mindestens 15000 l Raum enthalten und die Anschaffung tatsächlich als im Verwaltungsinteresse zu bezeichnen ist (§ 58).

Die übrigen hier nicht aufgeführten Bestimmungen entsprechen denen des jetzt geltenden Gesetzes, resp. den zu diesem Gesetze vom Bundesrat erlassenen Ausführungsbestimmungen.

Im III. Abschnitt überschrieben: Regelung des Zwischenhandels sowie der Reinigung und Vergällung des Branntweins ist der Kern des Entwurfes enthalten:

§ 74 besagt im Satz 1 ganz prinzipiell: Das Vertriebsamt hat nach näherer Bestimmung des Bundesrats alle zur Durchführung des Zwischenhandels, der Reinigung und Vergällung (= Denaturierung) erforderlichen Maßnahmen zu treffen.

Man wird am besten die Maßnahmen des Vertriebsamtes in zwei Gruppen scheiden:

a) Einrichtungsmaßnahmen,

b) Durchführungsmaßnahmen.

In der Begründung wird darauf hingewiesen, daß die Spirituszentrale alle für den Betrieb erforderlichen Einrichtungen zur Verfügung habe und da sie mit dem Inkrafttreten des Gesetzes davon voraussichtlich keinen Gebrauch machen kann, so muß sie sofort zur Liquidation schreiten. Die Begründung spricht sich nun weiter dahin aus, daß die Übernahme dieser Einrichtungen vom Reiche soweit in Erwägung zu ziehen sei, als dieses dadurch Kosten erspart. Zu den wichtigsten Einrichtungsgegenständen gehören: Die Anschaffung oder Abmietung von Fässern, Kesselwagen, Tankschiffen, die Pachtung, Errichtung und Erwerbung von Reinigungsanstalten, Branntweinlägern, ferner die Erwerbung von kaufmännischen und betriebstechnischen Einrichtungen und die Übernahme von Personen und Vereinigungen, die bisher die Vermittlung des Rohbranntweinhandels betrieben haben. Hier ist an die sogenannten Brennereivermittler gedacht, Personen, die den Brennereien seit Jahrzehnten Fässer und Kesselwagen zur Branntweinabnahme gestellt und Vorschüsse gewährt haben.

Was die Durchführungsmaßnahmen betrifft, so handelt es sich einmal um den Abschluß von eventuellen Verpachtungsverträgen über Reinigungsanstalten, und Verträgen über Weiterbeschäftigung der Vermittler. In die Durchführungsgruppe gehören aber auch die Bestimmungen, betreffend die Pflicht des Vertriebsamtes, stets hinlänglich gereinigten Branntwein in den Verkehr zu bringen (§ 75), die Vergällung, (Denaturierung) des Branntweins zu besorgen, die, soweit sie eine vollständige ist (der Begriff „vollständig“ entspricht dem des Gesetzes von 1887 nebst Novellen), ausschließlich dem Vertriebsamt zusteht. Das Vertriebsamt hat in gemeinschaftlicher Beschlußfassung mit dem Beirat die Branntweinankaufs- und Verkaufspreise festzusetzen und im Reichsanzeiger zu publizieren. Eine Reihe weiterer Einführungs- und Durchführungsmaßnahmen finden sich auch im Abschnitt VI, Übergangsvorschriften und wird bei dessen Behandlung auf dieselben hingewiesen werden.

Neben den vom Vertriebsamt zu treffenden Dispositionen bringt Abschnitt III noch in ausführlicher Weise Bestimmungen über die Preise, welche den Brennereien zu bezahlen sind und über die Verkaufspreise, welche das Vertriebsamt festsetzt.

Die Unterlagen für den Ankaufspreis bilden Angaben über den Umfang des Kartoffelbaues, deren Stärkegehalt und Preis u. ä.

Alljährlich werden, wie es bei der Spirituszentrale der Fall war, für das Betriebsjahr in der Zeit bis Ende November die Preise festgesetzt und zwar wird zunächst ein „Abschlagspreis" bezahlt, der baldmöglichst auf den „endgültigen" Preis zu erhöhen ist. Eine Erhöhung des Branntweinankaufspreises soll im allgemeinen nur dann eintreten, wenn die Produktion eines Anspornes bedarf (§ 78).

Die Brennereibesitzer sind verpflichtet, diejenigen Angaben (über die Ernte usw.) zu machen, deren das Betriebsamt bedarf, um die Preise festzusetzen.

Die Preisbasis bildet der „Branntweingrundpreis". Dieser soll so bemessen sein, daß er die durchschnittlichen Herstellungskosten eines Hektoliters Alkohol in gut geleiteten landwirtschaftlichen Kartoffelbrennereien mittleren Umfangs, d. i. mit jährlicher Produktion von 800 hl deckt, und die Schlempe dem Besitzer als Gewinn kostenfrei läßt (§ 80).

Für Brennereien unter 800 hl Jahreserzeugung innerhalb des Brennrechts stellt sich der Preis dar als:

Grundpreis + Zuschlag.

Der Zuschlag steigt von 0.50 Mk. für das Hektoliter bis auf 6 Mk. für das Hektoliter (bei nur 200 hl Produktion).

Für Brennereien mit mehr als 800 hl Jahreserzeugung innerhalb des Brennrechtes tritt ein Abschlag ein. Für sie stellt sich der Preis dar als:

Grundpreis — Abschlag.

Der Abschlag wächst mit der Größe der Brennereierzeugung von 0.50 Mk. für das Hektoliter auf 8 Mk. für das Hektoliter bei 8000 hl Produktion.

Diese Preisabstufung, die eine Maximalspannung von 14 Mk. zwischen den Groß- und Kleinbetrieben aufweist, entspricht der grundlegenden Bestimmung, nach welcher der Branntweinverkaufspreis sich nach den Brennereiselbstkosten richten soll.

Wie im Gesetz von 1887 bei der Kontingentsbemessung ist auch hier die Genossenschaftsbrennerei insofern bevorzugt, als für sie nur $^4/_5$ des ordentlichen Abschlages gegebenen Falles zu kürzen sind (§ 82).

Außer den Ab- und Zuschlägen, die sich nach dem Erzeugungsquantum richten, sind Ab- und Zuschläge vorgesehen, welche sich nach der örtlichen Lage richten. Wir haben es hier mit der Übernahme des in der Spiritusindustrie bestehenden Paritätsplatzprinzipes (siehe Kapitel III Organisation) zu tun. Die gewerblichen Brennereien erhalten den im § 80 für die landwirtschaftlichen Brennereien festgelegten, oben erläuterten Grundpreis, von welchem jedoch bei Betrieben mit einer Jahreserzeugung innerhalb des Brennrechtes von

mehr als	20	bis	2000 hl	6 %
„ „	2000	„	4000 „	8 „
„ „	4000	. . .	„	10 „

gekürzt werden (§ 85).

Branntwein, der den Brennereien besondere Reinigungskosten verursacht und besser verwertbar ist, genießt einen um 1 Mk. pro Hektoliter erhöhten Preis, Branntwein mit geminderter Verwertbarkeit muß sich einen in der Regel um 1 Mk. geminderten Preis gefallen lassen (§ 87 und 88). Die hier erwähnten Ankaufspreise gelten, das sei nochmals hervorgehoben, nur für die innerhalb des Brennrechtes erzeugten Mengen.

Der Überbrand (das sind die außerhalb des Brennrechtes hergestellten Spiritusquanten § 39) erhält einen Preis der ganz im Belieben des Vertriebsamtes steht. Der Entwurf sagt hier nur, daß er unter Berücksichtigung der obwaltenden Umstände festgesetzt werde, daß die gewerblichen Brennereien einen um 10 % geringeren Überbrandpreis erhalten, wie die landwirtschaftlichen. Kleinbrennereien (unter 10 hl) erfahren diesen Abschlag nicht (§ 89).

Wie bisher soll der Brennereibesitzer alsbald nach der Ablieferung in den Besitz seines Geldes gelangen und ist als Zahlungsstelle in erster Linie die Reichsbank gedacht (§ 90).

Der Verkaufspreis des Reichs stellt sich als auf folgender kaufmännischer Kalkulation beruhendes Ergebnis dar. Das Reich ist Monopolinhaber, kann also theoretisch den Preis so hoch bemessen, wie es will. Da das Monopol aber 220 Millionen Mark Reinertrag abwerfen soll, so ergibt sich folgendes.

Die Verwaltung berechnet ihre Ausgaben, die aus folgenden Hauptpositionen bestehen:

a) Ankaufspreis der Rohware („Einstandspreis");
b) Verwaltungs- und Geschäftskosten;
   1. Personal und Sachausgaben für das Vertriebsamt und die Reichsbeamten;
   2. Verwaltungsvergütungen an die Bundesstaaten;
c) Aufwendungen für Zinsen und Tilgung der für Entschädigungszwecke u. a. aufzunehmenden Anleihe;
d) Vertriebskosten (Reinigung, Lagerung, Frachten, Vermittlervergütungen usw.)

Die Ausgaben + 220 Millionen Mark ergeben den Gesamterlös, der zu erzielen ist („Sollertrag").

Um nun den Preis pro Hektoliter zu ermitteln, ist folgende Berechnung anzustellen. Von dem Sollertrag ist zunächst die Summe abzuziehen, die sich als Abgabe der dem Monopol nicht angehörenden Brennereien (Abfindungsbetriebe) darstellt (Branntweinaufschlag, § 19).

Von der nunmehr verbleibenden Summe ist ferner abzuziehen der Verkaufserlös aus Branntwein, der zum ermäßigten Preise abgegeben wird (siehe später). Die verbleibende Summe geteilt durch die Hektoliterzahl, welche zum regelmäßigen Verkaufspreis abgegeben wird, ergibt somit den regelmäßigen Verkaufspreis. Daraus resultiert folgende Preisformel:

$$\text{Preis} = \frac{\left(\text{Sollertrag} - \text{Abgabenerlös} - \text{Erlös aus Branntwein zu ermäßigten Verkaufspreisen}\right)}{\left(\text{Verkaufsmenge von Branntwein, der zum regelmäßigen Preis abzugeben ist}\right)}$$

wobei Sollertrag = Einstandssumme + Unkosten + 220 Millionen Mark.

Die Vorlage sieht, wie erwähnt, zwei Preisgruppen vor:

a) reguläre Verkaufspreise;
b) ermäßigte Verkaufspreise.

Das findet seine Begründung in der gegenwärtigen Besteuerung. Diese läßt nämlich eine Reihe von Branntweinarten steuerfrei; wobei es dem Gesetzgeber ankommt 1. auf die Qualität des Branntweins (ob vollständig denaturiert-vergällt oder unvollständig denaturiert oder schließlich undenaturiert); 2. auf die Branntweinverwendung. Da der Konsument heute ja auch seinen Preis als eine Summe von Unkosten ansehen muß, unter welchen die Steuer ein Posten ist, so ist es nur billig, daß nunmehr, wo beim Monopol die zwei Faktoren Spirituspreis und Steuer in einen verschmolzen sind, auch hier diese Verschiedenheit zum Ausdruck kommt.

In der zurzeit bestehenden Steuergesetzgebung ist zum Ausdruck gebracht: Die volle Steuer trägt aller Spiritus, der in den Trinkverbrauch geht; steuerfrei ist ganz oder teilweise alles, was zu gewerblichen Zwecken und zur Ausfuhr Verwendung findet.

So auch im Entwurf: Prinzipiell zahlt jedermann den regelmäßigen Verkaufspreis (§ 91), aber wer Branntwein ausführt (§ 93,1) oder solchen zu gewerblichen Zwecken, zur Essigbereitung, zu Putz-, Heizungs-, Koch- oder Beleuchtungszwecken verwendet, genießt einen ermäßigten Verkaufspreis. Auch solcher Branntwein wird zu ermäßigten Verkaufspreisen abgegeben, der für öffentliche Kranken-, Entbindungs- und ähnliche Anstalten Verwendung finden soll (§ 93).

Um den Absatz an vollständig denaturiertem Branntwein, in der gleichen Weise weiter zu begünstigen, wie es bisher durch die Spirituszentrale geschehen ist, ist ein Preis von 25 Mk. als Verkaufspreis für die nächsten fünf Jahre für diesen Artikel vorgesehen (§ 95).

Der Brennspiritus dient heute, das ist an früherer Stelle ausgeführt worden, zur Erzeugung von Licht, Wärme und Kraft. Die Ausdehnung seines Absatzes erscheint dem Reiche von großer Wichtigkeit, denn auch nach Ablauf der fünf Jahre sollen bei der Festsetzung des Verkaufspreises Vertriebsamt und Beirat darauf bedacht sein, daß es gilt eine weitere Ausdehnung des Absatzes anzustreben.

Der Verkaufspreis für denaturierten Branntwein kann demgemäß sogar unter dem Selbstkosten- resp. Einstandspreise des Reiches liegen. Nicht so jedoch der ermäßigte Verkaufspreis für Branntwein, der ausgeführt oder unvollständig vergällt wird (z. B. zur Essigfabrikation Verwendung findet) oder der gegen Nachweis der Verwendung unvergällt abgegeben werden soll (§ 94, 96). Hier ist unter ermäßigtem Verkaufspreis stets ein Preis zu verstehen, der nicht unter den Selbstkostenpreis der Monopolverwaltung herabgehen darf.

Eine Ausfuhrrückvergütung ist für Trinkbranntwein vorgesehen, der aus dem freien Verkehr zum Exporte gelangt, ebenso auf solche Artikel, zu welchen Branntwein aus dem freien Verkehr verwendet wurde und die ausgeführt werden (§ 99). Die Rückvergütung berechnet sich als Differenzbetrag zwischen dem regelmäßigen Verkaufspreise und dem Selbstkostenpreis der Monopolverwaltung. In der Begründung zum Entwurfe wird ausgeführt, wie die Behandlung des vollständig denaturierten Spiritus gedacht ist. Es gibt nur eine Bezugsquelle, nämlich das Vertriebsamt, das einzig und allein das Recht hat, vollständig zu denaturieren. Die zurzeit bestehenden Vertriebsstellen für denaturierten Spiritus sollen im wesentlichen beibehalten, eventuell neue errichtet werden. Ganz ähnlich, wie heute bei der Spirituszentrale, erhalten sie den Brennspiritus zu einem einheitlichen Preise geliefert und sind verpflichtet den Branntwein mit einem fest zu bestimmenden Aufschlage für die Abfüllkosten und die sonst mit dem Vertriebe verbundenen Lasten an Wiederverkäufer und Verbraucher weiter zu geben. Auch der Abschnitt V. befaßt sich mit Verkaufsvorschriften, auf welche bei dessen Behandlung hingewiesen wird. Während aller Branntwein, der zum regulären Branntweinverkaufspreise abgegeben wird, drei Monate und gegen Sicherheitsbestellung sogar sechs Monate gestundet werden kann, soll Branntwein, der zum ermäßigten Preise verkauft wird, den Genuß einer Stundung nicht erfahren, ebenso nicht der in § 19 erwähnte besondere Branntweinaufschlag (besonderer Branntweinaufschlag = Differenz zwischen Überbrandpreis und regelmäßigem Branntweinverkaufspreis, § 89).

Im allgemeinen werden Vertriebsamt und Beirat in der Lage sein, die Ankaufs- und Verkaufspreise so festzusetzen, daß die im Gesetz vorgeschriebene Reineinnahme mit dem Ablauf des Betriebsjahres erreicht wird. Da aber, wie in jedem kaufmännischen Geschäfte, auch für die Vertriebsverwaltung die Möglichkeit besteht, daß sich bei der Schlußabrechnung in gewissen Grenzen Mehr- oder Mindereinnahmen ergeben, so ist im § 92 die Errichtung eines Ausgleichfonds vorgesehen, der jedoch als Maximalgrenze einen anzusammelnden Geldstand von 30 Millionen Mark bezeichnet.

Abschnitt IV des Entwurfes bringt in den §§ 100 bis 127 eine Reihe von Strafvorschriften. Diese lehnen sich an die zurzeit bestehenden, im Gesetze von 1887 nebst Novellen enthaltenen an.

Abschnitt V, Besondere Vorschriften, stellt sich als Ergänzung des im Abschnitt III gesagten dar und wäre wohl besser mit diesem verschmolzen worden. Er umfaßt die §§ 128 bis 134.

Wie wir im Kapitel III dieses Werkes ausgeführt haben, ist die deutsche Spiritusindustrie (Brennerei- und Spritgewerbe) von jeher bedacht gewesen, Wissenschaft und Technik, soweit sie auf das Gewerbe Bezug haben, zu fördern. Das Reich will sich diesen Bestrebungen nicht verschließen und bestimmt daher im § 128, daß von jedem Hektoliter des zum Trinkverbrauch gelangenden inländischen Branntweines 0,15 Mark für wissenschaftliche und technische Zwecke abzuführen seien, die nach näherer Bestimmung des Bundesrates verwendet werden sollen. Der dadurch gewonnene Betrag würde sich auf 300 000 bis 350 000 Mark belaufen. — Da, wie oben ausgeführt, der Hebung des Brennspiritusverbrauches ein besonderes Augenmerk zugewandt werden soll, so kommt es in erster Linie darauf an, eine möglichst vollkommene Gewähr für die einwandfreie Beschaffenheit des gelieferten Branntweins in Beziehung auf Reinheit und Alkoholgehalt zu bieten. Die Begründung führt hierzu folgendes aus: Die technische Vervollkommnung der Spiritusgerätschaften hat auch die Anforderungen an die Beschaffenheit des verwendeten Branntweins gesteigert. Nach praktischen Beobachtungen und wissenschaftlichen Untersuchungen darf als festgestellt gelten, daß unzureichende Leistungen der mit Spiritus bedienten Gerätschaften oft nur auf einen zu starken Wassergehalt des Branntweins zurückzuführen waren. Nun hat die Spirituszentrale schon seit Jahren den Verkauf in verschlossenen Flaschen und Kannen eingeführt, die eine Gewähr dafür bieten, daß der Zwischenhändler, der vollprozentige Ware erhält, nicht dieselbe mit Wasser versetzt und sodann minderprozentigen Spiritus dem Publikum weiter gibt. Im § 130 des Entwurfes ist nun festgelegt, daß im Kleinhandel vollständig denaturierter Branntwein nur in Behältnissen von 20, 10 und 1 l Raum feilgehalten werden darf und daß diese Behälter vorschriftsmäßig verschlossen sein müssen und Angaben über den Alkoholgehalt zu enthalten haben.

Also: „niedriger Preis und gute Ware“ ist die Devise für den Brennspiritushandel.

Auch für den Trinkbranntwein sind Verkaufsvorschriften vorgesehen, dahingehend, daß die Verkaufsbehältnisse Angaben über den Prozentgehalt aufweisen müssen (§ 131).

Mit Genehmigung der anderen Partei kann (da ja die Genehmigung des Reichs eo ipso erklärt ist) bei Streitigkeiten aus dem Monopolgesetze ein Schiedsgericht anstelle der ordentlichen Gerichte angerufen werden, wodurch dann der sonst übliche Rechtsweg ausgeschlossen ist (§ 132).

§ 133 regelt den Einfuhrzoll, der für Liköre und Branntwein in Flaschenkrügen und nicht faßartigen Behältnissen auf 300 Mk. (von 240 Mk.), für Branntwein in Fässern von 160 Mk. auf 225 Mk. erhöht wird.

Im Abschnitt II werden in 30 Paragraphen (§ 135 bis § 164) die Übergangsvorschriften aufgezählt.

Das Gesetz soll, die gesetzlich vorgeschriebenen Genehmigungen vorausgesetzt, am 1. Oktober 1909 in Kraft treten. Die Übergangsvorschriften sehen nur zweierlei vor

a) Bestimmungen über Behandlung der vorhandenen Branntweinmengen (Nachsteuer);
b) Bestimmungen über die Personen und Institute, die bis-

her die Funktionen versahen, welche nunmehr die Monopolverwaltung zu versehen hat.

a) Aller am 1. Oktober 1909 vorhandene Branntwein unterliegt einer Nachsteuer (§§ 135, 137). Steht er am 1. Oktober unter Steueraufsicht, so beträgt die Nachsteuer (die außer den sonst auf dem Branntwein ruhenden Abgaben zu entrichten ist) 70 Mk., ist er bereits im freien Verkehr, so beträgt sie nur 45 Mk. Branntwein, der unter Steueraufsicht ist (also mit 70 Mk. Nachsteuer belastet), kann nach § 136 bis 1. November 1909 zu einem vom Vertriebsamte mit dem Beirate näher festzusetzenden Preise an dieses verkauft werden. § 137 sieht Ausnahmen für Weinbrennereien vor.

b) Die Bestimmungen über die Personen und Institute, deren Funktionen nunmehr in den Monopolbereich fallen, zerfallen

1. in Entschädigungsvorschriften;
2. Weiterbeschäftigungsbestimmungen.

Entschädigungs- oder weiterbeschäftigungsberechtigt sollen sein:

a) Brennereien;
b) Spritfabriken-Reinigungsanstalten;
c) gewisse in der Spritindustrie angestellte Gruppen von Beamten usw.
d) Gewerbetreibende, die sich als Brennereivermittler qualifizieren.

Das geplante Monopolgesetz nimmt den Brennereien das Kontingent (was Kontingent ist, siehe im Kapitel II dieses Werkes). Um nun den Übergang zum staatlichen Zwischenhandel zu erleichtern, soll die sogenannte „Liebesgabe“ (Kontingentswert = nominell 20 Mk.) zur Hälfte auf 10 Jahre weiter gewährt werden. Nach dem 30. September 1919 fällt sie endgültig fort.

Im § 47 des Gesetzes vom Jahre 1887 ist den drei süddeutschen Staaten (Bayern, Württemberg und Baden) ein Reservatrecht hinsichtlich des Kontingents zugestanden worden. Man könnte dieses Reservatrecht durch ein erhöhtes Brennrecht ausgleichen. Damit würde aber, wie die Begründung zum Entwurf sehr richtig ausführt, nur eins bezweckt werden, nämlich eine dem Bedürfnis nicht entsprechende Überproduktion, die aus volkswirtschaftlichen Gründen und, weil sie auf den Preis drückt, auch aus finanzpolitischen Motiven nicht angängig sein kann. Der Entwurf sieht daher im § 142 einen anderen Ausweg vor. Nach dem 30. September 1919 erhalten die süddeutschen Brennereien für den innerhalb der Kontingentsgrenzen des geltenden Gesetzes (1887) erzeugten Branntwein einen Zuschlag zum Ankaufspreise von 7 Mk. pro Hektoliter. Eine analoge Vergünstigung wird den Kleinbrennereien gewährt, auch wenn sie 1907/08 noch kein Kontingent hatten (§ 142).

Die Reinigungsanstalten sollen prinzipiell angemessen entschädigt werden. Sie sind verpflichtet, bis einschließlich 30. September 1912 die Reinigung, Lagerung und Versendung von Branntwein für Rechnung des Vertriebsamtes in dem Umfang, den ihre Betriebseinrichtungen am 1. Oktober 1907 gehabt haben, gegen Entgelt auszuführen, sowie bis zu dem gleichen Zeitpunkte ihre Kesselwagen, Fässer usw. dem Vertriebsamte zur Verfügung zu stellen. Der in jenem Entgelte gewährte Geschäftsgewinn ist auf die Entschädigung anzurechnen (§ 143). Im § 144 sieht das Reich Ordnungsstrafen vor, für den Fall, daß die Reinigungsanstalt ihre Verpflichtung verweigert.

Da nun das Reich nicht alle in Deutschland bestehenden 133 Reinigungsanstalten weiter arbeiten lassen will, so bestimmt der Entwurf, daß

a) 43 Anstalten mit 200 000 hl Jahresrektifikation in der bisherigen Weise weiter zu beschäftigen seien,
b) 40 Anstalten mit 1 400 000 hl Jahresrektifikation angekauft und von Reichs wegen betrieben werden sollen,
c) 50 Anstalten mit 650 000 hl Jahresrektifikation gegen Abfindung außer Betrieb zu setzen sind.

Die Entschädigung für diese drei Kategorien von Reinigungsanstalten (= Spritfabriken) sind verschieden.

Wird die Reinigungsanstalt weiter beschäftigt, so tritt sie zum Vertriebsamt in ein Vertragsverhältnis und übernimmt die Reinigung, Lagerung und Versendung gegen Entgelt.

Über die Höhe dieses Entgelts drückt sich der Entwurf nur unbestimmt aus, indem er sagt, daß es für die Zeit vom 1. Oktober 1909 bis 30. September 1919 so zu bemessen sei, daß die Reinigungsanstalt für die Geschäftseinschränkung entschädigt wird (§ 145, 1).

Wird die Reinigungsanstalt vom Reiche zwecks Weitervertrieb erworben, so hat dieses folgende Entschädigungen zu gewähren:

a) Entschädigungen für entgangenen Gewinn, und zwar:

2,15 Mk. pro Hektoliter der mutmaßlichen Reinigungsmenge in der Zeit vom 1. Oktober 1909 bis 30. September 1919. Maßgebend ist der durchschnittliche Betriebsumfang der Geschäftsjahre 1902/03—1906/07. Für über Holzkohle filtrierten Branntwein gilt ein Satz von 2,65 Mk.

b) Entschädigungen für die abzutretenden Gebäulichkeiten, Grundstücke, Maschinen usw. und zwar 100 % des von Sachverständigen geschätzten Wertes.

Wird die Reinigungsanstalt außer Betrieb gesetzt, so erhält sie:

a) Entschädigung für entgangenen Gewinn, wie im vorhergehenden Falle,

b) Entschädigung für die Aufgabe des Betriebes: 50 % des Wertes der Gebäulichkeiten, Maschinen, Behälter usw., die dem Besitzer verbleiben. Grund und Boden kommen dabei nicht in Betracht (§ 145, 2).

Die Reinigungsanstalt hat zwar das Recht, zu beantragen, welche Entschädigung sie wünscht, aber das Vertriebsamt kann den Antrag ablehnen.

Die Entschädigungen der Reinigungsanstalten bleiben jedoch diesen nicht in voller Höhe, sondern, wie aus § 149 hervorgeht, müssen im Gesetz nicht berücksichtigte Ansprüche von Angestellten, Aufsichtsratsmitgliedern oder anderen Personen, mit denen sie hinsichtlich des Betriebes, der Versendung oder des Absatzes von Branntwein Verträge abgeschlossen haben, davon bestritten werden. Exportspritfabriken erhalten eine geminderte Entschädigung (§ 150).

Die §§ 151 und 152 befassen sich mit den Besitzern von Branntweinlagern. Diese Lager sollen nur dann übernommen, abgemietet oder neu errichtet werden, wenn dies im Interesse einer zweckmässigen Gestaltung des Branntweinhandels geboten erscheint. Dabei vertritt der Entwurf die Ansicht (Begründung S. 60), daß in Gegenden, in denen Reinigungsanstalten nicht bestehen, die Lager den Mittelpunkt der Verwaltung bilden sollen. Eine Entschädigung soll nur in dem Umfange gewährt werden, in dem die Ausnutzung des Lagerraums durch den Zwischenhandel des Reichs eingeschränkt wird.

Dabei wird hier der richtige Standpunkt der Individualeinkommensentschädigung vertreten, indem der Gesetzgeber festlegt, daß der Lagerinhaber für den Zinsentgang zu entschädigen ist, den ihm das Gesetz bringt. Bei den Spritfabriken hat man, wie oben ausgeführt, viel weniger individuell die Entschädigungssummen fixiert. Mit Recht bemerkt ein so regierungsfreundliches Blatt, wie die „Münchner Neuesten Nachrichten", über diesen Punkt: „Die Begründung spricht zwar davon, daß von einer Enteignung der Reinigungsanstalten abgesehen, daß unter Schonung der berechtigten Interessen der Spritfabriken vorgegangen werden solle, allein die nähere Betrachtung der einschlägigen Bestimmungen zeigt, daß die ‚Billigkeit', deren der Gesetzentwurf, wie die Begründung bei mehrfacher Gelegenheit Erwähnung tun, weniger im Sinne der Gerechtigkeit, als in dem anderen Doppelsinne gehandhabt werden soll. Augenscheinlich sind eben die Verhältnisse in allen Gebietsteilen Deutschlands einheitlich über den Kamm der großen Betriebe Norddeutschlands geschoren worden und dies schlägt gegenüber den mittleren und kleineren Fabriken, namentlich, wenn sie zugleich gemischte Betriebe sind, nach mehrfacher Richtung zur offenbaren Ungerechtigkeit aus."

Die Entschädigungen werden durch Bezirkskommissionen festgesetzt, die aus einem Beamten der Landesverwaltung, der den Vorsitz führt, einem vom Betriebsamte bezeichneten Mitgliede und drei vereidigten Sachverständigen aus dem beteiligten Gewerbestande gebildet werden.

Gegen die Entscheidung der Bezirkskommission kann von beiden Parteien (beteiligten Privatpersonen, Vertriebsamt) binnen zwei Wochen nach Entscheidungszustellung Einspruch erhoben werden. Der Einspruch wird sodann von einer im Gesetz näher bezeichneten elfgliedrigen Kommission (§ 153) geprüft.

Der Entwurf befaßt sich in den §§ 155 bis 160 mit den Angestellten der Branntweinreinigungsanstalten und des Syndikates. Zunächst legt er fest, daß die Angestellten der Branntweinreinigungsanstalten bis zu zwei Jahren, die des Spiritussyndikates bis zu drei Jahren weiter beschäftigt werden sollen (§§ 155, 158). Nach Beendigung ihrer Beschäftigung soll ihnen eine Entschädigung gewährt werden, die im wesentlichen dem dreifachen Betrag ihrer Bezüge, wie sie solche vor der Monopolisierung hatten, entspricht. Unter Bezügen versteht der Entwurf: Jahresgehalt, freie Wohnung, Beleuchtung und sonstige Vorteile, die sich als Gegenleistung für die im Geschäftsbetriebe der Reinigungsanstalt geleistete Arbeit kennzeichnen (§ 155).

Die Entschädigung wird Angestellten, die am 30. September 1909im Alter unter 21 Jahren stehen oder weniger als 2 Jahre in Reinigungsanstalten oder Spiritusgeschäften waren, nicht gewährt. Nach dem Alter des Angestellten und der Dauer der Beschäftigung sind Abschläge vorgesehen.

Soweit Reinigungsanstalten in ein Vertragsverhältnis mit dem Vertriebsamt treten, d. h. für ein Entgelt weiter arbeiten (§ 145, 1), erhalten die Angestellten keine Entschädigung, da sich ja in ihrer Position nichts ändert (§ 155).

Angestellte im Sinne des Gesetzes sind zwar die verantwortlichen Geschäftsführer der Spirituszentrale, nicht aber die Mitglieder des Vorstandes und Aufsichtsrats von Aktiengesellschaften, sowie die verantwortlichen Geschäftsführer von Gesellschaften oder Vereinigungen aller Art. Dabei vertritt die Begründung den Standpunkt, daß das geschäftliche Unternehmen, das mit Entschädigung abgefunden wird (§ 145, 2) sich von der Leitung nicht trennen lasse. Den Direktoren von Aktiengesellschaften kann also neben der im § 145 unter 2 angeordneten

Entschädigung, eine besondere Schadloshaltung ebensowenig gewährt werden, wie der physischen Person, die im eigenen Namen und für eigene Rechnung ein solches Unternehmen leitet.

Hinsichtlich der Art der Weiterbeschäftigung soll nach der Begründung die Vorbildung maßgebend sein (S. 62).

Angestellte, die dauernd in den Dienst des Reiches oder eines Bundesstaates übernommen werden, erhalten nur Teilentschädigung (§ 159).

Wie eine unter dem 12. November 1908 an den Reichstag gerichtete Eingabe der Angestellten der Branntweinreinigungsanstalten belehrt, scheinen die Angestellten der Branntweinreinigungsanstalten mit den gewährten Entschädigungen nicht zufrieden zu sein. Sie bemängeln

1. die Unzulänglichkeit der Entschädigung;
2. den Verlust fester Positionen, der sie zwingt neue ihren Fähigkeiten und Spezialkenntnissen entsprechende Stellungen zu erwerben, was vielfach unmöglich sein dürfte;
3. den durch 2 bedingten Verlust von Wohlfahrtseinrichtungen;
4. die vom Reich nur gewährleistete provisorische Beschäftigung;
5. Das Fehlen von Bestimmungen für Angestellte von Reinigungsanstalten, die zum Vertriebsamt in ein Vertragsverhältnis treten (§ 145, 1);
6. die hohen Abschläge, die sich altersjüngere Beamte gefallen lassen müssen.

Sie wünschen entweder dauernd beschäftigt zu werden und zwar zu ungeminderten Bezügen und mit den, den Reichsbeamten zustehenden Kompetenzen und in einer ihrer jetzigen Position angemessenen Stellung oder wesentlich höhere Entschädigungen zu erhalten für den Fall der Nichtübernahme in den Reichsdienst.

Die sogenannten Vermittler, Gewerbetreibende, die den Branntweinverkehr zwischen Brennerei und dem Abnehmer des Branntweins vermitteln, können entschädigt oder gegen eine bis zu 50 Pf. pro Hektoliter betragende Gebühr weiter beschäftigt werden (§ 161).

Der § 162 stellt sodann klar, daß über die hier behandelten, in den §§ 141—161 vorgesehenen Entschädigungen hinaus keinerlei Entschädigungen oder sonstigen Vorteile aus öffentlichen Mitteln zu gewähren sind. Diese Vorschrift will nach der Begründung eine Vorbeugungsmaßregel sein, unnötige Rechtsstreitigkeiten zu vermeiden.

Da anzunehmen ist, daß die Geschäftslage erst vom 1. Juli 1910 an eine reguläre sein wird, so wird im § 163 bestimmt, daß im ersten Geschäftsjahr die vorgeschriebene Reineinnahme (§ 91: 220 Millionen Mark) unterschritten werden darf. Des weiteren wird im § 164 der Reichskanzler ermächtigt, bereits vor Inkraftreten des Gesetzes geeignete Maßnahmen zu treffen.

Die Schlußvorschriften des Gesetzes sind im VIII. Abschnitt enthalten. Sie umfassen die §§ 165, 166 und 167.

§ 165 überträgt das Branntwein-Reservatrecht der süddeutschen Staaten (siehe oben) in das Monopolgesetz; er gibt ferner für die Bestimmungen, betreffend den Brennspiritusklein-handel eine Übergangsfrist; § 167 bestimmt als Schlußparagraph, daß dem Vertriebsamt zur Durchführung seiner Mittel eine 190 Millionen Mark betragende Anleihe zur Verfügung zu stellen sei, welche dieses zu verzinsen und binnen 20 Jahren zn tilgen haben.

Wenn auch im ganzen Entwurfe, im Gegensatze zum Projekte vom 22. Februar 1886, das Wort Monopol nicht vorkommt, so unterliegt doch keinem Zweifel, daß wir es mit einem Handels- und Rektifikationsmonopol zu tun haben, das allerdings weit hinter dem vor 23 Jahren eingebrachten Entwurfsprojekt zurückbleibt. Im Gegensatz zu der uns allerdings wenig „spiritusähnlichen" Schweiz und in Anlehnung an russische Monopolverhältnisse sind die Brennereien in die Verstaatlichung nicht mit einbezogen. Aber man hat aus den russischen Verhältnissen die Lehre gezogen, daß man hinsichtlich der Rohstoffbeschaffung vorsichtig sein müsse. Darum bestimmt der Entwurf, daß es im allgemeinen Pflicht des Brenners ist, an den Staat zu liefern, der ihm einen gerechten Preis verspricht. Damit ist man der Gefahr aus dem Wege gegangen eines schönen Tages streikende Produzenten vor sich zu sehen [1]).

Die Spritindustrie fällt in den Verstaatlichungsbereich, die Konsumtionsbetriebe gehen frei aus.

Von gewissen rein politischen Gesichtspunkten aus gesehen, wird man zunächst fragen, bringt dieses Gesetz Veränderungen wesentlicher Natur, z. B. auf dem Gebiete des Budgetrechtes, bringt es uns die Möglichkeit innerpolitischer Verschiebungen usw. Wir glauben dies nicht. In einem Aufsatz in der „Bayrischen Handelszeitung" (a. a. O.) haben wir darauf hingewiesen, daß wenn eine große Anzahl neuer Staatsbeamtenstellungen geschaffen werden sollten, dies politischen Parteien von

---

[1]) Vgl. meine Aufsatzserie in Nr. 38, 39, 40 u. 42 der „Bayerischen Handelszeitung", Branntweinmonopole und Branntweinmonopolentwürfe.

Bundesstaaten mit öffentlicher Wahl nicht gleichgültig sein könnte. Aber wir haben ja gehört, dergleichen ist nicht geplant. Die Zahl der Beamten und sonstigen Angestellten, die in den Reichsdienst treten, wird kaum 1000 übersteigen, vielleicht diese Zahl nicht einmal erreichen. Auch das Budgetrecht des Reichstags wird nicht geschmälert. Im sogenannten Mantelgesetzentwurf der die Reichsfinanzreform einleitet, (Entwurf eines Gesetzes, betreffend Änderungen im Finanzwesen) heißt es im § 3 Absatz 3 wie folgt: „Die Reineinnahme aus dem Zwischenhandel des Reichs mit Branntwein wird den einzelnen Bundesstaaten nach dem Maßstaabe der Bevölkerung, mit der sie zu den Matrikularbeiträgen herangezogen werden, überwiesen.“ Damit sind zwei Fliegen auf einen Schlag getroffen. Einmal ist die Schmälerung des Reichstagsbudgetrechtes vermieden, zum anderen aber Staaten mit Ertragssteuersystem auch ein Ersatz gegeben für Verluste, die dadurch entstehen, daß die Monopolverwaltung Steuerfreiheit genießt. Abweichend von Rußland, wo man seinerzeit Städte und Semstwos angemessen entschädigte, ist hinsichtlich der Gemeinden nichts dergleichen erwähnt. Das muß wunder nehmen, wenn man bedenkt, daß im Entwurfe von 1886 als Ersatz für Steuerentgang der Kommunen im § 87 des Entwurfs eine Bestimmung eingefügt war, welche die Gemeinden ermächtigte, mit Zustimmung der Aufsichtsbehörde bis zu 50 % des Monopolverkaufspreises in Zuschlagform zu erheben. Kommunalabgaben auf Branntwein gibt es heute wohl nur mehr in wenigen südwestdeutschen Distrikten, aber eines ist nicht zu vergessen, und das ist der Fortfall an Ertragsteuern, welche Spritfabriken zahlten, die nunmehr teilweise zu Staatsbetrieben werden, teilweise ganz aufhören. Manche kleine Stadt wird eine derartige Steuereinbuße schwer empfinden. Die Gerechtigkeit verlangt, daß die indirekte Steuer (das Monopol) hier nicht zu einer direkten Besteuerung einzelner Gesellschaftsgebilde werde.

Vom rein fiskalischen Gesichtspunkte aus betrachtet wird man nicht umhin können, den Entwurf einen glücklich abgefaßten zu nennen. Die Elastizität der mit der Solleinahme sich beschäftigenden Paragraphen gibt die sichere Gewähr, daß diese zur tatsächlichen Isteinnahme wird. Geht der Verbrauch zurück, so kann dies an der Einnahme nichts ändern, da ja das Vertriebsamt durch geeignete Regelung der Verkaufspreise stets in der Lage ist die Reineinnahme nach Wunsch zu gestalten. So sind die Argumente mancher Kreise: Verbrauchsrückgang = Ertragsrückgang wenig oder nicht stichhaltig. Kurzsichtig ist es dem Reich vorzuwerfen, daß § 167 des Gesetzes heute, wo alles nach Sparsamkeit ruft, eine Anleihe von 190 Millionen Mark fordern. Produktive Anleihen, die so gut rentieren wie diese, soll man doch nicht mit Konsumtivkrediten vergleichen. Das Reich tritt hier als Großunternehmer auf, der ein sehr gutes und sehr sicheres Geschäft macht, zu dem er recht wenig Kapital braucht.

Der Übergang zur Monopolisierung wäre nicht denkbar gewesen, wenn nicht das Syndikat so zielbewußt vorgearbeitet hätte, das gibt die Begründung zum Entwurfe unverhohlen zu. Wie im alten Branntweinsteuergesetze von 1887 und seinen Novellen klingt dabei immer wieder die Tendenz durch: das Brennereigewerbe steht im engen Zusammenhange mit der Landwirtschaft. Diese gilt es zu schützen, es gilt der deutschen Kartoffel einen guten dauernden Absatz zu erhalten. Aber auch zwischen Produktion und Konsumtion wären die richtigen Beziehungen herzustellen. Das Spirituskartell konnte dem Reich manche Erfahrungen leihen und es scheint uns, daß seine Erfahrungen gern und dankbar verwertet worden sind. Was der Entwurf über Produktionseinschränkung, Brennspiritusabsatz, Förderung der Technik und des Exportes sagt, wenn er billige Preise für gewerblichen Spiritus verspricht, das alles ist nur die Fortsetzung der bewährten Politik des Spirituskartells im Interesse unserer gesamten deutschen Volkswirtschaft.

Allein man wird sich bei allen diesen Vorzügen eines nicht verhehlen dürfen, daß auch dieser Entwurf Schattenseiten aufweist, die nicht unerwähnt bleiben können.

Jedes Monopol ist letzthin eine indirekte Steuer; eine Ansicht die auch von Eheberg vertritt. Die indirekte Steuer will das Vermögen treffen, wenn es verbrauchend tätig ist, nicht aber wie die direkte Steuer die Einnahmequellen des Steuersubjektes ins Auge fassen. Eine indirekte Steuer nun, welche auf irgend eine Weise die Einnahmequellen des Einzelnen schmälert, ist nichts anderes als eine direkte Besteuerung gewisser Erwerbsklassen. Daß es ungerechtfertigt erscheint in einem Rechts- und Verfassungsstaate gewisse Erwerbsgruppen grundlos schärfer zu belasten, als andere, bedarf keines Beweises. Eine solch grundlose, ungerechtfertigte direkte Besteuerung liegt aber hier teilweise vor, denn zweifellos werden gewissen Erwerbsgruppen anstelle früherer Einnahmequellen, Ersatzeinnahmen gewährt, die hinter den früheren zurückbleiben. Diese Differenz zu ungunsten der Betroffenen qualifiziert sich als direkte Steuer schärfster Sorte, da sie ja der Vermögenskonfiskation gleichkommt. Während der Entwurf die Brenner ziemlich glimpflich behandelt (wir halten die Ansicht, als seien sie besonders zu beneiden, für irrig und auf nicht genügender Sachkenntnis beruhend), werden Spritfabriken und Angestellte direkt geschädigt.

Ein Kapitalersatz ist noch kein Einnahmeersatz, denn die Spritfabrik oder der Angestellte, der ein Kapital erhält, bekommen damit noch nicht die Garantie, daß sie mit diesem Kapital die früheren Einnahmen erzielen können, ganz abgesehen von gewissen ideellen Verlusten, die zum Beispiel darin liegen, daß ein Unternehmer nicht nur materielle, greifbare Einbußen erleidet, sondern auch Wirkungskreis und Wirkungsstätte missen muß, die er lieb gewonnen, Wirkungsstätten, in welchen vielleicht schon der Vater sich betätigt und die dem Sohne und Enkel einst ein Feld freudigen Schaffens hätten sein sollen. Aber nicht einmal genügender Kapitalersatz wird gewährt, wenigstens nicht gesetzlich zugesichert. Wohl spricht der Entwurf von „billigen“ Entschädigungen, von „angemessenen“ Vergütungen, doch dies scheinen keine ausreichenden Garantien zu sein. Es muß betont werden, daß wir in Deutschland sehr verschiedenartige Betriebe haben. Verschieden a) nach Größe, b) nach Art, c) nach der geographischen Lage. Betriebe mit großen Reinigungsziffern werden ganz anders zu behandeln sein, als solche mit kleinen. Was die Art des Betriebes betrifft, so ist es von sehr großer Bedeutung, ob mit der Spritfabrik andere Betriebszweige (Branntweinfiltration, Spiritushandel, Likörfabrik, Kognakbrennereien, Essigfabrik, chemische Fabrik usw.) verbunden sind oder ob der Betrieb nur Spritfabrik ist. Gewöhnlich greifen diese einzelnen Betriebe ineinander ein, sind organisch eng miteinander verknüpft. Wer einem den Kopf abschlägt, ruiniert zwar nicht den Arm, aber er tötet den Menschen. Hier ist es ähnlich. Leicht kann die zwangsweise Aufhebung der Reinigungsanstalt auch den Nebenbetrieben Verderben bringen. Darum sind unbedingt Vorschriften vonnöten, die Remedur und Hilfe resp. Ersatz schaffen.

Mit allgemeinen Versprechungen ist den einzelnen Industriellen natürlich nur recht wenig gedient, soll ihnen wirklich geholfen werden, müssen feste Garantien geboten werden.

Was die geographische Lage betrifft, so wird darauf Gewicht gelegt werden müssen, daß sowohl die Fabriken, die dauernd in ein Vertragsverhältnis mit dem Reich treten, als auch diejenigen, welche dies nur während der Übergangszeit (bis 1912) zu tun gezwungen sind, nicht nur hinsichtlich der Betriebsgröße, sondern auch hinsichtlich der Betriebslage entsprechend entschädigt werden. Dabei ist in erster Linie an die Kohlenfrachten und Arbeitslöhne gedacht, welche ja in Deutschland je nach der geographischen Lage sehr verschieden sind.

Es ist also, um dies nochmals zu betonen, dringend notwendig, daß diejenigen Industriellen, welchen Einnahmequellen genommen werden, für ihren Verlust vollen Ersatz finden, und daß dieser Grundsatz ausdrücklich im Entwurf niedergelegt wird. Eine zu uniforme Behandlung ist ungerecht und zu verwerfen.

Was die Konsumenten betrifft, so ist zu unterscheiden

a) zwischen Trinkbranntweinverbrauchern und

b) Verbrauchern von gewerblichem Spiritus.

Den letzteren verspricht der Entwurf, wie in der bisherigen Weise die Steuergesetzgebung, eine gewisse Bevorzugung; die ersteren dagegen haben die Zeche zu bezahlen. Aber sie können unschwer auf den letzten Konsumenten (das Publikum) abwälzen.

Der Liter Trinkbranntwein wird sich um ca. 20 Pf. verteuern; das ist für das Schnapsgläschen des einzelnen Trinkers noch nicht einmal ein Pfennig. Die Vorschriften über den Handel mit Brennspiritus und Trinkbranntwein, über die Stundung usw. usw. werden den reellen Engrosabnehmern eine Waffe im Kampfe mit einer Konkurrenz werden, die seit langem die Spirituosenbranche schädigte.

Also, alles in allem ist der Entwurf wohl diskutabel. Wenn das Monopol nach kaufmännischen Grundsätzen geleitet wird, wenn bei der Entschädigungsfrage Gerechtigkeit und Billigkeit, gütliche Verständigung und größtmöglichstes Entgegenkommen seitens des Reiches walten werden, wenn die oben erwähnten Härten durch neu aufzunehmende Bestimmungen ausgeglichen werden, dann dünkt uns diese Gesetzvorlage als durchaus akzeptabel und im Interesse nationaler Wohlfahrt empfehlenswert.

II.

Statistische Übersichten.

Tabelle 1[1]).

Deutschland.

Jahr	Erzeugung in Millionen Liter	Kontingentsperiode	Millionen Liter	Trinkverbrauch [2])	Steuerfreier d. i. Nichttrinkverbrauch [2])	Davon sind vollständig denaturiert [2])
1888/89	272,7	1887 bis 1891/92	210,9	217,9	44,13	17,63
1889/90	314,5			226,6	53,14	24,53
1890/91	296,9			215,6	51,91	24,27
1891/92	294,8	—		216,2	55,13	27,49
1892/93	302,9	1892/93 bis 1897/98	222,4	221,5	60,67	31,52
1893/94	326,2			222,6	66,44	36,56
1894/95	295,2	—		218,4	71,88	41,43
1895/96	333,4	1898 bis 1902/03	222,2	225,1	80,33	47,88
1896/97	307,6			224,9	86,75	52,82
1897/98	325,4			226,2	88,95	52,88
1898/99	382,3	—	—	241,48	99,28	60,98
1899/1900	365,5	—	—	237,99	104,74	65,40
1900/01	406,04	—	—	240,96	116,16	78,23
1901/02	424,39	—	—	237,88	111,42	70,47
1902/03	338,31	1903/04 bis 1904/05	236,4	233,41	128,91	90,02
1903/04	384,99			233,25	139,46	98,42
1904/05	379,0			220,92	140,23	98,01
1905/06	437,85	1905/06	218,7	226,57	148,08	101,54
1906/07	383,66	1906/07 bis 1907/08	236,4	243,97	134,02	86,67 [3])

[1]) Vergl. Statistisches Jahrbuch für das Deutsche Reich 1907 und die Jahrbücher des Vereins der Spiritusfabrikanten.

[2]) In Millionen Liter.

[3]) Diese Ziffer bedarf noch einer ergänzenden Richtigstellung.

Tabelle 1.

Deutschland.

V. Nichttrinkverbrauch wurden zur Essigfabrikat. verwandt[4])	Zum Export[4])	Gesamtverbrauch (Trink- und steuerfreier Verbrauch und Export)[4])	Steuer u. Zolleinnahmen[5]) aus Branntwein in 1 000 000 M.	Jahresdurchschnittspreis für Spiritus	Bemerkung zu nebenstehender Kolonne
13,42	18,01	280,04	143,12	32,81	Bis 1899/1900 ist stets d. Kalenderjahr genommen.
14,57	38,09	317,83	152,86	33,52	
13,89	19,43	286,94	153,96	37,92	
13,90	12,70	284,03	139,64	51,37	Sämtliche Preise verstehen sich für 100 Liter Rohspiritus ohne Faß loko Berlin mit M. 70.— Verbrauchsabgabe belastet.
14,90	11,14	293,31	148,61	38,60	
15,49	11,48	300,52	151,4	34,81	
15,03	10,83	301,11	142,1	31,46	
16,64	26,53	331,96	149,1	34,72	
16,25	5,39	317,04	148,8	35,—	
16,03	8,08	323,23	149,9	40,18	
16,36	22,02	362,70	162,07	47,72	
17,18	16,0	358,73	164,82	42,42	Ab 1899/1900 Verwertungspreis der Zentrale für Spiritusverwertung.
17,13	18,8	375,91	155,07	41,50	
16,41	21,96	371,26	159,12	39,—	
15,58	37,64	399,96	146,9	31,70	
15,25	7,50	380,21	145,46	40,50	
15,07	0,43	361,58	140,19	56,—	
17,07	16,82	391,47	149,49	42,50	
—	10,64	—	—	—	

[4]) In Millionen Liter.

[5]) Der Import an Brennereien ist sehr unbedeutend, es handelt sich im wesentlichen um fertige Spirituosen, wie Liköre, Arrak, Kognak, Rum usw. Nach dem ersten Hefte des Jahrgangs 1907 der Vierteljahrshefte zur Statistik des Deutschen Reichs sind die Haupteinfuhrländer Frankreich, Amerika, England und die Niederlande.

Tabelle 2.

Die Verteilung der Spirituserzeugung Deutschlands auf die einzelnen Brennereien.

Jahresdurchschnitt der Periode	aus **Kartoffel**brennereien		aus **Hefe**brennereien	
	Millionen Liter reinen Alkohols	In Prozenten der Gesamterzeugung ca.	Millionen Liter reinen Alkohols	In Prozenten der Gesamterzeugung ca.
1887/88 bis 1891/92	224,2	75	40,1	15
1892/93 „ 1896/97	243,7	79	39,27	12
1897/98 „ 1901/02	308,6	81	41,3	10
1902/03	265,0	80	43,6	12
1903/04	304,7	79	45,7	12
1904/05	287,8	76	48,2	13
1905/06	351,8	80	48	11

Jahresdurchschnitt der Periode	aus **Getreide**brennereien		aus **Melasse**brennereien	
	Millionen Liter reinen Alkohols	In Prozenten der Gesamterzeugung ca.	Millionen Liter reinen Alkohols	In Prozenten der Gesamterzeugung ca.
1887/88 bis 1891/92	12,1	4	15,55	5
1892/93 „ 1896/97	13,7	4	13,7	4
1897/98 „ 1901/02	18,0	4,5	12,1	3,5
1902/03	18,9	5,2	8,8	2,2
1903/04	23,5	6	9,3	2,4
1904/05	28,4	7,5	10,8	2,7
1905/06	26,6	6,1	8,3	1,8

Jahresdurchschnitt der Periode	aus **Material**brennereien	
	Millionen Liter reinen Alkohols	In Prozenten der Gesamterzeugung ca.
1887/88 bis 1891/92	3,4	1,0
1892/93 „ 1896/97	3,4	1
1897/98 „ 1901/02	3,3	1
1902/03	1,9	0,6
1903/04	2,3	0,6
1904/05	3,7	0,8
1905/06	3,1	0,7

Tabelle 3.

Gesamtspirituserzeugung und Kartoffelspirituserzeugung in Deutschland.

a)

Jahr	Gesamterzeugung	Kartoffelspiritus
	in Millionen Liter pro anno	
1897/98	328,8	255,1
1898/99	381,6	310,7
1899/1900	366,8	294,7
1900/01	405,2	330,3
1901/02	423,9	351,9
1902/03	338,3	265,0
1903/04	385,4	304,7
1904/05	378,7	287,8
1905/06	437,7	351,8
Durchschnitt 1897/98—1905/06	382,9	305,8

Bei einer Durchschnittserzeugung von 382,9 Millionen Gesamterzeugung und 305,8 Millionen Liter Kartoffelspirituserzeugung für den ganzen Zeitraum ergeben sich folgende Schwankungszahlen (= + oder — Abweichungen vom Durchschnitt) in Millionen Liter.

b)

Jahr	Bei der Gesamterzeugung	Bei der Kartoffelspirituserzeugung
1897/98	— 54,1	— 50,7
1898/99	— 1,3	+ 4,9
1899/1900	— 16,1	— 11,1
1900/01	+ 22,3	+ 24,5
1901/02	+ 41,0	+ 46,1
1902/03	— 44,6	— 40,8
1903/04	+ 2,5	— 1,1
1904/05	— 4,2	— 18,0
1905/06	+ 54,8	+ 46,0

Tabelle 4.

Kartoffelernte und Spirituspreis in Deutschland.

Jahr	Deutschlands Kartoffelernte		Preis für Spiritus ℳ	
1900	405,85 Mill. Doppelzentner Kartoffeln		41.50	(Unversteuerte Ware mit 70 M. Steuer belastet, sog. 70er Rohspiritus.)
1901	486,87 „ „ „	Überproduktionsperiode	39.—	
1902	434,62 „ „ „		31.67	
1903	429,02 „ „ „		40.50	
1904	362,87 „ „ „		46.54	
1905	483,23 [1]) „ „ „		56.—	
1906	429,37 „ „ „		42.50	

Tabelle 5.

Die deutsche Kartoffelerzeugung und ihr Verbrauch zur Spiritusfabrikation.

Jahresdurchschnitt	Erzeugung in Millionen Doppelzentnern	Pro Kopf der Bevölkerung wurden erzeugt Doppelzentner	Zur Spiritusfabrikation wurden verbraucht Millionen Doppelzentner	Das sind in % der Erzeugung	Pro Kopf der Bevölkerung wurden zur Spiritusfabrikation verwendet Doppelzentner
1893/97	355,45	6,85	20,45	5,7	0,39
1898/1902	415,85	7,37	26,25	6,3	0,47
1903/06	426,12	7,17	26,52	6,2	0,44

Jahresdurchschnitt	Spirituserzeugung aus Kartoffeln in Millionen Liter
1893/97	243,7
1898/1902	308,6
1903/06	302,4

[1]) Geringe Bestände zu Beginn der Periode, durch die vorhergehende Mindererzeugung bedingt, lassen die gesteigerte Produktion günstige Preise erzielen.

Tabelle 6.

Die Umsätze in Apparaten mit Brennspiritusverbrauch (exkl. Motoren) in den von der Zentrale für Spiritusverwertung betriebenen Geschäften[1]**.**

Es wurden abgesetzt	1900/01	1901/02	1902/03	1903/04[2]
Handkocher	28 300	73 000	94 300	—
„ billige und einfache	1 700	9 300	11 650	—
„ bessere, einflammige	2 200	8 000	8 900	—
„ zwei- u. dreiflammige	1 688	5 330	7 300	—
Plätteisen	2 300	19 000	29 000	—
Heizöfen	—	600	3 000	—
Lampenbrenner und Hängelampen	1 710	21 850	37 500	67 000

Tabelle 7[3]).

Die Entwicklung der deutschen Motorspiritusindustrie.

I.

Jahr	Verbrauch an Motorspiritus	Ungefähre Anzahl der im Betriebe befindlichen Motore
1900/01	nicht ermittelt	450
1901/02	1,3 Mill. Liter	1000
1902/03	2,4 „ „	1600
1903/04	3,6 „ „	2000

[1]) Die Zahlen sind aus den verschiedenen Jahresberichten der Zentrale für Spiritusverwertung zusammengestellt.

[2]) Für 1903/04 fehlt statistisches Material.

[3]) Vergl. die Anmerkung 1 zu Tabelle 6.

Tabelle 8[1]).

Die Entwicklung der deutschen Motorspiritusindustrie.

II.

Von 1146 statistisch festgestellten Motoren waren in Verbindung mit:

Landwirtschaftlichen Maschinen . . .	652
Pumpen	92
Molkereien	66
Elektr. Beleuchtungs- und Kraftanlagen	54
Bäckereien, Fischereien usw.	35
Werkzeugmaschinen, Buchdruckereien .	40
Holzbearbeitungsmaschinen.	50
Brauerei- und Brennerei-Hilfsmaschinen	19
Mühlen.	42
Aufzüge, Bauten, Speicher, Bagger . .	14
Schaustellungen, Karussels usw. . . .	15
Boote	26
Automobile	32
Lokomotiven.	9
	1146

Davon waren:	Lokomobilen	526
	Stationäre Motoren .	553
	Lokomotiven. . . .	9
	Bootsmotoren . . .	26
	Automobilmotoren . .	32

Mittlere Leistung eines Motors: 7,8 Pferdestärken.

[1]) Vergleiche die Anmerkung 1 zu Tabelle 6.

Tabelle 9[1]).

Die Entwicklung der deutschen Motorspiritusindustrie.

III.

Motorgattung	Nutzarbeit
Benzinmotor	14—18 %
Petroleummotor	13 %
Kleindampfmaschine	1,8 %
Dampfmaschine mittlerer Größe .	5 %
Beste Großdampfmaschine . . .	12 %
Gasmotor	18—31 %
Spiritusmotor	**24—28** %

Tabelle 10.

Die Ausbreitung der Essigessenz in Deutschland.

(Vgl. Jahrbücher des Vereins Deutscher Spiritusfabrikanten.)

Jahr	Die Einfuhr an essigsaurem Kalk in Deutschland in Doppelzentnern	Die Ausbeute aus diesem an Essigsäure in Millionen Kilogramm	Das entspricht einer Menge von 10 % Essig in Millionen Litern	Essigerzeugung aus Alkohol in Millionen Litern à 10 %
1900	123,373	6,863	68,63	171,3
1901	181,056	9,632	96,32	164,1
1902	165,151	8,786	87,86	156,7
1903	197 325	10,521	105,21	152,8
1904	182,088	9,687	96,87	150,7
1905	205,096	10,881	108,81	142,6
1906	200,988	—	—	162,6

[1]) Vergleiche die Anmerkung auf Tabelle 6.

Tabelle 11.

Die Preise[1]) für das Brennereigewerbe vor und seit Inkrafttreten der „Zentrale“[2]).

Es wurden bezahlt für 70er (Steuersatz) Rohspiritus unversteuert Parität Berlin per Hektoliter reinen Alkohols	Vergleich des 12jährigen Jahresdurchschnittserlöses vor der Begründung der Zentrale mit dem Jahresdurchschnitt der ersten 5 Zentralejahre ℳ	Vergleich des 6jährigen Jahresdurchschnittserlöses vor der Begründung der Zentrale mit dem Jahresdurchschnitt der ersten 5 Zentralejahre ℳ	Vergleich des 12jährigen Jahresdurchschnittserlöses vor der Begründung der Zentrale mit dem Jahresdurchschnitt der ersten 6 Zentralejahre ℳ	Vergleich des 6jährigen Jahresdurchschnittserlöses vor der Begründung der Zentrale mit dem Jahresdurchschnitt der ersten 6 Zentralejahre ℳ	Vergleich des 7jährigen Jahresdurchschnittserlöses vor der Begründung der Zentrale mit dem Jahresdurchschnittserlös der ersten 7 Zentralejahre Periode 1893/99 mit Periode 1899/1906 ℳ
Vor Inkrafttreten der Zentrale (Jahresdurchschnitt) . .	36,57	35,80	36,57	35,80	35,47
Seit Inkrafttreten der Zentrale (Jahresdurchschnitt) . .	38,56	38,56	41,04	41,04	42,53
Seit Inkrafttreten der Zentrale wurden mehr bezahlt. . .	1,99	2,76	4,47	5,24	7,06

[1]) Teilweise den Materialien für die kontradiktorischen Verhandlungen der Kartellenquete entnommen.

[2]) Paritätsvergünstigungen, verschiedene Brennsteuerbelastung und Absatzmengen sind hier gebührend berücksichtigt.

Tabelle 12.

Die Rentabilität der im Spirituskartell befindlichen Aktienspritfabriken vor und nach der Gründung des „Kartells“ [1]).

Fabrik	Durchschnittsjahr der Periode	Durchschnittsdividende dieser vorringlichen Periode	Durchschnittsjahr der Periode	Durchschnittsdividende während dieser Ringperiode	Bemerkungen
Berlin, Bank für Sprit und Produktenhandel	1892–98	3,1	1900–05	4,8	
Breslauer Spritfabrik	1893–98	8,7	1900–05	14,7	
Flensburger Spritfabrik	1895–98	4,8	1900–03	5,8	
Akt.-Ges. Leissner Grünwinkel	1892–98	15	1900–05	14,1	
Norddeutsche Spritwerke, Hamburg	1889–93 1893–98 [2])	4	1900–05	9	[2]) Außer Betrieb
Leipziger Spritfabrik Leipzig	1895–98	2 [3]) 4 [4])	1900–03	4 5	[3]) Aktien Lit. A. [4]) Aktien Lit. B.
Pfälz. Spritfabrik Ludwigshafen	1895–98	7,8	1900–03	6,5	
Kognakbrennerei Macholl, München	1895–98	3,5	1900–03	1,3	
Nordhäuser Spritaktiengesellsch.	1894–98	1	1900–04	13,4	
Nürnberger Spritfabrik	1895–98	6,5	1900–04 1900–05 [5])	2,5 5	[5]) 1903 die Aktien zusammengelegt Verteilte nach Zusammenlegung 10 und 15 % per Jahr auf das reduzierte Kapital
Posener Spritaktiengesellsch.	1893–98	9,4	1900–05	15	
Dampfkornbrennerei Wandsbeck	1893–98	1,6	1900–04	4,4	

[1]) Das Jahr 1899 ist als Übergangsjahr ausgeschaltet.

Tabelle

Die Entwicklung der deutschen Sprit-

1. Aktiengesellschaften, welche Gesellschafter der

Lauf. Nr.	Name	Sitz	Dividenden und Kurs 1885	1886	1887	1888
1	Bank für Sprit- und Produktenhandel	Berlin	$6\frac{1}{4}$ [1])	4	$3\frac{2}{3}$	$2\frac{1}{3}$
			78,5 [2])	110,25	84	77,5
2	Breslauer Spritfabrik A.-G.	Breslau	1 200 000 ℳ Vorzugsaktien à $4\frac{1}{2}$ %			
				—	—	0
3	Flensburger Spritfabrik A.-G.	Flensburg	$9\frac{1}{2}$	15	$3\frac{1}{2}$	0
			— [3])	—	—	—
4	Gesellschaft vorm. G. Sinner	Grünwinkel	—	10	12	14
			—	—	—	—
5	Norddeutsche Spritwerke	Hamburg	—	—	—	—
			—	—	—	—
6	Leipziger Spritfabrik	Leipzig	Die Brenner sind nach Maßrungen beteiligt			
			— [3])	—	—	—
7	Pfälzische Spritfabrik	Ludwigshafen	—	—	17	15
			—	—	—	—
8	Deutsch-französ. Kognakbrennerei vorm. Macholl	München	—	—	—	—
			— [3])	—	—	—
9	Nordhäuser Aktien-Spritfabrik	Nordhausen	—	—	—	—
			— [3])	—	—	—
10	Nürnberger Spritfabrik	Nürnberg	—	—	—	—
			—	—	—	—
11	Posener Spritaktiengesellschaft	Posen	—	10	$9\frac{1}{2}$	3
			78,10	107,75	148,5	127,5
12	Dampfkornbranntweinbrennerei	Wandsbeck	—	—	—	7
			—	—	—	—

[1]) Die erste Zahlenreihe (große Ziffern: $6\frac{1}{4}$) stellt die Dividenden der
[2]) Die zweite Zahlenreihe (kleine Ziffern: 78,5) vergegenwärtigt den
[3]) Von den Papieren dieser Aktiengesellschaften sind keine Kursnotizen

13.

aktiengesellschaften, Aktienbrennereien usw.

Zentrale für Spiritusverwertung, G. m. b. H., Berlin, sind.

Dividenden und Kurs									
1889	1890	1891	1892	1893	1894	1895	1896	1897	1898
3	3	3	4 1/4	3 3/4	3 1/4	2 1/4	2 1/2	2 3/4 3/4 Jahre	2 1/4
77,25	67,50	59,2	63,5	66,0	70,5	70,5	65,7	63,6	71,8
8	7	6	6 2/3	7	8 1/3	8 1/3	8 1/3	10	10
—	—	105	101	105	123	133	133	144,5	160,5
7 1/2	7 1/2	0	6	7 1/2	5	6	4	4	5
—	—	—	—	—	—	—	—	—	—
14	15	15	15	15	15	15	15	15	15
189	190	184,5	193	198	218	—	242,35	264	235
—	5	5	4	2	Kein Betrieb bis Ende 1898				
—	—	—	—	—					
gabe ihrer Rohspiritusliefe- (2 Aktienkategorien A./B.)				A. — B. 4	2 4	4 4 1/2	4 5	— 2 1/3	— 4
—	—	—	—	—	—	—	—	—	—
15	14	11	8	5	7	8 1/2	8 1/2	6	8 3/4 Jahre
—	155	150	140	150	128	128	140	140	—
—	—	—	5	4	4	4	0	4	6
—	—	—	—	—	—	—	—	—	—
—	—	—	—	—	2 1/2 3/4 Jahre	2	0	0	0
—	—	—	—	—	—	—	—	—	—
—	—	—	—	—	—	7	7	7	5
—	—	—	—	—	—	—	—	127,4	113
4	4	4	5	7	12	7 1/2	10	10	10
98	89	66,25	83,5	93,5	111	166	133	149,6	156
0	4	0	0	2	3	2	0	0	3 3/4
—	129,5	95	64	75	50,20	60	90	76,50	5/4 Jahre

Papiere genannter Aktiengesellschaften dar.
Kursstand der Papiere.
vorhanden.

Fortsetzung der

Die Entwicklung der deutschen Sprit-

1. Aktiengesellschaften, welche Gesellschafter der

Lauf. Nr.	Name	Sitz	Dividenden und Kurs			
			1899	1900	1901	1902
1	Bank für Sprit- und Produktenhandel	Berlin	5 [1]	4	4½	5
			85,7 [2]	78	75,5	110
2	Breslauer Spritfabrik A.-G.	Breslau	12	12	12	14
			173,75	173	170,5	188
3	Flensburger Spritfabrik A.-G.	Flensburg	5	4	5	7
			— [3]	—	—	—
4	Gesellschaft vorm. G. Sinner	Grünwinkel	18 ⁴/₃ Jahre	12	12	15
			234,7	233,7	183	194
5	Norddeutsche Spritwerke	Hamburg	8	8	8	8
			—	—	—	—
6	Leipziger Spritfabrik	Leipzig	4	4	4	4
			5	5	5	5
			— [3]	—	—	—
7	Pfälzische Spritfabrik	Ludwigshafen	4	5	5	8
			126,50	118	110	100
8	Deutsch-französ. Kognakbrennerei vorm. Macholl	München	4 ⁵/₄ Jahre	0	0	2
			— [3]	—	—	—
9	Nordhäuser Aktien-Spritfabrik	Nordhausen	10	10	10	15
			— [3]	—	—	—
10	Nürnberger Spritfabrik	Nürnberg	0	0	0	0
			99	58	43	46,5
11	Posener Spritaktiengesellschaft	Posen	12	12	12	14
			169,25	171,75	166	190
12	Dampfkornbranntweinbrennerei	Wandsbeck	4	—	2	4
			38	94	80	63

[1]) Vergl. Anm. 1, S. 198. [2]) Vergl. Anm. 2, S. 198. [3]) Vergl.

Tabelle 13.

aktiengesellschaften, Aktienbrennereien usw.

Zentrale für Spiritusverwertung, G. m. b. H., Berlin, sind.

Dividenden und Kurs 1903	1904	1905	1906	Kapitalstand 1905: ℳ	Bemerkung
5	5	5	—	3 375 000	Mit Nebenbetrieben ausgestattet (Getreide, Düngemittel, Bankgeschäfte).
135,25	143	129	117,3		
15	15	16	—	4 200 000 (resp. 3 000 000 u. 1 200 000) Vorzugsaktien	Wie oben.
248,5	268,5	254,25	252,59		
7	—	—	—	270 000	Nebenbetrieb: Badeanstalt.
—	—	—	—		
15	15	16	—	6 000 000	Brauerei, Brennerei, Spritfabrik usw. Preßhefe.
260,2	267,1	254	255,5		
10	10	10	—	2 000 000	Auch Weinexport.
—	165	151,5	145		
4	—	—	—	1 350 000	Aktiengesellschaft mit wiederkehrenden Leistungen neben der Kapitaleinlage (§ 216 des H. G B.).
5	—	—	—	900 000 ℳ Lit. A	
—	—	—	—	450 000 „ Lit. B	
8	—	—	—	1 000 000	Preßhefenfabrik.
95	97	134	—		
3	—	—	—	1 250 000	Kognakbrennerei.
—	—	—	—		
16	16	—	—	307 000	1907 mit der Breslauer Spritfabrik in Fusionsverhandlung.
—	—	—	—		
10	15	—	—	500 000	Preßhefenfabrik.
—	—	—	—		
16	18	18	—	1 350 000	Interessengemeinschaft mit der Bank für Sprit- und Produktenhandel ab 1908.
261	285,4	309	315		
6	6	—	—	3 000 000	Mit zahlreichen Nebenbetrieben.
87,60	103	98	—		

Anm. 3, S. 198.

Tabelle 13a.

Die Entwicklung der deutschen Spritaktiengesellschaften, Aktienbrennereien usw.

2. Die übrigen Aktiengesellschaften.

Lauf. Nr.	Name	Sitz	Dividenden und Kurs													
			1885	1886	1887	1888	1889	1890	1891	1892	1893	1894	1895	1896	1897	1898
1	Berliner Spritfabrik in Liquidation	Berlin	— [1] — [2]	— —	— —	— —	— —	— —	— —	— —	— —	— —	— —	— —	— —	— —
2	Brennspiritusaktiengesellschaft in Liqu.	Berlin	— — [3]	— —	— —	— —	— —	— —	— —	— —	— —	— —	— —	0 —	$1\frac{1}{4}$ —	4 —
3	Preßhefen- und Kornspiritusfabrik (sonst J. L. Bramsch)	Dresden	— —	$10\frac{1}{2}$ 200	$10\frac{1}{3}$ 201	$13\frac{1}{3}$ 242	$13\frac{1}{3}$ 226	$11\frac{1}{3}$ 220	$13\frac{1}{3}$ 195	12 214	11 203	14 270	17 302	$14\frac{2}{3}$ 289	14 265	$13\frac{1}{3}$ —
4	Aktienspritfabrik	Geldern	— — [3]	— —	— —	— —	0 —	0 —	3 —	4 —	3 —	6 —	7 —	$9\frac{5}{6}$ —	$11\frac{1}{3}$ —	$11\frac{1}{3}$ —
5	Preßhefe- und Margarinefabrik	Königsberg	— —	— —	— —	— —	— —	— —	— —	— —	— —	— —	— —	— —	10 —	10 —
6	Spiritus-aktiengesellschaft	Königszelt	— — [3]	— —	— —	— —	— —	— —	— —	— —	— —	— —	— —	— —	— —	0 —
7	Aktienbrennerei	Lindenburg	— — [3]	— —	— —	— —	— —	— —	— —	— —	— —	— —	0 —	0 —	0 —	0 —
8	Aktienspiritusfabrik	Schöppenstedt	— [4] — [3]	— —	— —	— —	— —	— —	— —	— —	— —	— —	— —	— —	— —	— —
9	A.-G. Deutsche Kognakbrennerei	Siegmar	— —	— —	— —	— —	— —	8 —	8 —	10 —	10 129	10 149	8 166,5	8 154	8 132	8 126
10	F. Crépin, Getreidebrennerei	Stettin	— — [4]	— —	— —	— —	— —	— —	— —	— —	— —	— —	— —	— —	— —	— —
11	Union Leipziger Preßhefenfabrik und Kornbranntweinbrennerei	Leipzig	— — [3]	— —	— —	— —	— —	— —	— —	— —	— —	— —	— —	— —	— —	— —

Lauf. Nr.	Name	Sitz	Dividenden und Kurs 1899	1900	1901	1902	1903	1904	1905	1906	Kapitalstand 1905 ℳ	Bemerkung
1	Berliner Spritfabrik in Liquidation	Berlin	0 [1] — [2]	0 —	0 —	0 —	— —	— —	— —	— —	500 000	Das zur Bekämpfung der Spirituszentrale errichtete Unternehmen wurde durch diese, nachdem das Kartell die Aktien erworben, zur Liquidation gezwungen.
2	Brennspiritusaktiengesellschaft in Liqu.	Berlin	11 — [3]	6 —	8 —	9 —	— —	— —	— —	— —	300 000	Jetzt G. m. b. H. und von der Spirituszentrale abhängig.
3	Preßhefen- und Kornspiritusfabrik (sonst J. L. Bramsch)	Dresden	10 195	11 —	7½ 140	5 140	5 133	8⅔ 173	10 180	— —	900 000	Gehört d. Zentrale f. Spiritusverwertung nicht an.
4	Aktienspritfabrik	Geldern	11½ — [3]	12 —	10 —	5 —	15 —	20 —	— —	— —	300 000	—
5	Preßhefe- und Margarinefabrik	Königsberg	10 —	0 —	0 126	0 Die Aktien sind von der Notiz ausgeschlossen	0	0	—	—	1 000 000	Durch betrügerische Manipulationen des Direktors (1901) arg geschädigt.
6	Spiritusaktiengesellschaft	Königszelt	14 — [3]	14 —	14 —	12 —	12 —	20 —	20 —	— —	360 000	Melassespiritusbrennerei.
7	Aktienbrennerei	Lindenburg	0 — [3]	4 —	0 —	0 —	0 —	0 —	— —	— —	47 500	Spiritusbrennerei.
8	Aktienspiritusfabrik	Schöppenstedt	— —	— —	— —	— —	— —	— —	— —	— —	114 000	Melassespiritusbrennerei.
9	A.-G. Deutsche Kognakbrennerei	Siegmar	9 127	9 —	5 —	3 —	2 —	0 —	— 57	— —	600 000	Kognakbrennerei.
10	F. Crépin, Getreidebrennerei	Stettin	— — [3]	— —	12 —	12 —	12 —	14 —	— —	— —	1 000 000	Getreidebrennerei u. Nebenbetrieb.
11	Union Leipzig. Preßhefenfabrik u. Kornbranntweinbrennerei	Leipzig	— — [3]	0 —	0 —	0 —	4 —	6 —	— —	— —	650 000	Verschied. Nebenbetriebe.

[1]) Vergl. Anm. 1, S. 198. [2]) Vergl. Anm. 2, S. 198. [3]) Vergl. Anm. 3, S. 198. [4]) Dividenden sind in Prozenten nicht angegeben.

Beilage zur

Die Entwicklung der deutschen Sprit-

(Kapitalentwicklung,

Fabrik	Kapital heutiges	Kapital ursprüngliches	Bemerkungen
Berliner Spritfabrik, Aktiengesellschaft, gegründet 1899	500.000 ℳ	Ursprünglich 1 000 000 (Begebungskurs 105 %), seit 10. 2. 1894 zusammengelegt auf 500 000 ℳ	In Liquidation, siehe Bemerkung auf Tabelle 13a.
Brennspiritusgesellschaft, A.-G., gegründet 1895	300 000 ℳ	25 % einbezahlt	Am 28. 3. 1904 aufgelöst, jetzt G. m. b. H.
Breslauer Spritfabr., A.-G., gegr. 1872	4 200 000 ℳ	Davon 3 000 000 ℳ Aktien u. 1 200 000 ℳ Vorzugsaktien. Ursprünglich 450 000 ℳ, erhöht 1884 um 438 000 „ „ 1887 „ 492 000 „ „ 1888 „ 120 000 „ „ 1889 „ 600 000 „ „ 1894 „ 900 000 „	Gesellschafter der Zentrale f. Spiritusverwertung
Dresdner Preßhefen- und Kornspiritusfabrik (vorm. J. L. Bramsch, Dresden), gegründet 1870	900 000 ℳ	Aktien à 100 Thaler	Gehört der Zentrale für Spiritusverwertung nicht an und ist hauptsächlich Kornspiritusbrennerei, daneben auch Preßhefenfabrik
Flensburger Spritfabrik, A.-G., gegründet 1884	270 000 ℳ	Ursprünglich 400 000 ℳ (wovon jedoch 120 000 ℳ nicht einbezahlt, waren also nur 280 000 ℳ), am 1. 1. 1895 auf 270 000 ℳ herabgesetzt	Gesellschafter der Zentrale f. Spiritusverwertung
Aktienspritfabrik Geldern in Geldern, gegründet 1882	300 000 ℳ	—	—
Dampfkornbranntweinbrennerei und Preßhefenfabr., A.-G., Wandsbeck	3 000 000 ℳ	Ursprünglich 6 000 000 ℳ, auf 4 000 000 ℳ 1897 herabgesetzt, auf 3 000 000 ℳ 1898 herabgesetzt; Prioritätsobligationen 3 100 000 ℳ = 2 600 000 ℳ I. Emission u. 500 000 ℳ II. Emission.	Gesellschafter der Zentrale f. Spiritusverwertung
Norddeutsche Spritwerke, A.-G., Hamburg	2 000 000 ℳ	Ursprünglich 1 000 000 ℳ, 1899 erhöht a. 2 000 000 ℳ; Hypothekenanleihe von 1 000 000 ℳ	Gesellschafter der Zentrale f. Spiritusverwertung

Tabelle 13.

aktiengesellschaften, Aktienbrennereien usw.

Bilanzen.)

Bilanz			
Hypotheken	Reserven	Gewinn	Abschreibungen usw.
(Bilanz vom 30. September 1904.) 1 290 000 ℳ	160 000 ℳ	20 488 ℳ	—
—	—	—	—
250 000 ℳ	Bilanz 1905 Reservefonds I 420 000 ℳ „ II 1 200 000 „ Delcredere . . 250 000 „ Erneuerungs-fondskonti . 60 000 „ Prämienreserve 30 000 „ i. S. 2 050 000 ℳ	1904/05 873 995,10 ℳ	Bis 30. Sept. 1905 1 242 922,34 ℳ Beamten- u. Arbeiter-unterstützungsfond
390 000 ℳ 200 000 ℳ Zollkaut.-Hyp. (Hypothekar-anleihe von 800 000 ℳ, der eine Kautions-hypothek von 850 000 ℳ gegen-übersteht)	Bilanz 1905 Reservefonds 90 000 ℳ Spezialreservef. 74 455 ℳ	1905 112 404 ℳ	1905 126 555 ℳ, außerordentliche 29 000 „ a. Debitoren 2 591 „ 158 146 ℳ
—	1905 27 000 ℳ	1905 26 207 ℳ	1905 8000 ℳ
—	1905 30 000 ℳ	1905 70 011 ℳ	1905 4852 ℳ
1906 649 000 ℳ	1906 125 789,50 ℳ	1471,67 ℳ	1906 135 040,40 ℳ
600 000 ℳ	Reservefonds 200 000 ℳ, außerordentlicher Reservefonds 100 000 ℳ	1905/06 353 390 ℳ	1905/06 100 115 ℳ

Beilage zu

Die Entwicklung der deutschen Sprit-

(Kapitalentwicklung,

Fabrik	Kapital heutiges	Kapital ursprüngliches	Bemerkungen
Spiritusfabrik Akt.-Ges. Königszelt, gegründet 1898	360000 ℳ	—	Melassespiritusbrennerei
Leipziger Spritfabr. Leipzig-Eutritzsch, gegründet 1893	1350000 ℳ	Davon 900000 ℳ Lit. A., 450000 ℳ Lit B.	Gesellschafter der Zentrale f. Spiritusverwertung
	Die Inhaber der Aktien Lit. A sind Brennereien und verpflichtet, ihren Rohspiritus der Gesellschaft zu liefern. Sie erhalten eine Rohspiritusnachvergütung[1]) außer der Dividende.		
Bank für Sprit- und Produktenhandel Berlin, gegr. 1872	3375000 ℳ	Ursprüngliches Aktienkapital 6000000 ℳ; 1884, 1892 Reduktionen, ebenso 1901	Gesellschafter der Zentrale f. Spiritusverwertung
Aktienbrennerei Alkohol in Lindenberg, gegr. 1900	47500 ℳ	—	Spiritusbrennerei
Pfälzische Preßhefen- und Spritfabrik A.-G., Ludwigshafen (Rhein), gegründet 1888	1000000 ℳ	Ursprünglich 500000 ℳ, 1890 erhöht um 200000 „ 1894 „ „ 300000 „	Gesellschafter der Zentrale f. Spiritusverwertung
Union Leipzig. Preßhefefabrik u. Kornbranntweinbrennerei A.-G., gegründet 1900	650000 ℳ	Ursprünglich 500000 ℳ, 1901 um 150000 ℳ erhöht	Gewerbliche Brennerei
Deutsch-franz. Kognakbrennerei und Weinspritraffinerie vorm. Gebr. Macholl München, gegr. 1892	1250000 ℳ	Ursprünglich 500000 ℳ, erhöht 1898 um 250000 „ „ 1899 „ 500000 „	Gesellschafter der Zentrale f. Spiritusverwertung

[1]) Rohspiritussuperdividende.

Tabelle 13.

aktiengesellschaften, Aktienbrennereien usw.

Bilanzen.)

	Bilanz		
Hypotheken	Reserven	Gewinn	Abschreibungen usw.
1905 50 000 ℳ	1905 Reservefonds I 18 466 ℳ, „ II 17 231 „	1905 10 336 ℳ	1905 48 428 ℳ
—	Reservefonds I 135 000 ℳ, „ II 236 966 „	1905 236 966 ℳ	1905 61 025 ℳ. Rohspiritus-Superdividende pro hl r. A. 1896/97 10 ℳ, 1899/1900 1,25 ℳ, 1900/01 1,50 ℳ, 1901/02 1,50 ℳ, 1902/03 3 ℳ, 1903/04 u. 1904/05 je 2,60 ℳ Pensionsfond.
—	1905 Reservef. 216 144 ℳ, (1906 232 369 ℳ), a. o. Reservef. 103 741 ℳ, (1906 160 000 ℳ), Fabrik-Reservef. 45 400 ℳ	1905 220 554 ℳ 1906 321 883 ℳ	1905 78 629 ℳ 1906 84 036 „ Beamten- und Arbeiterhilfsfonds
Ende Juni 1905 40 000 ℳ	Reservefonds 1 941 ℳ Spezialreservefonds 800 ℳ	34 ℳ	Der Brennerei ist nicht die Dividende, sondern der erzielte Rohspirituspreis das Wesentliche
1905/06 150 000 ℳ	1905/06 Gesamtreservef. 130 000 ℳ, Spezialreservef. 10 000 ℳ, Delkrederekonto 80 000 ℳ	1905/06 151 834,19 ℳ	1906 53 406,90 ℳ
1904 160 000 ℳ	1904 Reservefonds 12 143 ℳ, Delkrederekonto 10 000 ℳ	1904 74 805 ℳ	1904 71 385 ℳ
1906 400 000 ℳ	1906 Reservefonds 59 615,02 ℳ, Delkrederekonto 10 000 ℳ	1906 54 945,81 ℳ	1906 25 851,64 ℳ Arbeiter-unterstützungsfonds

Beilage zu

Die Entwicklung der deutschen Sprit-

(Kapitalentwicklung,

Fabrik	Kapital heutiges	Kapital ursprüngliches	Bemerkungen
Nordhäuser Aktienspritfabrik vorm. Leissner & Co., Nordhausen, gegr. 1895	1895 307 000 *M*	—	Gesellschafter der Zentrale f. Spiritusverwertung mit der Breslauer Spritfabrik 1907 in Fusionsverhandlung
Preßhefen und Spiritusfabrik A.-G. vorm. J. M. Bast, gegründet 1896	500 000 *M*	Ursprünglich 600 000 *M*, 1896 auf 1 000 000 *M* erhöht, 1903 auf 500 000 *M* herabgesetzt	Gesellschafter der Zentrale f. Spiritusverwertung
Posener Spritaktiengesellschaft Posen, gegründet 1872	1 350 000 *M*	Ursprünglich 3 000 000 *M*, 1874 reduziert auf 750 000 *M*, 1895 erhöht um 600 000 *M*	Gesellschafter der Zentrale f. Spiritusverwertung
Aktienspiritusfabrik Schöppenstedt, gegründet ?	114 000 *M*	—	Melassespiritusbrennerei
Aktiengesellschaft Deutsche Kognakbrennerei, gegründet 1890	600 000 *M*	Ursprünglich 500 000 *M*, 1893 um 100 000 *M* erhöht	Kognakbrennerei
F. Crépin, Getreidebrennerei u. Preßhefefabrik, A.-G. Stettin	1 000 000 *M*	—	Getreidebrennerei
Gesellschaft für Brauerei-, Spiritus- u. Preßhefefabrikation vorm. G. Sinner, Grünwinkel, gegründet 1885	6 000 000 *M*	Ursprünglich 2 000 000 *M*, 1894 um 1 000 000 „ 1897 „ 1 000 000 „ 1898 „ 1 000 000 „ 1904 „ 1 000 000 „ erhöht. 1896 Hypothekaranleihe von 2 000 000 *M*	Gesellschafter der Zentrale f. Spiritusverwertung

Tabelle 13.

aktiengesellschaften, Aktienbrennereien usw.

Bilanzen.)

Hypotheken	Bilanz Reserven	Gewinn	Abschreibungen usw.
—	1905 Reservefonds. . 30700 ℳ, Spezialreservef. 70000 „ Dubiosereservef. 20000 „ Erneuerungsf. . 30000 „ 150000 ℳ	1905 54285 ℳ	1905 22622 ℳ Pensionsfonds
1906 150066,68 ℳ	86000 ℳ	1906 118252,17 ℳ	1906 31220,86 ℳ Arbeiter-unterstüzungsfonds
100000 ℳ, ferner Kaut.-Hypothek 113000 ℳ	Reserven . 540000,— ℳ, außerordentl. Reservef. . 435000,— „ Res. f. Wohlfahrtseinr. . 98262,42 „ 1073262,42 ℳ	445647,90 ℳ	1906 71950,63 ℳ Wohlfahrts-einrichtungskonto
—	Reservefonds . 11400 ℳ, außerordentlich. Reservefonds . 53661 „ 65061 ℳ	55335 ℳ	1905 2860 ℳ
115000 ℳ	Reservefonds . 59318 ℳ, Div.-Erg.-Res. . 58000 „ Baukonto . . . 10000 „ Delkrederekonto 13000 „ 140318 ℳ	8332 ℳ	1904 11995 ℳ
—	29755 ℳ	243744 ℳ	1904 93458 ℳ
1906 2632179 ℳ	1906 5323832,17 ℳ	1896 1420544 ℳ	Seit 1885/86—1906 8439989,97 ℳ Beamten- und Arbeiterpensionsfonds

Tabelle 14.

Kartell-Rektifikationsprämie und Betriebsgröfse[1].

Im Geschäftsjahr (immer per 100 Liter rein. Alkohols rektifizierten Ia Sprit)	Für Fabriken mit weniger als 600 000 Litern reinen Alkohols pro Jahr	Für Fabriken mit mehr als 600 000, aber weniger als 1 000 000 Litern reinen Alkohols pro Jahr	Für Fabriken mit mehr als 1 000 000, aber weniger als 1 500 000 Litern reinen Alkohols pro Jahr	Für alle größeren Fabriken über 1 500 000 Liter reinen Alkohols pro Jahr
	ℳ	ℳ	ℳ	ℳ
1899/1900	4,88	4,48	4,28	4,08
1900/01	4,47	4,07	3,87	3,67
1901/02	3,40	3,—	2,80	2,60
1902/03	4,83	4,43	4,23	4,03
1903/04	5,48	5,08	4,88	4,68
1904/05	5,47	5,07	4,87	4,67
1905/06	5,22	4,82	4,62	4,42
D i. im Durchschnitt 1899/1900 bis 1905/06	4,82	4,42	4,22	4,02

[1]) Aus den Jahresberichten der Zentrale für Spiritusverwertung G. m. b. H. zusammengestellt.

Tabelle 15.

Branntweinbrennereien und Spritfabriken als G. m. b. H. in Preufsen im Jahre 1904[1].

Kapital-Größenklassen ℳ	In Prozenten der Gesamtzahl	Vom Gesamtkapital von 12,87 Mill. Mark gehörten der Größenklasse an, Prozent	Bemerkung
20 000— 50 000	59,11	12,2	Ende 1904 bestanden in Preußen im ganzen 5572 Gesellschaften m. b. H. mit einem Stammkapital von 1461,12 Mill. Mark, wovon 611 mit einem Stammkapital von 189,71 Mill. Mark auf die Industrie der Nahrungs- und Genußmittel entfielen, hiervon wiederum 88 mit einem Stammkapital von 12,87 Mill. Mark Branntweinbrennereien und Spritfabriken waren.
50 000—100 000	22,7	12,1	
100 000—250 000	4,5	4,7	
250 000—500 000	5,7	14,7	
500 000—1 000 000	4,5	21,7	
1 000 000	3,4	34,6	

[1] Nach Nr. 47 der Statistischen Korrespondenz vom 16. Dezember 1903 durch die „Deutsche Essigindustrie" IX. Jahrgang, Nr. 52.

Tabelle

Internationale

Erzeugung, Verbrauch, Einfuhr, Ausfuhr der einzelnen

Periode	1. Deutschland	2. Österreich-Ungarn	3. Frankreich	4. Italien	5. Großbritannien und Irland	6. Ver. Staaten von Nordamerika
I. Erzeugung:						
1901/02 . .	423,9	242,8	188,7[3])	19,9[3])	144,0	251,47[9])
1902/03 . .	338,3	231,8	204,7	17,3	129,7	280,44
1903/04 . .	385,4	250,9	225,6	19,2	135,27	263,5
1904/05 . .	378,7	238,0	260,9	24,9	128,2	290,04
1905/06 . .	437,7	258,2	271,0	29,3	128,4	284,08
II. Verbrauch (durchschnittl.)	377,7[1])	215,7[1])	–	22,5[5])	107,0[6])	215,9[8])
III. Davon zu technischen Zwecken . .	142,6[1])	39,9[1])	42,3[4])	—	—	—
IV. Ausfuhr:						
1901/02 . .	21,96	24,1	31,1[3])	1,4[3])	16,47	—
1902/03 . .	37,64	20,1	27,28	1,5	—	—
1903/04 . .	7,50	23,5	28,4	1,9	17,28	—
1904/05 . .	0,43	20,5	28,8	1,7	18,77	—
1905/06 . .	16,82[2])	28,5	31,1	4,4	—	—
V. Einfuhr:						
1901 . . .	—	—	9,8	1,45	30,46[7])	1,9
1902 . . .	—	—	13,24	4,59	32,44	2,2
1903 . . .	—	—	9,2	3,80	25,45	2,4
1904 . . .	—	—	11,64	0,80	19,86	2,7
1905 . . .	—	—	17,6	0,70	—	—
1906 . . .	—	—	16,4	—	—	—
VI. Alkoholgenuß pro Kopf der Bevölkerung (i. Lit. à 50%)						
1831—1840	—	—	2,40	—	4,4	—
1871—1880	8,9	7,4	5,67	0,95	6,0	4,8 ?
1891—1900	8,8	9,7	8,95	1,20	5,0	5,1 ?

[1]) Jahresdurchschnitt 1903/04—1905/06. [2]) Regulär 20—30 Millionen Liter. [6]) Durchschnitt 1900/02. [7]) Betriebsjahre vom 1. April bis 31. März. [8]) Durch- jahrdurchschnitt 1898/1900. [11]) Kalenderjahrdurchschnitt 1902/05. [12]) Kalender-

16.

Übersichten.

Spiritusländer (in Millionen Litern reinen Alkohols).

7. Niederlande	8. Belgien	9. Dänemark	10. Schweden	11. Norwegen	12. Bulgarien	13. Rußland
35,6[3])	36,8[3])	16,5[3])	24,7	3,9[3])	1,65[3])	365,2[2])
35,4	32,8	16,9	18,6	3,9	1,7	385,5
34,6	24,6	15,8	19,0	3,8	1,75	326,8
36,7	32,9	15,5	19,6	4,2	0,6	419,4
35,1	38,9	15,4	—	3,6	0,65	—
—	—	—	—	—	0,8 [11])	343,2 [12])
—	—	—	3,3 [10])	—	—	—
11,8[3])	2,9[3])	0,8[3])	—	0,5[3])	—	5,63[3])
13,0	2,6	1,0	—	0,7	—	6,6
13,8	3,1	0,5	—	0,6	—	9,1
14,5	7,9	0,5	—	0,9	—	21,7
14,6	6,2	0,7	—	1,0	—	—
1,9	0,9	1,5	0,8	—	—	—
2,9	0,5	1,4	0,8	0,04	—	—
3,4	0,5	1,2	0,7	0,11	—	—
3,1	0,6	1,4	0,8	0,01	—	—
3,3	—	1,1	0,7	0,04	—	—
—	—	—	—	—	—	—
10,5	6,9	—	46,3	16,0	—	—
8,9	8,0	18,6	11,0	5,3	—	8,4
8,8	—	14,2	8,0	3,0	—	9,4

[3]) Kalenderjahre. [4]) Durchschnitt 1902/05. [5]) Durchschnitt 1902—1905. schnitt 1902/04. [9]) Fiskaljahr vom 1. Juli bis 30. Juni. [10]) Kalenderjahrdurchschnitt 1902/04.

Tabelle

Internationale

Die Branntweinbesteuerung

Zeitraum	Deutschland, Preußen, Norddeutscher Bund	Österreich-Ungarn
16. Jahrh.	1575. Kleinverkaufsabgaben.	1523. Mautordnung. 1553. Verkaufssteuer.
17. Jahrh.	1641 } 1667 } Akziseordnung. 1680. Zoll- und Akzisetarif des Großen Kurfürsten. Akziseordnungen von 1684 und 1701.	
18. Jahrh.	Regiesystem. Verordnung vom 28. März 1787 (sehr drückend und kompliziert).	1780. Akziseordnung. (1783, 1791 Tatz) Umgeld.
19. Jahrh.	Edikt über die neuen Konsumtions- und Luxussteuern vom 28. Okt. 1810. Fabrikationssteuer. Edikt vom 7. Sept. 1811, Gesetz vom 8. Febr. 1819, Zirkularreskript vom 8. Dez. 1821. Maischraumsteuer. Kabinettsordre vom 10. Jan. 1824, Trennung in landwirtschaftliche und nichtlandwirtschaftliche Betriebe. 1833. Norddeutscher Steuerverein übernimmt die preuß. Bestimmungen. 1838. (19. Juni) Erhöhung der Steuersätze (Technik fördert die Ausbeute). 1854 } 1855 } Erhöhung der Steuersätze. 1868, 1869, 1873. Das Maischraumsteuersystem wird v. Norddeutschen Bund, resp. von Sachsen, Thüringen, Braunschweig, Oldenburg, Mecklenburg, Lauenburg, Lübeck, Hamburg, Hessen u. Els.-Lothringen eingeführt. Maischbottichsteuer, Materialsteuer, Pauschalsteuer, Fabrikatsteuer. 1887. Reichsgesetz vom 25. Juni 1887. Maischraumsteuer, Kontingentierung, Verbrauchsabgabe (mit Zuschlag). 1891. Novelle vom 8. Juni. 1895. Novelle vom 16. Juni. Brennsteuer und Exportprämie. 1898. Novelle vom 4. April.	1829. Gesetz vom 25. Mai Schank- und Fabrikatsteuer. 1835. Gesetz vom 24. Aug., Maischraum-, Material- und Fabrikatsteuer. 1862. Gesetz vom 9. Juli, Fabrikatsteuer. 1865. Gesetz vom 25. Okt., Pauschalierung. 1868. Gesetz vom 28. März, 8. Juli Steuererhöhung (Technik) und Abfindung. 1878. Gesetz vom 27. Juni, Fabrikatsteuer oder Pauschalierung nach Wahl. 1884. Gesetz vom 19. Mai, Fabrikatsteuer für Großbrenner obligatorisch. 1888. Gesetz vom 20. Juli, Konsumsteuer, indirekte Kontingentierung, Minimal- und Maximalabgabe, Produktionssteuer. (23. Juli). Ausfuhrvergütgn. Ungarn. Kaiserliches Patent vom 29. September 1850 dehnt den Geltungsbezirk des Gesetzes vom 24. Aug. 1835 auch auf Ungarn aus. Daher hat dieses dieselben Steuern, wie Österreich.
20. Jahrh.	1902. Novelle vom 7. Juli. Brennsteuer bis 1912.	

[1]) Litteratur: vergl. die Litteraturangaben zu Kap. II.

17.

Übersichten[1].

in den einzelnen Ländern.

Rußland	Frankreich	England
--1676. Ausschankmonopol.	1559, 1596. Havre u. Rouen führen Eingangsabgaben ein.	
	1659. Staatsratbeschlüsse vom 18. März und 6. Sept. Branntweinzehent.	1660. Gesetz vom 25. Dezember. 1690. Steuererhöhung. 1691. Steuerherabsetzg.
1795. Monopolverpachtung.	1663, 1680. Droits de gros et d'augmentation, Thorsteuer.	
1819/20. Regie durch den Staat. 1827. Verpachtung. 1849. Reichsmonopol (exkl. Finland). 1863. 1. Januar Fabrikatsteuer. Gesetze aus den Jahren 1884 vom 22. Mai, 1885 vom 18. Mai, 1887 vom 9. Juni, 1889 vom 2. Juni, 1890 vom 4. Juni, erhöhte Steuersätze, Patentsteuer, Akzisezuschlag, Banderolensteuer (Flaschen werden mit Banderole versehen). 1894. Handelsmonopol. Gesetz vom 6. Juni.	1789. Gesetz vom 23. Nov. hebt alle indirekten Steuern auf. 1804. Gesetz vom 25. Febr., Produktionssteuer (Brennraumpauschalierung). 1810. Gesetz vom 20. April, Fabrikatsteuer, daneben 1806/08. Handelssteuer. 1824. Konsumsteuer (Taxe unique de consommation). Steuerfrei sind die Bouilleurs de cru. Eingangssteuer, Lizenzen. Die Steuer, welche im wesentlichen Fabrikatsteuer ist, wurde erhöht 1830 auf 37,4 Fr. per hl. 1855 „ 60,0 „ „ „ 1860 „ 90,0 „ „ „ 1871 „ 150,0 „ „ „ 1873 „ 156,25 „ „ „ 1900 „ 220,0 „ „ „	1728, 1735. Lizenzen und Akzise. 1742, 1745, 1750 } Fabrikat- und Lizenzsteuer. 1786. Schottland führt die Fabrikationssteuer ein (Kesselgeld). 1788, 1793, 1795, 1797, 1799 } Steuererhöhung wegen verbesserter Technik (Sligo-Apparat). 1803. Fabrikatsteuer. (Würzesteuer). 1815, 1819 } Steuererhöhungen. 1823. Steuerreduktion. 1827. Gesetz von 1825 und 1861, die Steuer (Fabrikatsteuer) ist im gesamten Königreich auf 10 sh. per Gallon = 4 1/3 Liter festgesetzt. Lizenzen, Ausfuhrprämie.

Fortsetzung der

Internationale

Die Branntweinbesteuerung

Zeitraum	Schweiz	Italien	Vereinigte Staaten von Nordamerika
18. Jahrh.			1792. Gesetz v. 8. Mai, Fabrikationssteuer (Wisky-Aufstand).
19. Jahrh.	Bis 1887 Kantonalgesetzgebung. Gesetz vom 23. Dezember 1886. Alkoholmonopol des Bundes(Vollmonopol mit geringen Ausnahmen).	Bis1870(Vereinigung des Königreichs) meist Monopole. 1870 Fabrikations- (Maischraumsteuer) und Verzehrungssteuer. 1874, 1879, 1883, 1888 } Steuererhöhungen. 1895. Gesetz vom 8. Aug., Fabrikatsteuer, daneben Fabrikationssteuer, Verzehrungssteuer, Exportrückvergütungen.	1801. Beseitigung der Abgabe. 1814. Gesetz v. 29. Juli wieder eingeführt. 1817 wieder abgeschafft. 1862. Gesetz v. 1. Juli, Fabrikatsteuer, Lizenzabgaben. 1864. Steuererhöhung. 1868. Gesetz v. 20. Juli, Fabrikatsteuer. 1872, 1875 } Steuererhöhungen. 1898. Kriegszuschlag.
20. Jahrh.	1900. Gesetz vom 29. Juni (Ergänzg. zum Gesetz vom Jahre 1886).		

Tabelle 17.

Übersichten.

in den einzelnen Ländern.

Belgien, Niederlande, Luxemburg	Spanien, Portugal	Skandinavien
a) Belgien. 1833. Maischraumsteuer. 1851 } Hinkende Maisch- 1884 } raumsteuer. 1887. Gesetz vom 18. Juli, Maischraumsteuer. 1896. Gesetz vom 15. April und 17. Juni, Fabrikatsteuer, Lizenzen, Exportsteuerrückvergütung (auch Betriebe, welche nach dem Gesetz vom Jahre 1887 Behandlung finden). b) Niederlande. 1583. Erstmals besteuert. 1884. Gesetz vom 20. Juli. 1892. Gesetz vom 20. Sept., Fabrikatsteuer (Gesetze vom Jahre 1822, 1841, 1842, 30. Dezember 1855, 3. Mai 1859, 1862 und 31. Dezember 1863) jeweils Steuererhöhungen. c) Luxemburg. Seit dem Gesetz vom 21. März 1896 Besteuerung wie in Deutschland.	a) Spanien. 1632. Monopol-Dekret vom 23. Februar. 1860. Königliche Verordnung vom 30. Juli. 1887. Fabrikationsabgabe in Patentsteuerform. Verkaufspatente (für Kleinverkauf). Pauschalierung (Einfuhrzoll jetzt sehr wichtig für die Exportländer). 1888. Gesetz v. 26. Juni. b) Portugal. 1893. Gesetz v. 21. Juli, Fabrikatsteuer.	In allen drei Ländern Fabrikatsteuer. Dänemark. 1887. Gesetz v. 1. April, auch Schanksteuer. Schweden. 1544 erstmals besteuert. Norwegen. 1896. Gesetz v. 24. Juli, auch Verkaufs- und Schanksteuer (Gothenburgersystem seit 1865 durch Gesetz von 1894 den Gemeinden eingeräumt).

Tabelle 18.

Internationale Übersichten[1].

Die Branntweinbesteuerung in den einzelnen Ländern.

Land	Die Alkoholsteuererträge im Einnahmeetat (Nettoertrag) in Tausenden	Die tatsächliche Steuerbelastung inkl. Zoll (Bruttoertrag) in Tausenden ℳ	Die Belastung pro Kopf der Bevölkerung beläuft sich auf ca. ℳ	Der Alkohol liefert an Steuern und Zöllen zu den Gesamteinnahmen der betr. Länder ca. Prozent	Die in Spalte 1 angegebene Münzsorte entspricht in der Einheit (1 fr., 1 L. usw.) ℳ
Deutschland (1905)	117 478,— ℳ	165 933,3	2,74	7,5	1,—
Österr.-Ungarn (1905)	173 600,— Kron.	150 161,—	2,90 Österr. 3,81 Ungarn	5,7	—,85
Italien (1905)	—	29 165,9	—,89	1,6	—,80
Frankreich (1905)	337 000,— Fr.	264 548,7	6,74	7,5	—,81
Großbritannien (1903/05)	22 273,3 L.	478 426,9	11,54	10,5	20,40
Rußland (1905)	525 367,— R.	—	13,44	26,3	3,20
Spanien (1905)	25 000,— Pes.	—	1,07	2,5	—,80
Norwegen (1906/07)	5 000,— Kron.	—	2,53	5,4	1,125
Rumänien (1905/06)	11 000,— Lei	—	1,49	4,7	—,80
Schweden (1906)	24 000,— Kron.	—	5,25	12,9	1,125
Schweiz (1906)	6 369,7 Fr.	—	1,55	5,5	—,80
Vereinigten Staaten (1904/05)	135 234,7 Doll.	595 121,9	7,81	19,3	4,20
Argentinien	15 000,— Pes.	—	15,20	20,9	4,05
Japan (1905/06)	60 533,7 Yen	—	2,53	19,8	2,09
Dänemark	2 955,6 Kron.	—	1,28	3,5	1,125

[1]) Benutzte Quellen: O. Schwarz, Die Finanzen der europäischen und der wichtigeren außereuropäischen Staaten (Weltwirtschaft von Halle). — Zahn, Die Finanzen der Großmächte. — Statistisches Jahrbuch für das deutsche Reich 1907. — Bericht der Schweizer Alkoholverwaltung.

FSC
www.fsc.org
MIX
Papier | Fördert gute Waldnutzung
FSC® C083411

Kolibri 360 GmbH
Ferdinand-Jühlke-Straße 7
99095 Erfurt, Deutschland
produktsicherheit@kolibri360.de

Druck:
CPI Druckdienstleistungen GmbH
im Auftrag der
Kolibri 360 GmbH
Ferdinand-Jühlke-Str. 7
99095 Erfurt